DAS ALTE
CHINA
IM LAND DES
HIMMLISCHEN DRACHEN

DAS ALTE CHINA

IM LAND DES
HIMMLISCHEN DRACHEN

Herausgegeben von
Professor Edward L. Shaughnessy

FREDERKING & THALER

Die Deutsche Bibliothek - CIP-Einheitsaufnahme
Ein Titelsatz für diese Publikation ist bei
Der Deutschen Bibliothek erhältlich

Rechte der deutschen Ausgabe
© 2001 Frederking & Thaler Verlag, München
in der Verlagsgruppe Bertelsmann GmbH
www.frederking-und-thaler.de

Alle Rechte vorbehalten

Aus dem Englischen von Irene Spreitzer

Lektorat: Dr. Brigitte Werner, Wien
Produktionsbetreuung: Print Company Verlagsgesellschaft m. b. H., Wien
Umschlaggestaltung: Monika Neuser, 2005 Werbung, München
Umschlagfotos: Chinesischer Drache auf rote Seide gestickt,
Charles Walker Collection / Images Colour Library, London
Druck und Bindung: Imago, Singapore

Printed in Singapore

ISBN: 3-89405-411-5

INHALT

Bildtexte zu S. 1–3:
SEITE 1: *Die Verbotene Stadt, Beijing. Seidengemälde aus der Ming-Zeit.*
SEITE 2: *Kaiserlicher Pavillon (Qing-Zeit), Beihai Park und See, Beijing.*
SEITE 3: *Fabelwesen mit einem kleineren Tier auf dem Rücken. Intarsierte Bronze, Östliche Zhou-Zeit, ca. 500 v. Chr.*

EINLEITUNG

Der Beginn des chinesischen Klassikers *Yi Jing* (das *Buch der Wandlungen*) nimmt sich den himmlischen Drachen zum Leitbild: Erst verbirgt er sich in den tiefen Gewässern hinter dem Horizont, dann erscheint er in den Feldern, bevor er plötzlich in die Luft springt und durch den Sommerhimmel fliegt. Doch kann der Drache nicht unendlich fliegen. Wenn er zu hoch steigt (also zu arrogant wird), wird ihm der Kopf abgeschnitten und er versinkt wieder in den tiefen Gewässern.

Die Bewegung des himmlischen Drachen wurde auf vielerlei Weise interpretiert. Einige moderne Gelehrte sehen in ihm einfach den Drachen des chinesischen Sternenhimmels, traditionelle Weise betrachten ihn dagegen als Symbol für den Herrscher oder Kaiser oder auch für den tugendhaften Menschen. Dieses Bild wurde in Philosophie, Religion, Literatur, Kunst und natürlich in die Politik übernommen. Ein Spruch aus dem kürzlich entdeckten Mawangdui-Manuskript des *Yi Jing*, der Konfuzius zugeschrieben wird, erfasst die Zeitlosigkeit des Bildes so: „Der Weise festigt seine Regentschaft wie wir einen Baum erklettern: Je höher wir steigen, desto mehr fürchten wir, was darunter ist."

Die Chinesen glauben fest, dass alle Dinge, die in der Tiefe sind, schließlich aufsteigen werden. Das gilt auch für die Zeit: Sie steigt vor den Augen der Menschen auf, wobei die Vergangenheit bereits über den Horizont hinaus ist und die Zukunft noch darunter liegt. Wie die Bewegung des Drachen verläuft auch die Zeit zyklisch: Wenn die Zeit, die in der Tiefe liegt, aufsteigt, sinkt die Zeit, die oben steht, ab, bereit wieder aufzusteigen. Diese Vorstellung steht in starkem Kontrast zum westlichen Verständnis der Zeit als gerade Linie. Für uns mag es klar sein, dass die Zukunft schließlich Vergangenheit wird. Weniger vertraut ist uns jedoch die chinesische Vorstellung, dass die Vergangenheit wieder Zukunft wird. Genau das besagt aber der berühmte Spruch von Sima Qian (ca. 145–86 v. Chr.), dem ersten großen chinesischen Historiker: „Diejenigen, die die Vergangenheit nicht vergessen, sind die Meister der Zukunft."

Das Alte China beleuchtet die Vergangenheit, die buchstäblich wieder aufgestiegen ist. In den letzten Jahrzehnten entdeckten chinesische Archäologen Zehntausende Kunstschätze von unglaublicher Schönheit. Sie füllen nun nicht nur Hunderte neue Museen in ganz China, sondern werden in Sonderausstellungen auch in Europa und Amerika gezeigt. Diese Schätze bieten neue Antwort auf die Frage „Wer waren die Chinesen?". So wissen wir heute etwa, dass zur Shang-Zeit, dem frühesten chinesischen

Die Chinesen messen der Vergangenheit große Bedeutung bei, doch sind sie auch für Innovationen offen. Diese Cloisonné-Email-Vase (18. Jahrhundert) ist fast 73 cm hoch. Ihre Form ist von den alten Kultgefäßen aus Bronze inspiriert. Beim Dekor wurde auf traditionelle chinesische Symbolik eingegangen. So stehen Hirsch und Kranich für langes Leben. Die Emailtechnik gelangte allerdings erst im 14. Jahrhundert aus dem Nahen Osten nach China.

Staat, über den es schriftliche Aufzeichnungen gibt, noch andere erstaunliche und ebenso bedeutsame Kulturen in China existierten. China war also auch im Altertum kein homogener Staat. Wenn wir das bedenken, erahnen wir, dass wir noch weit von einer Antwort auf die Frage „Wer *sind* die Chinesen?" entfernt sind.

Das Alte China versucht, Antwort auf diese Fragen zu geben. Das Buch enthält Farbfotos von vielen der neuesten archäologischen Funde. Allerdings ist es weit mehr als ein Ausstellungskatalog oder ein Werk über Archäologie. Es beleuchtet auch viele andere Kulturgegenstände oder Prototypen kulturellen Ausdrucks, die seit langem bekannt sind und so auf die chinesische Kultur noch weitaus größeren Einfluss ausübten.

Führende China-Experten verfassten Beiträge für das vorliegende Werk. Das ermöglicht uns, diese Kunstschätze an ihrem Ort und in ihrer Zeit zu präsentieren. Zwar konzentriert sich *Das Alte China* auf die

Ein himmlischer Drache auf der Neun-Drachen-Wand im Kaiserpalast (der Verbotenen Stadt) von Beijing. Der Drache ist ein altes Symbol für Verwandlung und Anpassungsfähigkeit – Eigenschaften, charakteristisch für die Spannkraft der chinesischen Zivilisation über zumindest vier Jahrtausende.

*Der Tempel auf der Spitze des Tai-
shan (Berg Tai oder „Großer Berg"),
eines der fünf heiligen Berge Chinas.
Hierher pilgern Besucher und Gläubige bereits seit vielen Jahrhunderten.*

Kaiserzeit zwischen dem 3. Jahrhundert v. Chr. und dem Jahr 1912, doch
erstreckt sich der Rahmen von den ersten Anfängen der chinesischen
Zivilisation bis in das 20. Jahrhundert und umfasst alle Landschaften
Chinas. *Das Alte China* ist in drei Teile unterteilt:

I. Die chinesische Welt

Dieser Abschnitt umfasst Geografie, politische Geschichte und traditionelle Gesellschaft in China. Hier werden die Mannigfaltigkeit der chinesischen Landschaft ebenso beleuchtet wie die Rolle des Kaisers, die
Aufgaben der kaiserlichen Beamten und die ethnische und sprachliche
Vielfalt innerhalb der Grenzen Chinas.

II. Glaube und Ritual

Der zweite Abschnitt behandelt Philosophie, Religion und heilige Rituale
im traditionellen China. Er gibt Einblick in die drei Systeme Konfuzianismus, Daoismus und Buddhismus sowie in die übernatürliche Welt der

Geister und Volksgötter. Zudem beleuchtet er auch andere kosmologische und metaphysische Vorstellungen, die für die traditionelle chinesische Weltsicht wichtig und aufschlussreich sind.

III. Schöpfung und Entdeckung

Im dritten Abschnitt werden die außergewöhnlichen Schätze der chinesischen Kultur vorgestellt. Dazu zählt großartige Kunst, zwei- und dreidimensional, ebenso wie die erstaunlichen Leistungen in chinesischer Technologie, Medizin und Architektur.

Der abschließende Beitrag **Das Vermächtnis von 4.000 Jahren** zeigt, wie nach dem Ende der Kaiserzeit radikale Veränderung und bleibende Tradition aufeinander eingewirkt haben, und es weiterhin tun. Das Buch endet mit einem Anhang, in dem Sie Hinweise zu Sprache und Aussprache ebenso finden wie eine Tabelle der Dynastien, die in China zwischen dem 2. Jahrtausend v. Chr. und 1912 regierten.

Wenn Sie das Buch von Anfang bis Ende lesen, werden Sie von einem roten Faden geleitet. Wenn Sie sich jedoch vom *Yi Jing* inspirieren lassen und die Kapitel wählen, die Sie gerade interessieren, werden Ihnen umfangreiche Querverweise einen Leitfaden bieten. Vielleicht gelangen Sie so von der Planung der Verbotenen Stadt in Beijing zu dem Kapitel über *feng shui* oder Geomantik, danach zu Glückssymbolen und Totenkulten und schließlich zu Alchemie und chinesischer Medizin.

Für alle, die das China von gestern, von heute oder vielleicht auch von morgen verstehen wollen, bietet dieses Buch neue Einsichten in eine der ältesten und erstaunlichsten Kulturen der Welt.

Diese Bildrolle aus der Tang-Dynastie zeigt rechts den Herrscher Xuanzong (regierte 712–756 n. Chr.), der seine liebste Begleiterin Yang Guifei dabei beobachtet, wie sie ein Pferd besteigt. Xuanzong war einer der wichtigsten kaiserlichen Kunstförderer.

Teil I

DIE CHINESISCHE WELT

Traum von der Unsterblichkeit in einer schindelgedeckten
Hütte *von Tang Yin (1470–1524) (Detail). Chinas scharf
konturierte Landschaft mit tiefen Tälern und hohen
Bergen war lange Zeit die Hauptinspirationsquelle der
chinesischen Künstler.*

GEGENÜBER: *Reisterrassen in der Autonomen Region
Guangxi in Südchina. Einst dicht bewaldet, wurden
Chinas Berghänge für Brennholz und Landwirtschaft in
großem Stil abgeholzt. Terrassierung ist eine Methode, um
die starke Bodenerosion infolge großflächiger Entwaldung
zu verhindern.*

DIE CHINESEN NANNTEN DAS REICH IHRES HERRSCHERS „ALLES UNTER DEM HIMMEL". DAS REICH DES „SOHNES DES HIMMELS" WAR NICHT VON BERGEN UND MEEREN BEGRENZT, SONDERN ERSTRECKTE SICH SO WEIT DIE MACHT DES KAISERS REICHTE. DA SICH CHINA UNAUFHÖRLICH ÜBER DIE NORD- CHINESISCHE TIEFEBENE HINAUS VERGRÖSSERTE, VEREINTE DAS REICH VERSCHIEDENE LANDSCHAFTEN, VÖLKER UND KULTUREN UNTER EINEM HERRSCHER. DURCH GROSSE UNTER- SCHIEDE IN UMWELT UND NATÜRLICHEN GEGEBENHEITEN LEBTEN DIE CHINESEN IN DEN EINZELNEN REGIONEN JEDOCH RECHT UNTERSCHIEDLICH.

„ALLES UNTER DEM HIMMEL"

LAND- UND MEERESGRENZEN

Seit der Zeit von Konfuzius (551–479 v. Chr.) gilt den Chinesen die Nordchinesische Tiefebene oder Große Ebene als Zentrum ihres Landes. Der erste chinesische Staat, das Shang-Reich (ca. 1500–1045 v. Chr.), entstand in der Nordchinesischen Tiefebene, und in seiner gesamten Zeit als wandernder Staatsmann verließ Konfuzius diese Region nie. Für Konfuzius und seine Zeitgenossen definierten die „zentralen Staaten" (Zhongguo) der Tiefebene die Grenzen der Zivilisation. Später, als China unter einem einzigen Kaiser vereint wurde, bezeichnete man mit dem Begriff „Zhongguo" das gesamte Reich, das „mittlere Kaiserreich". Heute ist Zhongguo der gebräuchliche Name für China.

All die Jahrhunderte hindurch betrachteten die Chinesen die Nordchinesische Tiefebene als Herzstück ihrer Zivilisation, auch dann noch, als sich das Reich beständig nach Süden ausdehnte. Mit der Grün- dung des Qin-Reichs 221 v. Chr. (siehe S. 28–29) erstreckte sich seine Herrschaft von Sichuan im Südwesten bis zum Südchinesischen Meer und im Norden bis zu den Steppen Zentralasiens. Unter den Qin wurden verschiedene bestehende Mauern, die einzelne Staaten gegen die Einfälle berittener Nomadenkrieger aus der Steppe verteidigt hatten, zu einer „Großen Mauer" (oder „Langen Mauer" auf chinesisch) entlang der nördlichen Grenze verbunden (siehe S. 214–215).

Obwohl die Große Mauer nur selten ausländische Invasoren ab- hielt, galt sie den Chinesen doch als Bollwerk, das ein zivilisiertes Reich von sesshaften Bauern mit einer Regierung in der Stadt von den wurzel- und herrscherlosen Völkern der Steppe trennte. Die Vorstellung der Großen Mauer als Trennlinie zwischen zwei Welten fand ihren Ausdruck auch in der andauernden Feindschaft zwischen den Chinesen der „zen- tralen Staaten" und den Völkern Mittel- und Nordasiens, die China von Zeit zu Zeit mit Invasion und Eroberung bedrohten.

Allerdings löschten die Reiche, die von ausländischen Invasoren wie den Mongolen (Yuan-Dynastie) und den Mandschu (Qing-Dynastie) gegründet wurden, diese gedankliche Grenze aus und bildeten radikal ein neu geformtes „China". Die derzeitigen Grenzen der Volksrepublik China

wurden im
18. Jahrhundert
unter der Qing-Dynas-
tie gezogen. Die Mandschu
betrachteten sich nicht nur als chine-
sische Herrscher, sondern auch als Erben der Großen Khane der Mongolei, deren Reich einen großen Teil des eurasischen Kontinents
umspannt hatte (siehe S. 36). Die mandschurischen Herrscher gedachten,
die Leistungen der Mongolen zu verdoppeln, und vereinten ihre Heimat,
die Mandschurei, mit dem chinesischen Reich. Sie eroberten zudem die
Mongolei, Tibet und die „westlichen Regionen", die heutigen Provinzen
Xinjiang und Qinghai. Diese Territorien gelten heute – wie Taiwan, das
ebenfalls von den Mandschu eingegliedert wurde – als fixer Bestandteil
der chinesischen Nation. Deshalb umfasst das Konzept der Großen
Ebene heute ein Gebiet, das sich von den nördlichen alpinen Wäldern der
Mandschurei zu den üppigen tropischen Monsungebieten Asiens, den
weiten Wüsten Gobi und Taklamakan bis zu den gleichermaßen fremden
Gebirgsregionen von Tibet und dem Himalaja erstreckt.

*Diese Karte der
östlichen Hemisphäre
zeigt die weit
ausgreifende Reichs-
vorstellung der Mandschu. Sie
wurde 1790 für den Kaiserhof der
Qing erstellt. Besonders auffallend
ist die übertriebene Auffassung der
Grenzen Chinas: Es umfasst einen
großen Teil Sibiriens und erstreckt
sich im Westen bis zum Kaspischen
Meer. Auf der Karte ist auch Korea
als chinesische Provinz eingezeichnet,
obwohl es treffender wäre, Korea als
Staat zu bezeichnen, der nur
nominell von der Oberhoheit der
Qing abhängig war. Die hemis-
phärische Perspektive der Karte zeigt
deutlich den Einfluss der jesuitischen
Kartografen aus Europa, die am Hof
der Mandschu beschäftigt wurden.*

BERGE UND GEWÄSSER

Die chinesische Landschaft zeigt ein Schachbrettmuster, aus zwei gegensätzlichen Kräften geformt: der Aufwölbung der hohen Bergketten entlang der Nord-Süd- und der Ost-West-Achse; und der Erosionskraft dreier großer Flüsse (von Gelbem Fluss, Yangzi und Perlfluss), die sich von Westen nach Osten erstrecken. Diese Flüsse durchschneiden die Bergketten und verbinden verschiedene Becken zu drei unterschiedlichen menschlichen Lebensräumen mit eigener Ökologie und eigenem Habitat.

Die erstaunlichen Kontraste zwischen dem Tal des Gelben Flusses im Norden und dem Tal des Yangzi weiter im Süden sind vor allem auf die unterschiedliche Regenmenge zurückzuführen. Der Himalaja und das tibetische Hochland halten die Monsunregen aus dem Indischen Ozean von Nordchina ab. Deshalb sind Nord- und Westchina trocken. Nördlich und westlich des Ordos-Plateaus liegen Steppen, die in öde Wüsten übergehen. Hier gab es einst viele Seen, doch wurde das Klima in den letzten 3.000 Jahren kühler und trockener, und sie verschwanden in welligen Wüsten.

Der Yangzi schlängelt sich durch Südchina. Dieser Abschnitt liegt in der Nähe der Yangzi-Schluchten (siehe Karte gegenüber).

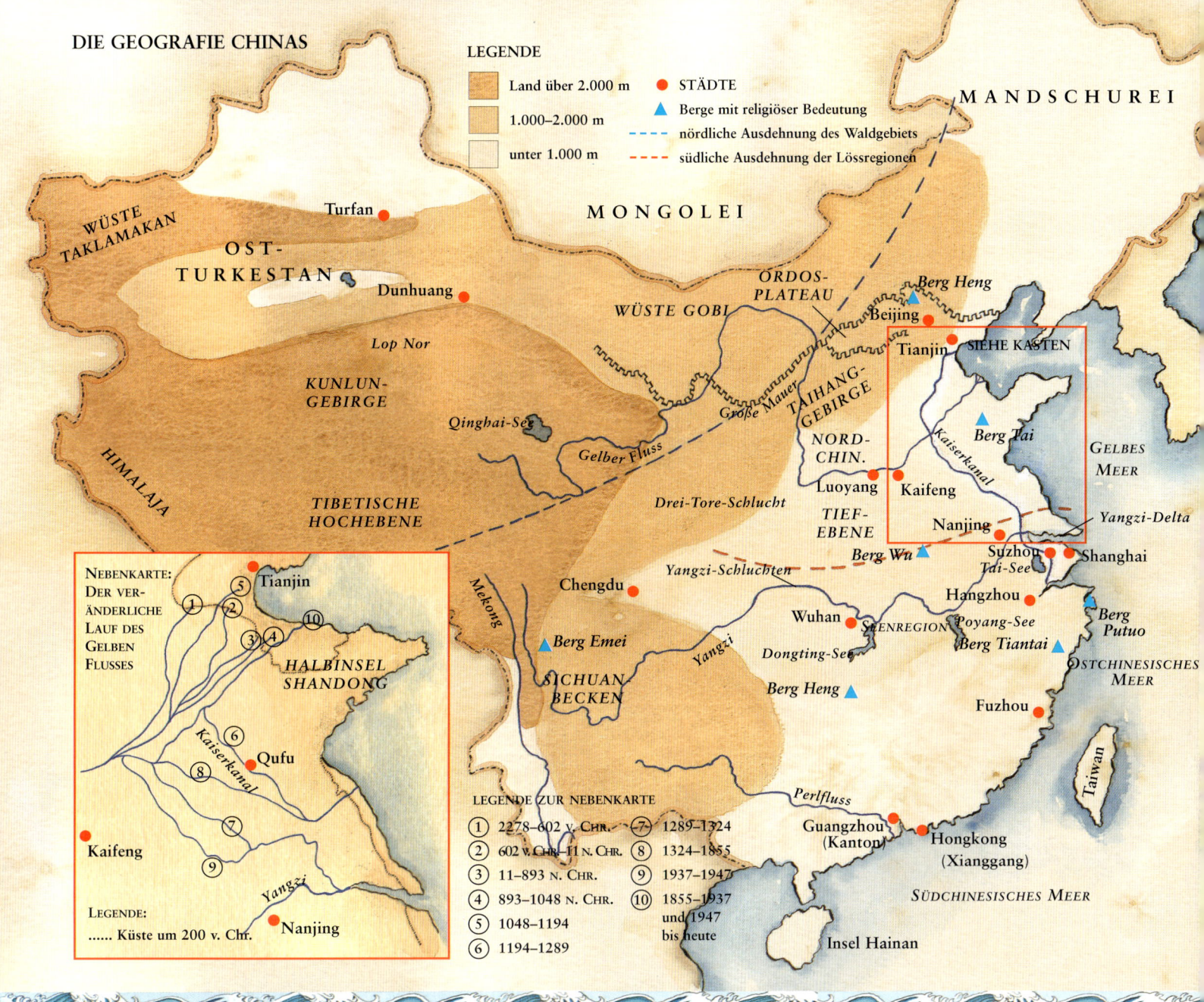

DIE GEOGRAFIE CHINAS

MANDSCHUREI

WÜSTE TAKLAMAKAN

OST-TURKESTAN

Turfan

MONGOLEI

ORDOS-PLATEAU

WÜSTE GOBI

Berg Heng ▲

Beijing

Dunhuang

Lop Nor

KUNLUN-GEBIRGE

Qinghai-See

Gelber Fluss

Große Mauer

TAIHANG-GEBIRGE

NORD-CHIN.

Tianjin · SIEHE KASTEN

Kaiserkanal

Berg Tai ▲

GELBES MEER

HIMALAJA

TIBETISCHE HOCHEBENE

Drei-Tore-Schlucht

Luoyang

Kaifeng

TIEF-EBENE

Nanjing

Berg Wu ▲

Yangzi-Delta

Suzhou

Tai-See

Shanghai

Mekong

Chengdu

Yangzi-Schluchten

Wuhan

SEENREGION

Hangzhou

Poyang-See

Berg Tiantai ▲

Berg Putuo ▲

OSTCHINESISCHES MEER

Berg Emei ▲

Yangzi

Dongting-See

Berg Heng ▲

SICHUAN-BECKEN

Fuzhou

Taiwan

Perlfluss

Guangzhou (Kanton)

Hongkong (Xianggang)

SÜDCHINESISCHES MEER

Insel Hainan

Der Oberlauf des Gelben Flusses windet sich durch zerklüftete Bergketten, die durch tektonische Bewegungen aufgeworfen wurden. Die seismischen Gräben entlang des Taihang-Gebirges westlich von Beijing sind so instabil, dass Nordchina immer wieder unter katastrophalen Erdbeben zu leiden hat. Der Gelbe Fluss bricht in der Drei-Tore-Schlucht durch die Berge in die Nordchinesische Tiefebene, ein großes Schwemmland, das durch wiederholte Überflutungen und Schlammablagerungen entstand. Die Bewohner der Ebene waren immer von den Hochwässern des Flusses bedroht, der seinen Lauf mehrmals änderte (siehe Karte oben und Randtext S. 17).

Die üppige Landschaft Südchinas steht in starkem Kontrast zu den gräulichen, ockerfarbenen Tönen des Nordens. Die Monsunregen reichen bis zum Tal des Yangzi, das sehr feucht und fruchtbar ist. Der Yangzi

LANDSCHAFT IN DER CHINESISCHEN MALEREI

Viele Menschen, die das erste Mal chinesische Landschaftsmalerei betrachten, nehmen an, dass die steilen Berge mit den schroffen Gipfeln und bizarren Formen künstlerischer Fantasie entspringen. Doch Klima und Gestein in Südchina haben genau diese scharf gezeichneten Landschaften mit tiefen Tälern und steilen Bergen entstehen lassen. Monsunregen und hohe Feuchtigkeit haben den Boden erodiert und kahle, steile Vulkanfelsen zurückgelassen. Die Menschen rodeten den größten Teil des Waldes, der Südchina einst bedeckte, und trugen so zur Erosion bei (siehe S. 19).

Die Bergregionen in den Provinzen Hunan, dem südlichen Anhui (siehe S. 106–107) und Zhejiang sind voll von diesen dramatischen Szenerien. Im Lauf der Jahrhunderte wurden sie zum Lieblingsmotiv der chinesischen Maler. Diese aufregend schönen Landschaften ohne jeglichen sichtbaren menschlichen Einfluss verewigten *Literati*-Maler (siehe S. 196–197) und Dichter und bezeugten so eloquent ihre Loslösung von politischen und sozialen Unruhen.

OBEN: Eine Zither zu einem Freund bringen *wird dem Ming-Künstler Jiang Song (um 1500) zugeschrieben. Er gehörte der Zhe-Schule an, die nach der Provinz Zhejiang im Südostchina benannt ist. Die winzigen Figuren eines Mannes und seines Dieners (der eine* Qin *trägt, eine siebensaitige Zither, beliebt bei den chinesischen* Literati) *werden von der nebligen Berglandschaft dominiert.*

LINKS: *Der Berg Tian Zi in der Provinz Hunan. Auch hier schufen natürliche Erosion und Vulkangestein eine ungewöhnliche Landschaft mit dramatischen Gipfeln und tief eingeschnittenen Tälern.*

schlängelt sich durch drei Becken: Sichuan im Westen, ein altes Binnenmeer; das Seengebiet Zentralchinas; und das riesige Delta, wo der Fluss in das Meer mündet. Die Landschaft des Yangzi-Tales wechselt zwischen diesen breiten, flachen Becken und zerklüfteten Bergketten (siehe Kasten gegenüber).

Ganz im Süden bewässert der Perlfluss ein viel kleineres Gebiet als der Gelbe Fluss und der Yangzi. Diese Region ist tropisch und bestand ursprünglich hauptsächlich aus Regenwald. Die dichte Vegetation und tropische Krankheiten verhinderten bis gegen Ende der Kaiserzeit eine Besiedlung dieses Gebiets. Die durchgehende Wachstumssaison ermöglicht den Bauern drei Reisernten pro Jahr.

Boden und Wasser sind die wichtigsten Faktoren für eine Besiedlung in China gewesen. Nordchina ist zwar trocken, verfügt jedoch dank der ständigen Lössabtragung über sehr fruchtbare Böden. Diese gelbe Erde ist in Nordchina so weit verbreitet, dass „gelbe Erde" zu einer Metapher für „China" wurde. Der Löss wird vom Hochland im Westen durch Wind zu den Schwemmgebieten des Ostens transportiert, wo die Ablagerungen bis zu 80 Meter tief sind. Im subtropischen Süden dagegen entziehen die schweren Regenfälle dem Boden Nährstoffe, der somit relativ karg ist. Durch moderne Pflanztechniken und die Verwendung von Düngemitteln können die Bauern hier jedoch Jahr für Jahr reiche Reisernten auf den Feldern erzielen, ohne dass diese brach liegen müssen.

Intensive Besiedlung und Eingriffe in die natürlichen Gegebenheiten haben die natürliche Umwelt verändert. Die tiefliegenden Seenbecken Zentralchinas und das Yangzi-Delta waren einst riesige Sümpfe, durchzogen von Mäandern und seichten Seen. Der große Bedarf an Reis, für dessen Anbau ebene Felder und große Mengen an Wasser nötig sind, zwang die chinesischen Bauern, diese Becken und Talsohlen stärker zu nutzen. Die Bauern legten immer mehr Sümpfe trocken, sie gewannen Land für die Landwirtschaft und bauten Dämme, um ihre Felder vor Überflutungen zu schützen. Des natürlichen Raums für seine Hochwässer beraubt, begann der Yangzi schneller zu strömen und lagerte größere Schlammmengen an der Flusssohle ab. Dadurch wurde der Druck auf die Dämme stärker. Je mehr die Menschen versuchten, den Fluss zu bezähmen, desto größer wurde die Gefahr von Flutkatastrophen.

Dürre war jedoch eine größere Gefahr als Überschwemmungen im Monsungürtel Südchinas. Im Norden kann die Dürre jahrelang anhalten und ganze Provinzen in Staub hüllen. Für die Reisbauern im Süden können zehn Tage ohne Wasser zum kritischen Zeitpunkt bereits verheerend sein. In den meisten Jahren können die Bauern Ende Mai und Anfang Juni mit dem „Pflaumenregen" rechnen (so genannt, weil gleichzeitig die Pflaumen reifen). Zu dieser Zeit sind die jungen Reispflanzen besonders empfindlich. Vorsichtige Bauern opfern wertvolles Ackerland für Wasserreservoire, um das ganze Jahr über genug Wasser zu haben.

DER WECHSELNDE LAUF DES GELBEN FLUSSES

Die ersten Aufzeichnungen über eine Veränderung im Lauf des Gelben Flusses stammt aus dem Jahr 602 v. Chr. Damals gaben wahrscheinlich eher umweltbedingte als menschliche Ursachen den Ausschlag für diesen Wechsel. Im letzten Jahrtausend hatten jedoch menschliche Einwirkungen größten Einfluss auf den Fluss. Die Wartung der Dämme entlang des Flusses war für die kaiserliche Regierung immer von größter Bedeutung. Für diese Aufgabe waren Hunderttausende Arbeiter nötig. 1855 brachen die schlecht gewarteten Dämme. Der Fluss brach los aus dem südlichen Kanal, in den er fünf Jahrhunderte lang eingeschlossen gewesen war, und bahnte sich einen neuen Weg zur Küste – etwa 400 Kilometer weiter im Norden. 1937 und 1947 ließen die Herrscher absichtlich die Dämme des Gelben Flusses zerstören, um seinen Lauf zu ändern und so den Vormarsch der japanischen und später der kommunistischen chinesischen Armee zu stoppen. Jeweils hatten Millionen Menschen unter der Zerstörung und der darauf folgenden Hungersnot zu leiden (siehe Karte S. 15).

RESSOURCEN UND ÖKOLOGIE

Die Menschen griffen stark in die Landschaft Chinas ein. Einst durchstreiften Elefanten, Rhinozerosse, Tapire und Tiger Nordchina. Als die Temperaturen um 2000 v. Chr. sanken, schränkte dies den Lebensraum dieser großen Säugetiere ein, aber ihre Ausrottung, sogar in den subtropischen Regionen Südchinas, war die Folge fortschreitender Besiedlung.

Vor allem die Landwirtschaft minderte die natürlichen Rohstoffe Chinas. Die Urwälder, die einst fast die gesamte Fläche Ost- und Südchinas bedeckten, sind abgesehen von einigen Regionen im Südwesten verschwunden. Die Weiden, Pappeln und Ulmen, die in der Nordchinesischen Tiefebene und im Yangzi-Delta Straßen und Wasserwege säumen, wurden gepflanzt. Durch die Abholzung, bereits während der Tang-Zeit in Nordchina bedenklich, wurden Holz und Brennstoffe knapp. Deshalb errichteten die Chinesen ihre Gebäude aus sonnengetrockneten Ziegeln oder gestampfter Erde und sparten das Holz für Dachbalken und Särge auf. Äußerster Brennstoffmangel führte zur raschen Ausweitung des Kohle-

Reisfelder in der Provinz Guizhou in Südwestchina. Als die Reisbauern ihre Felder bis in die abgeholzten höher gelegenen Gebiete ausdehnten, bauten sie ausgeklügelte Terrassen, um das zur Bewässerung nötige Nass aufzufangen. So schützten sie (vielleicht unwissentlich) den Boden vor Erosion.

bergbaus. Die 500.000 Bewohner von Kaifeng, der nördlichen Hauptstadt der Song-Dynastie, kochten und heizten fast ausschließlich mit Kohle. Marco Polo bemerkte, dass jeder in Cathay (Nordchina) mindestens dreimal die Woche in Wasser badete, das man mit Kohlefeuer erwärmte.

Die Chinesen wussten, dass sie durch ihre Lebensweise Raubbau an der Natur betrieben, und versuchten, die Umwelt möglichst effizient zu nutzen. Die Häuser sind in kompakten Dörfern eng an einander geschmiegt, damit für die Landwirtschaft möglichst viel Fläche bleibt. Fische und Enten werden in den Bewässerungsteichen gezogen, auf den Hügeln wachsen Bambus, Tee und andere Nutzpflanzen. In den Ebenen des Yangzi-Deltas durchbrechen nur kleine Hügel mit dicht gestellten Grabsteinen das Schachbrettmuster der Reisfelder.

Die Ernährung der riesigen Bevölkerung Chinas belastet die Umwelt schwer. An den Rändern der seit langem besiedelten Gebiete Chinas schreitet die Ausdehnung der Landwirtschaft immer rascher voran. Sogar im trockenen Nordwesten wurden Terrassen in die Berghänge gebaut. Der neue und stark umstrittene Damm in den Yangzi-Schluchten entstand aus der Notwendigkeit, das Wasser des Flusses zu den dürren Feldern in Nordchina umzuleiten.

Hirsche in einem Wald *(Ausschnitt)* von einem anonymen Künstler. Der Laubmischwald in diesem Gemälde aus der Song-Zeit ist großteils verschwunden. Südchina war einst dicht mit hohen Eichenwäldern, immergrünen Blattgewächsen und der chinesischen Tanne bewachsen. Aber schon im Altertum brannten die Bauern die Bäume nieder und verwandelten das Land in Reisfelder. Die Bergwälder wurden abgeholzt, zu Brennstoff, Papier, Baumaterial und Schiffen verarbeitet und durch Tee, Süßkartoffeln und andere Feldfrüchte ersetzt. Die Abholzung führte zu Bodenerosion, die Überschwemmungen in den Tälern und Becken verursachte, da die Flussbetten durch die eingeschwemmte Erde stiegen.

REGIONEN UND VÖLKER

*Diese Moschee in Turfan in West-
china wurde 1778 errichtet.*

MOSLEMS IN CHINA

In vielen Teilen Chinas leben Moslems.
Einst kamen sie als Händler in einer
Karawane über die Seidenstraße oder
mit dem Schiff vom Indischen Ozean
ins Land. Die mongolischen Herrscher
Chinas waren sehr stark von
moslemischen Verwaltern abhängig und
förderten die Gründung von moslemischen Gemeinschaften und Moscheen.
Diese Gemeinden haben ihre Sonder-
stellung in der chinesischen Gesellschaft
in vielen großen Städten bis zum
heutigen Tag bewahrt. Die Eroberungen
der Mandschu in Zentralasien brachten
viele Moslems mit verschiedenem
ethnischen Hintergrund unter die
politische Kontrolle der chinesischen
Herrscher. Heute anerkennt die
Volksrepublik China die zentralasiatischen Moslemvölker, wie die
Uiguren, als Nationalitäten mit eigener
Kultur, Sprache und eigenem Land. Die
Moslems, die in den chinesischen
Städten leben, gelten vor allem
aufgrund ihrer Religion als eigene
Nationalität (Hui).

Die Volksrepublik China umfasst heute im Großen
und Ganzen dasselbe Gebiet wie zu Ende der Qing-
Zeit und anerkennt offiziell 56 „Nationalitäten". Über
90 Prozent der Bevölkerung Chinas sind „Han", also
chinesisch sprechende Bewohner von Gebieten, die
schon lange zum chinesischen Reich gehören. Einige
der nationalen Minderheiten wie die Tibeter und die
Uiguren sind sehr leicht an der eigenen Sprache und
Kultur und an ihrem eigenen Territorium zu erkennen.
Andere Gruppen wie die chinesischen Moslems (Hui)
und die Mandschu sind stark assimiliert und können
nicht leicht nach ethnischen Grundsätzen eingeordnet
werden. Die Nationalitäten im heutigen China sollte
man als Produkt moderner Ideologie und politischer
Praxis betrachten. Die Nationalität sagt wenig über
historisches Bewusstsein und Identität der Chinesen aus.

Zur Zeit Konfuzius' unterschied man genau zwischen zivilisierten
Völkern und Barbaren. Diese Unterscheidung war vor allem kultureller,
nicht ethnischer oder rassistischer Natur. Für Konfuzius bedeutete Chinese zu sein, das kulturelle Erbe der Zhou-Dynastie zu teilen und ihre
Werte zu respektieren. Er war der Meinung, dass das moralische Charis-
ma des chinesischen Herrschers Barbaren zu zivilisierten Menschen
machen könnte. Die Vorstellung eines „Han"-Volks spiegelt diese Meinung wieder. „Han" war ursprünglich ein Begriff für politische Zugehörigkeit (zur Han-Dynastie). Im Verlauf der Geschichte versuchten die
Herrscher meist, die Völker zu assimilieren und nicht auszugrenzen. Doch
die riesigen Ausmaße des Imperiums brachten starke regionale und pro-
vinzielle Identitäten hervor. So nennen sich etwa die Kantonesen der Provinz Guangdong „Tang" und nicht „Han", da sich die Chinesen unter der
Tang-Dynastie in großer Zahl in Guangdong niederließen.

Die Eroberungen im Südwesten zur Ming-Zeit und die Expansion
des Reiches unter den Mandschu brachte viele Völker unter die Ober-
herrschaft des chinesischen Reiches. Die Mandschu betrachteten ihr
Reich als Föderation von fünf Völkern (Mandschu, Chinesen, Mongolen, Tibeter und Moslems), vereint unter einem Herrscher, der jede
einzelne kulturelle Identität überhöhte. Diese Definition von China als
multinationalem Staat besteht bis heute. In vielen Randgebieten stellen
bis heute „nationale Minderheiten" den Großteil der lokalen
Bevölkerung und genießen ein gewisses Maß an Selbstverwaltung.

Obwohl die meisten Provinzen des modernen China schon lange als eigenständige kulturelle Regionen bestanden, wurden sie erst in der Ming-Zeit zu formalen Einheiten der kaiserlichen Regierung. Die beiden Großstadtregionen (mit den beiden Ming-Hauptstädten Beijing und Nanjing als Kernen) und die 13 Provinzen der Ming (siehe S. 33) haben bis heute in fast unveränderter Form überlebt. Nur wurden zwei der Provinzen geteilt, so dass China heute 17 Provinzen zählt. In der Qing-Zeit wurden die Mandschurei, Tibet und andere zentralasiatische Gebiete erobert, und Taiwan brachte nochmals elf neue Provinzen ein. Heute besteht China aus 30 Einheiten mit dem Status einer Provinz: drei Großstadtregionen (Beijing, Shanghai und Tianjin), 22 Provinzen und fünf autonome Regionen, in denen nicht Han-Chinesen die Mehrheit stellen (Tibet, Xinjiang, Ningxia, Innere Mongolei und Guangxi).

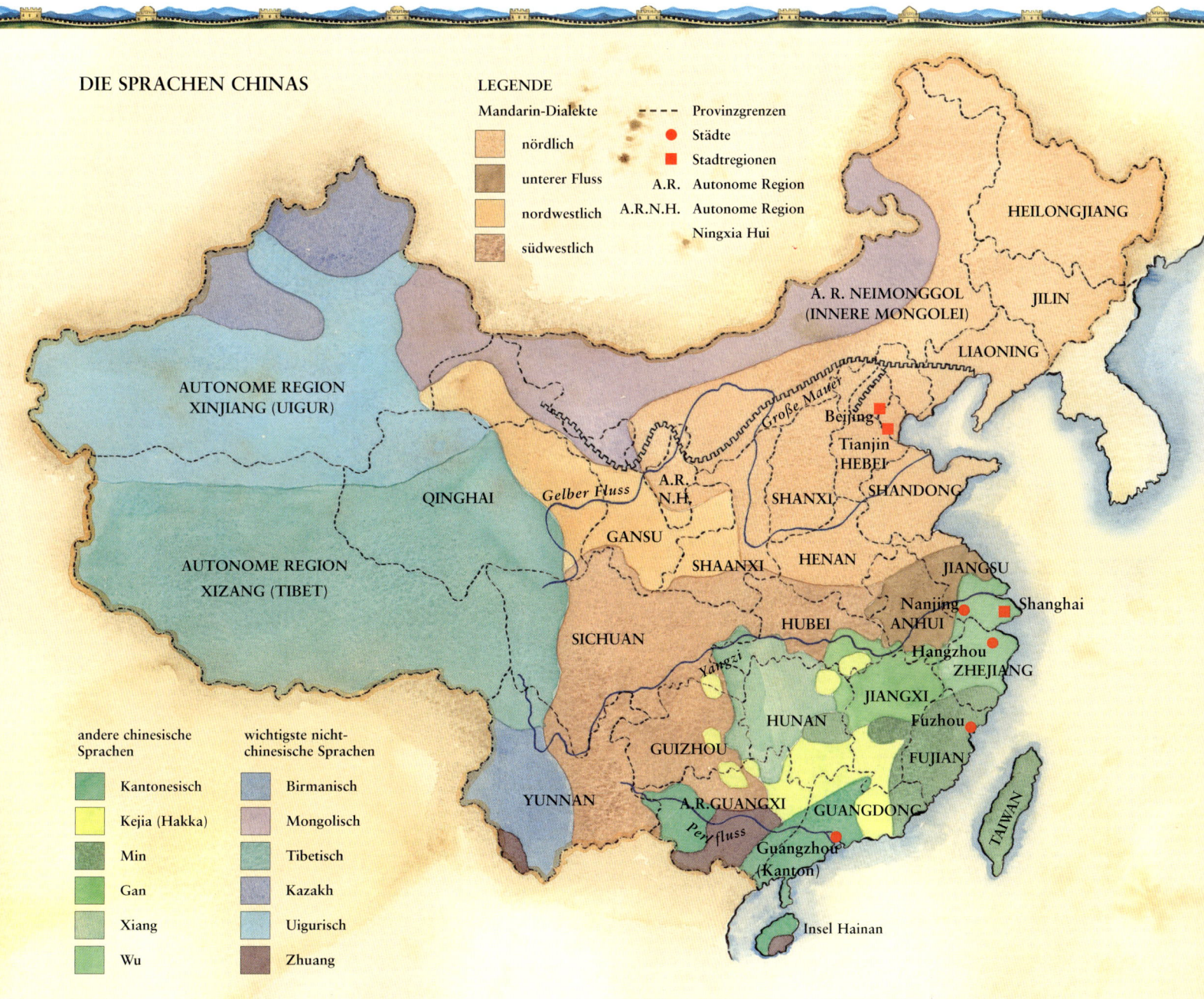

DIE SPRACHEN CHINAS

LEGENDE

Mandarin-Dialekte

nördlich
unterer Fluss
nordwestlich
südwestlich

- - - - Provinzgrenzen
● Städte
■ Stadtregionen
A.R. Autonome Region
A.R.N.H. Autonome Region
Ningxia Hui

andere chinesische Sprachen

Kantonesisch
Kejia (Hakka)
Min
Gan
Xiang
Wu

wichtigste nicht-chinesische Sprachen

Birmanisch
Mongolisch
Tibetisch
Kazakh
Uigurisch
Zhuang

HEILONGJIANG

A. R. NEIMONGGOL (INNERE MONGOLEI)

JILIN

LIAONING

Große Mauer

Beijing

Tianjin

HEBEI

SHANXI

SHANDONG

AUTONOME REGION XINJIANG (UIGUR)

QINGHAI

Gelber Fluss

A.R. N.H.

GANSU

SHAANXI

HENAN

JIANGSU

AUTONOME REGION XIZANG (TIBET)

Nanjing

Shanghai

ANHUI

Hangzhou

ZHEJIANG

HUBEI

SICHUAN

Yangzi

JIANGXI

HUNAN

Fuzhou

FUJIAN

GUIZHOU

TAIWAN

YUNNAN

A.R.GUANGXI

GUANGDONG

Perlfluss

Guangzhou (Kanton)

Insel Hainan

HANDELSWEGE

Nordchina hatte vor allem vor Beginn des Straßenbaus Ende des 19. Jahrhunderts mit schlechten Transportwegen zu kämpfen. Der Gelbe Fluss war nur kurze Strecken schiffbar, und in der Nordchinesischen Tiefebene gab es keine Steine für den Straßenbau. Die meisten Wege war einfache Ochsenpfade, die sich nach schweren Regenfällen in Morast verwandelten. Die Qin- und die Han-Dynastie ließen Straßennetze für militärische Zwecke bauen. Die Regierungen verfügten über ein System von Eilkurieren, die Händler mussten Pässe tragen und an Stützpunkten Zölle zahlen. Auf einer offiziellen Straße konnte man 40 Kilometer am Tag zurücklegen, auf einer normalen Straße viel weniger (siehe auch S. 174).

Südchina verfügt dagegen über reichlich schiffbare Wasserwege. Der Yangzi ist 2.700 Kilometer schiffbar, auch wenn einst Träger nötig

DER KAISERKANAL

Der einzige natürliche Wasserweg zwischen Nord- und Südchina ist das Meer. Die chinesische Hauptstadt lag immer im Norden, doch war die Regierung ab dem 6. Jahrhundert n. Chr. von Getreidelieferungen aus dem Süden abhängig, um die Bevölkerung der Hauptstadt und die Armeen an der Nordgrenze zu versorgen. Besonders schwierig war die Versorgung von Chang'an (heute Xi'an), das sehr weit im Landesinneren liegt.

Bereits während der Han-Zeit begann die kaiserliche Regierung Kanäle zu bauen, um Chang'an mit der Nordchinesischen Tiefebene zu verbinden. Kaiser Yangdi (regierte 604–617 n. Chr.) aus der Sui-Dynastie erneuerte die alten Kanäle und erweiterte das System nach Süden über die Ebenen von Yangzhou im Osten bis zum Nordufer des Yangzi. Er ließ auch eine neue Teilstrecke über das Yangzi-Delta nach Hangzhou errichten. Die Menschen seiner Zeit verurteilten Yangdi, weil er seinen Untergebenen für die Fertigstellung dieses „Kaiserkanals" so schwere Arbeit zumutete. Doch der Kanal stärkte die wirtschaftliche und militärische Macht des Kaiserreichs, da die Herrscher im Norden nun Zugriff auf die landwirtschaftlichen Schätze des Südens hatten (siehe auch S. 174).

Die Seidenmalerei aus dem 18. Jahrhundert zeigt den Kaiser Yangdi bei der Inspektion einer neuen Strecke des Kaiserkanals bei Hangzhou.

waren, um die Stromschnellen in der Schluchtenregion in Westchina zu überwinden. Der Yangzi hat auch zahlreiche Nebenflüsse, auf denen Schiffe die meisten Teile des riesigen Beckens erreichen können. Der Bau des Kaiserkanals im 17. Jahrhundert (siehe Kasten gegenüber) ermöglichte erstmals den bequemen Verkehr zwischen Nord- und Südchina.

Einst war die Seidenstraße der wichtigste internationale Handelsweg. Sie verband Oasen quer über die zentralasiatischen Steppen mit Chang'an. Die Han- und die Tang-Dynastie ließen auf der Route bis weit über die Große Mauer hinaus Forts und Zollstationen errichten. Nach dem 8. Jahrhundert n. Chr. verloren die Chinesen jedoch die Kontrolle über diese Territorien, und der Handel auf der Seidenstraße nahm ab.

Taifune und jahreszeitlich bedingte Winde machten eine Reise auf offener See unmöglich. Die Monsune mit den starken Winden aus Südwest im Sommer und aus Nordost im Winter brachten es mit sich, dass Schiffe höchstens einmal im Jahr zwischen China und Indien verkehren konnten. Die Erfindung des Schiffskompasses in der Song-Zeit und die Verbesserungen in der Schifffahrttechnik (siehe S. 175) ließen den Handel mit Korea, Japan, Südostasien und dem Indischen Ozean rasch wachsen.

Verkehr auf dem Kaiserkanal in Suzhou. Unter der Song-Dynastie begannen die Bewohner des Yangzi-Deltas, in dem flachen Land unzählige Kanäle anzulegen, die eine Bewässerung erleichterten, Überschwemmungen eindämmten und als Handelsweg dienten. Ein Kanalnetz verband praktisch jedes Dorf im Delta mit den lokalen Marktstädten und den Metropolen Suzhou und Hangzhou. Auf den Booten konnten schwere Lasten durchschnittlich 75 Kilometer am Tag transportiert werden. Das war zweimal so viel wie Ochsenkarren schafften. Außerdem war dieses Transportmittel viel billiger.

BESTÄNDIGKEIT UND VERÄNDERUNG

DIE FRÜHEN STAATEN

DIE GESCHICHTE DER CHINESISCHEN DYNASTIEN UMSPANNT VIER JAHRTAUSENDE VOM ERSTEN BEKANNTEN CHINESISCHEN STAAT, DEM SHANG-REICH, BIS ZUM STURZ DER QING-DYNASTIE 1912. CHINA WURZELT IN MEHREREN KLEINEN STADTSTAATEN DER NORDCHINESISCHEN TIEFEBENE UND WURDE ZU EINEM DER HÖCHSTENTWICKELTEN REICHE, DIE ES JE GAB – EIN RIESIGES REICH, DAS SICH VON ZENTRALASIEN BIS ZUM PAZIFIK UND VON DEN WEITEN MONGOLISCHEN WÜSTEN BIS ZUM HIMALAJA ERSTRECKTE.

Der erste chinesische Staat, das Shang-Reich, entwickelte sich um 1500 v. Chr. aus einer neolithischen Dorfgesellschaft mit Ahnenkult, die auf Hügeln über ihren Feldern in den Flusstälern wohnte. In diesem Staat entstand die erste chinesische Schrift, die Menschen errichteten umwallte Siedlungen, es entwickelte sich eine Elite, die vom gewöhnlichen Volk Gehorsam und Güter verlangte, und man stellte eine große Armee auf. Diese einander bedingenden Veränderungen standen am Beginn der chinesischen Zivilisation.

Die ersten schriftlichen Überlieferungen lassen auf ein komplettes Schriftsystem schließen, das von den Shang-Königen und ihren engen Verbündeten verwendet wurde, um mit Hilfe von „Orakelknochen" mit den Vorfahren oder Göttern zu kommunizieren (siehe S. 132–133). Die Könige machten kaum etwas, ohne vorher das Orakel zu befragen und ihren Vorfahren spezielle Opfer darzubringen. Die Ahnen waren mächtige Gottheiten und die einzigen Vermittler zu dem Hochgott Di oder Shang Di, der menschlichen Gaben nicht zugänglich war. Die Shang-Könige waren also die Hohepriester einer theokratischen Stammeskoalition, die mit ihrem Anwachsen viele lokale Kulte in ein gemeinsames Pantheon und eine gemeinsame Genealogie übernahm.

Mit der allmählichen Wandlung der Priester in Adelige entstand ein neuer Stadttypus inmitten der Dörfer. Er unterschied sich durch längere Mauern und fixe Bereiche. Die wichtigsten Bereiche waren die Paläste und Tempel der Mächtigen und der Arbeitsbereich, wo die Kunsthandwerker Waffen und Ritualgefäße aus Bronze, fein verzierte Jade und andere Attribute der Mächtigen herstellten. Die Adeligen der Shang-

Dieser kunstvoll verzierte Elfenbeinbecher mit Türkisintarsien stammt aus dem Grab von Fu Hao, der Gemahlin des Shang-Herrschers Wu Ding (regierte ca. 1215–1190 v. Chr.)

Die Gesellschaft der Shang bestand parallel zu zahlreichen alten chinesischen Kulturen, wie diese außergewöhnliche, 2 Meter hohe Bronzestatue zeigt. Sie wurde in Sanxingdui in der Provinz Sichuan (siehe S. 185) entdeckt. Ihre Bedeutung ist unklar.

FRAUEN IM SHANG-STAAT
Inschriften und archäologische Funde wie das reich ausgestattete Grab der königlichen Gemahlin Fu Hao (siehe S. 140 und Abb. gegenüber) zeigen, dass die Frauen im Shang-Reich beträchtliche Macht hatten. Einige von ihnen befehligten sogar Armeen. Sie hatten auch Einfluss auf die Thronfolge. Für gewöhnlich ging der Thron von einem Bruder auf den nächsten über, aber zu bestimmten Zeiten ging er auf die nächste Generation über – zu Zeiten, wo der Status der Mutter entschied. Das war vielleicht der Fall, wenn die Gemahlin des Königs einen höheren Status hatte als der nächste Bruder (der Erbe). In diesem Fall bestieg ihr und des Königs Sohn den Thron. Im nachfolgenden Zhou-Staat ging der Thron immer auf den Erstgeborenen über, und die Bedeutung der Frauen schwand. Laut Zhou-Propaganda waren die Shang-Könige von den Frauen beherrscht.

Zeit waren in militärischen Einheiten organisiert. Die Armee bestand aus einer Infanterie, die laut Inschriften 13.000 Mann umfasste. Sie erteilten den Untertanen der Shang Befehle, schützten vor Eindringlingen und sorgten bei königlichen Begräbnissen für Gefangenenopfer.

Der Staat der Shang bestand aus einem Netz solcher Städte und ihrem Hinterland sowie verstreuten Siedlungen, mit deren Bewohnern die Shang häufig Krieg führten. Die Shang-Herrscher regierten also nicht einen „Staat" im heutigen Sinn mit geschlossenem Territorium und genau festgelegten Grenzen. Diese Siedlungen hatten keine Verwaltung, sondern glichen Außenstellen des Königshauses. Der Shang-König delegierte seine Macht höchstens an enge Verwandte oder Anhänger. Er reiste ständig, um seine Macht zu stärken, und verließ sich auf Brüder, Söhne und Enkel als Basis seiner Herrschaft. In der Hauptstadt lebte eine große Gefolgschaft des Königs, die die Monarchie sicherte und die Nachfolge regelte. Sogar Shang-Königinnen hatten politische Aufgaben. Nur Berater und Wahrsager war nicht mit dem König verwandt, sondern kamen von verbündeten Stämmen an den Hof der Shang.

DIE TERRITORIALSTAATEN

Das Shang-Reich endete Mitte des 11. Jahrhunderts v. Chr. mit der Eroberung durch einen früheren Verbündeten, die Zhou-Dynastie. Die Zhou führten die meisten Elemente der Kultur und der politischen Struktur der Shang weiter. Neu war, dass die jüngeren Brüder und die Verbündeten des Königs in den Städten neu eroberter Territorien Lehen erhielten. Damit verschwand die brüderliche Thronfolge (siehe S. 25), und der Thron ging vom Vater auf den ältesten Sohn über. Durch das Lehnswesen wurden mögliche Rivalen der Zhou-Könige aus der Hauptstadt entfernt, und es entstanden kleinere, doch voll bewaffnete Kopien des Königshofs an strategisch wichtigen Punkten.

Diese Strategie war anfangs erfolgreich. Als die Könige ihr Territorium nicht mehr vergrößern konnten, gab es auch keine neuen Lehen mehr, die Macht des Königs schwand, und die Vasallen orientierten sich stärker an ihrer eigenen Region als am Königshaus. Im Jahr 770 v. Chr. zwang eine Allianz aus Rong-Barbaren und rebellierenden Aristokraten den König, sich nahe Luoyang in den Osten des Reichs zurückzuziehen.

Die Jahrhunderte nach der Verlegung des Königshofs nach Osten sind als Östliche Zhou-Zeit bekannt (ca. 770–221 v. Chr.). In der frühen Östlichen Zhou-Zeit bildeten die ehemaligen Zhou-Lehen eine Zweckallianz gegen andere Völker, während sie untereinander um die Vorherrschaft kämpften. Im 7. Jahrhundert v. Chr. begannen die Staaten, ihre Infanterie durch die Mobilisierung von Kleinbauern zu verstärken, die im Gegenzug die absoluten Rechte über ihr Land erhielten.

Innovationen wie die Armbrust machten die Infanterie effizienter. Da die Waffen in großen Werkstätten erzeugt wurden, konnte man damit große Armeen billig ausstatten. Mitte des 7. Jahrhunderts v. Chr. übernahmen einige Staaten die Kavallerie von den nördlichen Nomaden. Diese Veränderungen ließen die Armeen anwachsen (bis zu 100.000 Mann), und die am besten ausgerüsteten Staaten eroberten die anderen.

Die Ausweitung des Militärdienstes führte zu einer Revolution in der Verwaltung. Die Bauern und ihr Land mussten genau registriert werden. Aus rechtlichen Überlegungen und zur Steigerung der Sicherheit schloss der Staat die Haushalte in Einheiten zusammen und belohnte Erfolge in der Schlacht mit Rängen in der staatlichen Hierarchie. Die Ordnung wurde durch staatliche Gesetze aufrechterhalten.

Ein Bronze-Ritualgefäß aus der Östlichen Zhou-Zeit, gefunden im Grab des Markgrafen Yi von Zeng. Er starb um 433 v. Chr. (siehe auch S. 125).

NEUE KRIEGFÜHRUNG

Sun Wu oder Sunzi („Meister Sun") ist der Autor des frühesten und größten militärischen Werks, der *Sunzi Bingfa (Sunzis Kampfkunst)*. Es ist die Grundlage der Militärtheorie in ganz Ostasien und gewann auch im Westen immer mehr an Einfluss, seit im 18. Jahrhundert eine französische Version erschien. Der Text zeigt deutlich den Aufstieg der Massenarmeen in der Östlichen Zhou-Zeit. Er weist die frühere heroische Sicht des Krieges zurück und setzt die Schlacht herab. Viel wichtiger ist die Kunstfertigkeit des Befehlshabers, der mit Illusion und Täuschung den Geist seines Gegners manipulieren soll. Wenn tatsächlich ein Kampf nötig ist, so erreicht er den Sieg durch Mut, Geschwindigkeit und das Ausnützen von Schwachpunkten.

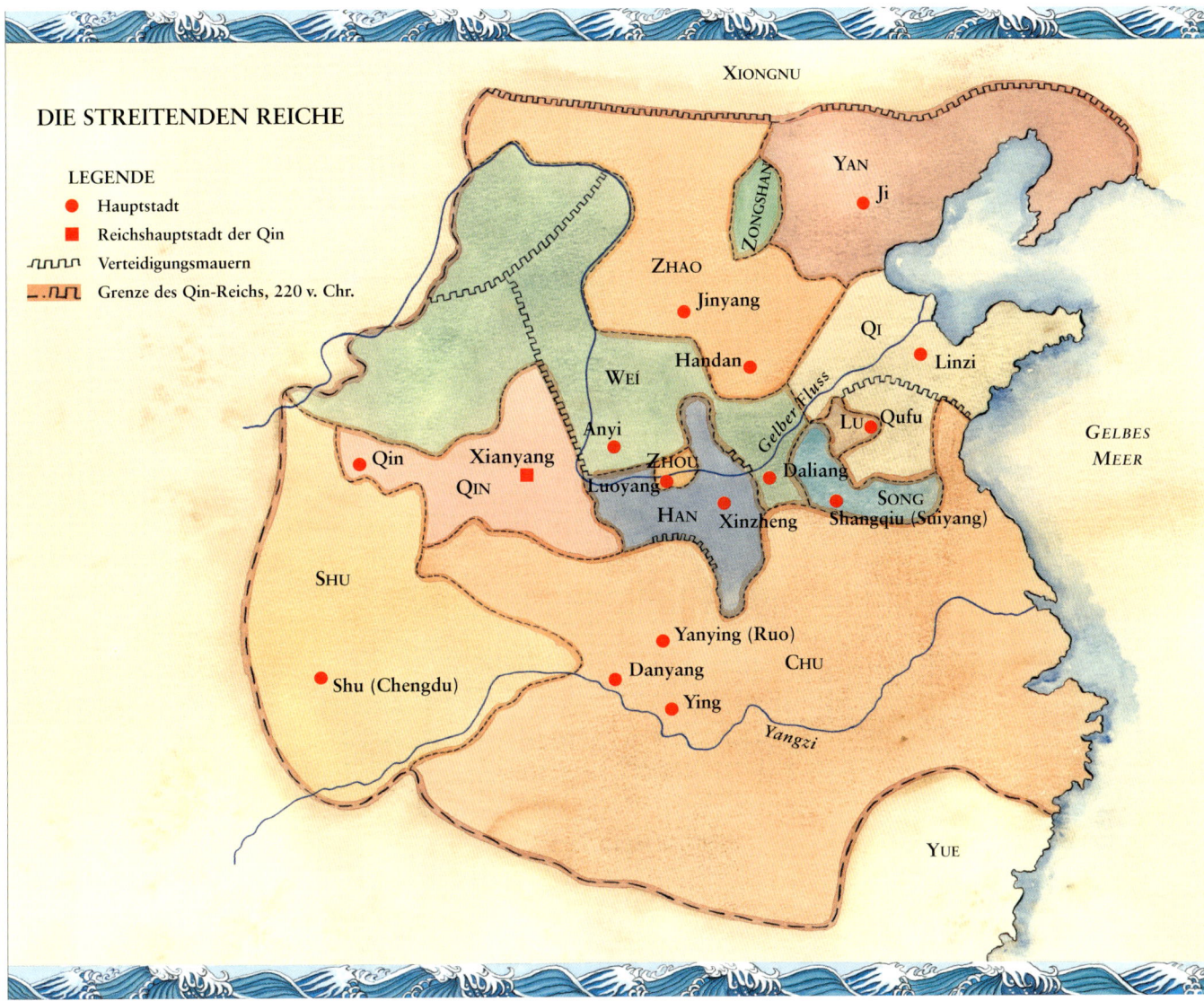

DIE STREITENDEN REICHE

LEGENDE
●   Hauptstadt
■   Reichshauptstadt der Qin
ᘛᘚᘛ   Verteidigungsmauern
ᘛᘚᘛ   Grenze des Qin-Reichs, 220 v. Chr.

XIONGNU

YAN
● Ji

ZHONGSHAN

ZHAO
● Jinyang

QI
● Linzi

Handan ●

WEI

Anyi ●

LU ● Qufu

GELBES
MEER

Qin ●   Xianyang
QIN   ■   ZHOU
Luoyang ●   Daliang ●
HAN   SONG
Xinzheng ●   Shangqiu (Suiyang)

Gelber Fluss

SHU

Yanying (Ruo) ●

Danyang ●   CHU

Shu (Chengdu) ●   Ying ●

Yangzi

YUE

Diese Veränderungen führten zu einer politischen und sozialen Umwandlung der chinesischen Welt. Anstelle der unzähligen halb unabhängigen Stadtstaaten, die von Aristokratenkriegern mit Streitwagen bewohnt wurden, schufen die früheren Zhou-Vasallen neue Staaten mit fixen Grenzen, die durch Mauern getrennt waren. Durch die Eroberung schwächerer Staaten wurde die chinesische Welt schließlich in sieben Reiche aufgeteilt, die kollektiv als „Streitende Reiche" bezeichnet werden. Diese großen Territorialstaaten hatten eine voll entwickelte Bürokratie zur Verwaltung der bäuerlichen Bevölkerung, die in der Infanterie diente. Der Einzelhaushalt wurde die übliche Form der Familienorganisation. Außerhalb bot nur der Staat Zusammenhalt und Rang.

Die großen Staaten der späteren Östlichen Zhou-Zeit bauten nur auf militärischer Expansion auf und waren äußerst instabil. Die immer blutigeren und zerstörerischeren Kriege konnten nur aufhören, wenn ein Staat die anderen schluckte oder ein völlig neuer Staat entstand.

DIE ERSTEN REICHE

QIN-DYNASTIE

Qin Shihuangdi	221–210 v. Chr.
Er Shi	210–207 v. Chr.

WESTL. HAN-DYNASTIE

Gaodi	206–195 v. Chr.
Huidi	195–188 v. Chr.
(Lu Hou, Regent	188–180 v. Chr.)
Wendi	180–157 v. Chr.
Jingdi	157–141 v. Chr.
Wudi	141–87 v. Chr.
Zhaodi	87–74 v. Chr.
Xuandi	74–49 v. Chr.
Yuandi	49–33 v. Chr.
Chengdi	33–7 v. Chr.
Aidi	7–1 v. Chr.
Pingdi	1 v. Chr.–6 n. Chr.
Ruzi	7–9 n. Chr.
Herrschaft von Wang Mang	
(„Xin-Dynastie")	9–23 n. Chr.

ÖSTL. HAN-DYNASTIE

Guang Wudi	25–57 n. Chr.
Mingdi	57–75 n. Chr.
Zhangdi	75–88 n. Chr.
Hedi	88–106 n. Chr.
Shangdi	106 n. Chr.
Andi	106–125 n. Chr.
Shundi	125–144 n. Chr.
Chongdi	144–145 n. Chr.
Zhidi	145–146 n. Chr.
Huandi	146–168 n. Chr.
Lingdi	168–189 n. Chr.
Xiandi	189–220 n. Chr.

Die Zeit der Streitenden Reiche endete mit dem Triumph des Qin-Reichs, das den letzten Rivalen 221 v. Chr. unterwarf. Die Vereinigung Chinas unter Qin war beispiellos. Der König nahm einen neuen Titel an und nannte sich Shihuangdi oder „Erster Kaiser". Zudem versuchte er, alle Waffen zu konfiszieren, die Mauern zwischen den Reichen niederzureißen, eine einheitliche Verwaltung einzuführen, die chinesische Schrift zu vereinheitlichen und Maße und Gewichte zu standardisieren. Qin konnte jedoch nicht mit der Kriegführung aufhören und setzte die Armee für sinnlose Expeditionen in den Süden und riesige Arbeiten wie den Bau der ersten „langen Mauer" ein (siehe S. 51). Diese Projekte stießen auf so starken Widerstand, dass kurz nach dem Tod des Ersten Kaisers 210 v. Chr. ein Bürgerkrieg ausbrach. Sein Nachfolger Er Shi regierte nur drei Jahre, bevor das Qin-Reich zerbrach.

Aus den Unruhen nach dem Zusammenbruch des Qin-Staats ging die Han-Dynastie siegreich hervor. Sie erbte die Institutionen der Qin. Mehr als vier Jahrhunderte lang führte die Dynastie Neuerungen ein, die die Grundlage für ein beständiges Reich bilden sollten. Erst legten die Han Aufgabe und Rolle des Kaisers fest. Zwar hatte Qin den Titel begründet, doch begann sich die Institution erst langsam zu entwickeln. Die Han-Dynastie übernahm die Vorstellung, dass der Kaiser Gesetzgeber, höchster Richter und oberster Verwalter war und nur vom Gehorsam seinen Ahnen und seinem Vorgänger gegenüber gelenkt wurde. Er war auch durch viele Privilegien hervorgehoben: Kleider, Insignien, Streitwagen und sogar Straßen waren nur für ihn bestimmt. Höhepunkt der religiösen Reformen war die Wiederbelebung des Zhou-Kults des göttlichen Himmels (Tian) und des Konzepts eines himmlischen Mandats, von dem der Herrscher seine Macht ableitete (siehe S. 45–46). Die Han-Kaiser entfernten sich immer mehr von ihrer ursprünglichen Basis Guanzhong und wurden zur Verkörperung einer Monarchie jenseits lokaler Loyalitäten. Die zweite wichtige Neuerung kam 32 n. Chr.: Man hörte auf, jährlich Bauern zu mobilisieren und auszubilden. Da man nur noch an den Grenzen Krieg führte, brauchte man ein Berufsheer, finanziert durch eine Steuer, die die Wehrpflicht ersetzte.

Nun musste der Staat die soziale Ordnung schützen. Dazu gehörten Polizeieinsätze, Rituale, um die Natur günstig zu stimmen, und die Verteidigung der Moral. Zu diesem Zweck gründete Kaiser Wudi (regierte 141–87 v. Chr.) eine kaiserliche Akademie, deren Lehrplan von Konfuzius bestimmt war (siehe S. 82–83). Ende des 1. Jahrhunderts v. Chr. war eine Ausbildung auf Grundlage der konfuzianischen Texte der sicherste Weg zu einem öffentlichen Amt und gesellschaftlichem Aufstieg.

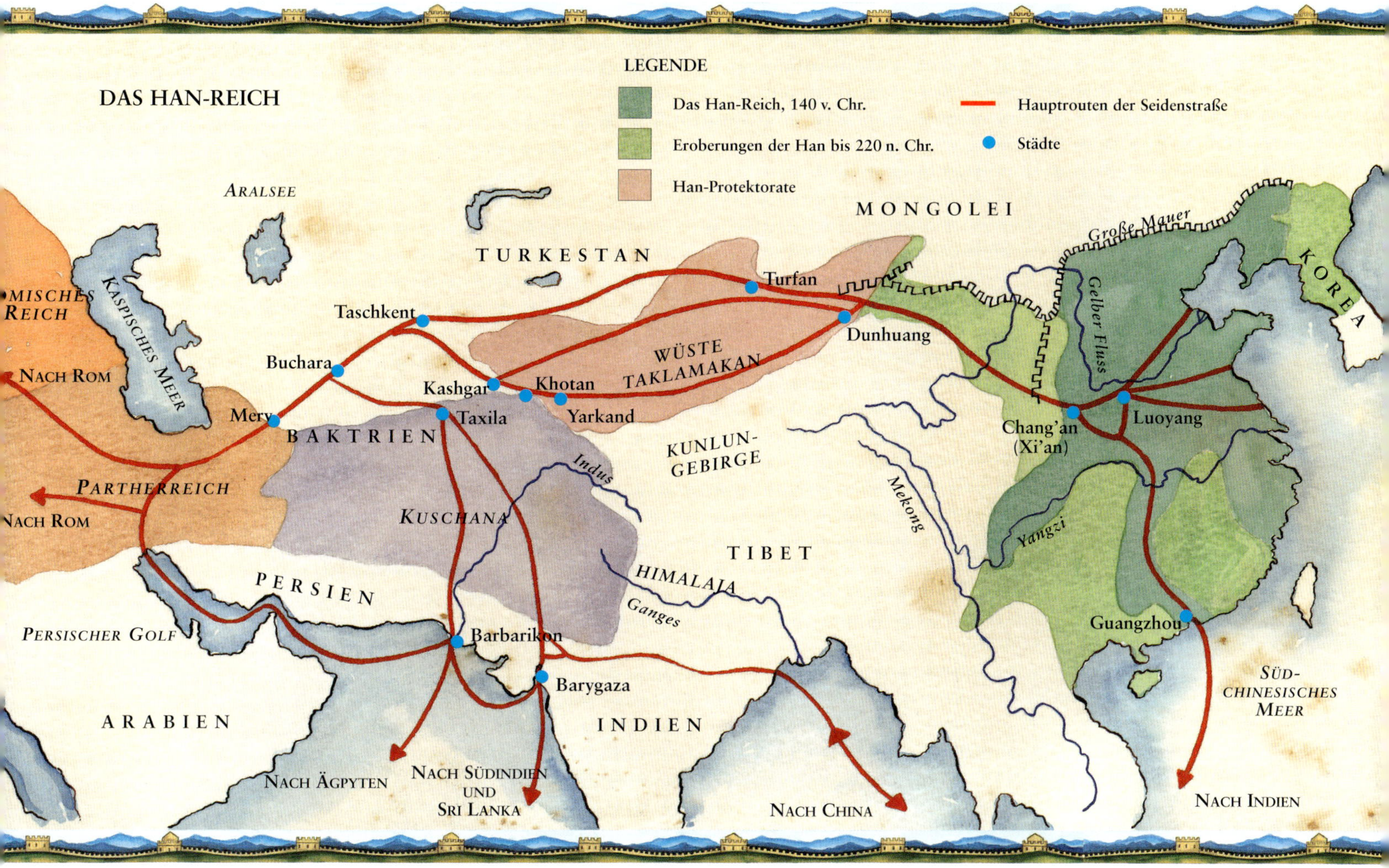

DAS HAN-REICH

ARALSEE

MONGOLEI

Große Mauer

TURKESTAN

Turfan

KOREA

RÖMISCHES REICH

KASPISCHES MEER

Taschkent

Dunhuang

Gelber Fluss

NACH ROM

Buchara

WÜSTE TAKLAMAKAN

Kashgar   Khotan

Mery   Taxila   Yarkand

BAKTRIEN

KUNLUN-GEBIRGE

Chang'an (Xi'an)   Luoyang

PARTHERREICH

KUSCHANA

Indus

Mekong

NACH ROM

TIBET

Yangzi

PERSIEN

HIMALAIA

Ganges

Barbarikon

PERSISCHER GOLF

Guangzhou

Barygaza

SÜD-CHINESISCHES MEER

ARABIEN

INDIEN

NACH ÄGYPTEN

NACH SÜDINDIEN UND SRI LANKA

NACH CHINA

NACH INDIEN

In der Han-Zeit entstand auch eine neue Elite. Zwar blieb der Boden die Basis für Wohlstand, doch bewirkte das System der Erbteilung (siehe S. 71), dass die Ländereien ständig durch Zukäufe aus anderen Einkünften ergänzt werden mussten. Da die profitabelste Geldquelle ein öffentliches Amt war, ließen Landbesitzer ihre Söhne für den Staatsdienst ausbilden, während Beamte Land kauften, um sich langfristigeren Wohlstand zu sichern. Besteuerung der Händler ließ auch diese in Land investieren. Im 1. Jahrhundert n. Chr. dominierte eine Gruppe einflussreicher Familien Landbesitz, öffentliche Ämter und Handel.

Langfristig war dies eine starke Basis für das kaiserliche China, doch zerstörte es die Han-Dynastie. Die Macht konzentrierte sich in den Händen derer, die dem Herrscher am nächsten standen, also seinen Verwandten und Eunuchen. Die einflussreichen Familien zogen sich auf ihre lokalen Basen zurück. Als bei einem Aufstand 184 n. Chr. in der Hauptstadt gekämpft wurde, waren die Heere nur von Barbarenhäuptlingen, Grenzgenerälen und einflussreichen Familien kontrolliert. Der Zusammenbruch des Han-Reichs markierte den Beginn der Kriegsherren.

Unter der Han-Dynastie wurden exotische Tiere und Kunstschätze besonders geschätzt. Hoch begehrt waren zentralasiatische Pferde, wie diese Bronzestatue eines darstellt, wegen ihrer Geschwindigkeit und Größe.

ZEIT DES ZERFALLS

GESCHICHTEN AUS DER FREMDE
In der Zeit des Zerfalls entstanden viele
Prosatexte. Diese Geschichten erschienen in Anthologien über „unheimliche"
Phänomene, die Prinzipien und Grenzen
aufzeigten. Die frühsten Sammlungen
pochten auf ihren Wahrheitsgehalt und
bauten auf Erzählungen auf. Allerdings
überdeckt in vielen Geschichten von
Geistern und Fuchsseelen die er-
zählerische Freiheit die angebliche
Wahrheit. Die ausgefeilten Erzählungen
in literarischer Sprache entwickelten sich
in der Tang-Dynastie noch weiter, und
die ersten Geschichten menschlicher
Romantik entstanden direkt aus den
Themen und Strukturen dieser Erzählungen über unheimliche Begegnungen.
Das gilt besonders für *Die Geschichte
von Ying Ying* von Yuan Zhen (779–831
v. Chr.) und *Die Geschichte von Li Wa*
von Bo Xingjian (776–826 v. Chr.).

Nach dem Zusammenbruch der Han-Dynastie 220 n. Chr. zerfiel das Reich
in drei rivalisierende Königreiche. Es begann eine lange Periode politischer
Teilung. Zwei Merkmale charakterisieren die drei Jahrhunderte, die als Zeit
des Zerfalls (265–618 n. Chr.) bekannt sind: Einflussreiche Familien bildeten eine Proto-Aristokratie (siehe Kasten, unten), und es entstanden Militärdynastien. Als nicht-chinesische Häuptlinge 311 bzw. 316 n. Chr. die
beiden früheren Han-Hauptstädte eroberten, ging die regierende Jin-Dynastie an den unteren Yangzi nahe dem heutigen Nanjing. Das Regime kontrollierten einige einflussreiche Familien. Der Norden war unter kurzlebige
Barbarenstaaten, die „16 Königreiche", aufgeteilt. Das war der Tiefpunkt
kaiserlicher Macht und der Zenit der Aristokratie.

Das Wiedererstehen des Reiches ging von erblichen Militärfamilien
aus, auf verlassenem Land als Flüchtlinge angesiedelt. Diese wurden von
den Jin Ende des 3. Jahrhunderts ausgeschaltet. Die mächtigen Familien
jedoch, die mit den Jin 316 n. Chr. in den Süden flohen, ließen Arbeits-
pflicht und Militärdienst von armen Flüchtlingen ableisten.

ADELIGE KÜNSTE

Die Proto-Aristokratie der Zeit des Zerfalls hob sich von
ihren Gegnern durch ihre kulturelle Bildung ab. Zu den
frühsten Künsten zählten „reine Konversation" – Bon-
mots und Anspielungen, um den Charakter eines Menschen zu beschreiben –, lyrische Dichtung, Kalligrafie
und das Lautenspiel. Diese Fertigkeiten wurden bei Banketten und Ausflügen dargeboten. Meist wurde dabei
Alkohol getrunken. „Die Sieben Weisen im Bambushain" wurden zur Idealvorstellung dieses Lebens (siehe
S. 90–91).

Als der Hof und die führenden Clans nach Süden zogen, veränderten sich die edlen Künste in der neuen Umgebung, und es entstanden neue Künste. Die Gedichte
handelten immer öfter vom bäuerlichen Leben, den Häusern der Aristokratie und der Berglandschaft. Das Malen
solcher Landschaften und die Anlage von Gärten als ihre
künstliche Nachbildung wurden Elemente adeliger Verfeinerung. Im wieder vereinigten Reich verbreiteten sich
diese Künste als Kennzeichen der Elite über ganz China.

*Ein Wandbild berittener Krieger aus dem Grab des
Fürsten Zhanghuai, Xi'an. In der Zeit des Zerfalls kultivierten die Aristokraten die Künste ebenso wie die Kriegführung, wie der Aufstieg der Militärdynastien zeigt.*

Im 4. Jahrhundert stellte ein ehrgeiziger Clan in der mittleren Yangzi-Region eine West-Armee solcher Flüchtlingssoldaten auf. In der Jin-Region wurde eine Nord-Armee aufgestellt, die eine Invasion der West-Armee abwendete und einen religiösen Aufstand niederschlug. Dann übernahm ein bürgerlicher Emporkömmling die Kontrolle über die Armee und eroberte die Jin-Hauptstadt. 420 n. Chr. errichtete er die Liu Song-Dynastie, das erste Militärregime. Diese Militärherrscher brachen die Vorherrschaft der Proto-Aristokraten bei Hof und festigten die kaiserliche Macht.

Ein ähnlicher Prozess vollzog sich im barbarisch besetzten Norden. Unter den „16 Königreichen" hatte eine Stammesverbindung, die Murong, einen Staat errichtet, der Nomadentruppen mit chinesischer Bürokratie verband. Diese Struktur übernahmen die Toba, die von ihrem Stützpunkt nahe des heutigen Datong den Norden Chinas wiedervereinigten. Nach dem Bürgerkrieg von 520 wurde ein Nachfolgestaat in der Region Guanzhong gegründet, der eine neue Armee erhielt. Nach einem Staatsstreich kam die Sui-Dynastie an die Macht, diese Armee vereinte 589 n. Chr. nach der Eroberung des Südens das gesamte Reich.

DIE DREI KÖNIGREICHE

WEI	220–264
WU	222–280
SHU HAN	221–223

ZEIT DES ZERFALLS

Westl. Jin-Dyn.	265–316
Östl. Jin-Dyn.	317–419
Liu Song-Dynastie	420–479
Qi-Dynastie	479–501
Liang-Dynastie	502–556
Chen-Dynastie	557–589
Sui-Dynastie	581–618

Buddhistische Wächterfiguren der Longmen-Grotten, Henan (um 500 n. Chr.). Der Buddhismus festigte sich in China in der Zeit des Zerfalls (siehe S. 110).

MITTELALTERLICHE REICHE

Bilder mit Berglandschaften waren bei den Aristokraten der Tang-Dynastie sehr beliebt (siehe Kasten S. 30). Dieses Seidenbild einer nördlichen Landschaft trägt den Titel Reise des Minhuang nach Shu *und ist eine spätere Kopie des Originals aus dem 8. Jahrhundert. Das Bild ist von links nach rechts aufgebaut und beschreibt drei Episoden.*

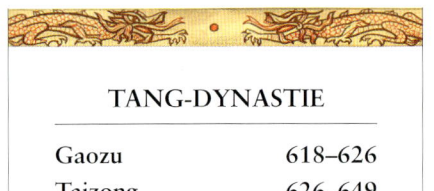

TANG-DYNASTIE

Gaozu	618–626
Taizong	626–649
Gaozong	649–683
Zhongzong	684, 705–710
Ruizong	684–690, 710–712
Wu Zetian	690–705
Xuanzong	712–756
Suzong	756–762
Daizong	762–779
Dezong	779–805
Shunzong	805
Xianzong	805–820
Muzong	820–824
Jingzong	824–827
Wenzong	827–840
Wuzong	840–846
Xuanzong	846–859
Yizong	859–873
Xizong	873–888
Zhaozong	888–904
Aidi (Zhaoxuan)	904–907

Wie das Qin-Reich war auch der Sui-Staat von kurzer Dauer. Erst die Tang-Dynastie konnte das Reich wieder vereinen. Viele Institutionen stammten noch von den Han, doch hatten die vergangenen Jahrhunderte viele Veränderungen mit sich gebracht, darunter die begrenzte rechtliche Anerkennung der Aristokratie, staatlich verwaltetes Land, erbliche Soldatentitel, staatliche Unterstützung für Buddhismus und Daoismus. Die Tang schufen aus diesen Elementen ein neues, mittelalterliches Reich.

Im Tang-Reich wurden die mächtigen Clans nach einer Hierarchie eingeteilt, die auf den Ämtern der Clan-Mitglieder aufbaute. Die Söhne höherer Beamter hatten automatisch das Recht auf eine Stelle. Im Rechtssystem der Tang genossen hohe Beamte viele Privilegien. So durften sie etwa nicht gefoltert werden. Die gesamte Bevölkerung war in Beamte, Bürger, „niedriges Volk" und Sklaven unterteilt. So überlebte ein kleiner Kreis Aristokraten, die von hohen Ämtern abhängig waren.

Der staatliche Landbesitz kam aus der Praxis der Militärdynasten, die Flüchtlingen verlassenes Land im Austausch für Militärdienst zur Verfügung gestellt hatten. Unter den Tang erhielten alle Familien (zumindest im Norden) ein kleines Stück Land auf Dauer und zusätzliches Land, das sie behalten durften, so lange sie dienten und Steuern zahlten.

Es gab mehrere Formen erblicher Militärhaushalte. Der Bedarf an langfristigen Garnisonen führte jedoch zu ihrem Niedergang und einer wachsenden Abhängigkeit von Berufsheeren, in die auch Angehörige verbündeter Turkvölker aufgenommen wurden.

Der Staat unterstützte Daoismus und Buddhismus. Zwar war die Zahl der Tempel, Mönche und Priester begrenzt, doch waren die Institutionen von Steuern befreit. Die Buddhistentempel bauten große Güter auf.

Schließlich errichteten die Tang kleinere Staaten, die viele Elemente der Tang-Kultur wie Rechtssystem und Schrift übernahmen. Viele wie Korea und Japan übernahmen auch den Buddhismus. Auch Ausländer aus Zentralasien und noch weiter entfernten Gebieten kamen als Pilger, Händler oder Diplomaten und spielten in den Städten eine große Rolle.

Mit der Rebellion von An Lushan änderte sich 755 n. Chr. alles (siehe Randtext rechts). Nun regierten Tibeter oder Militärgouverneure fast den gesamten Norden. Staatliche Ländereien verschwanden, die Regierung hob Steuern nach dem Vermögen ein und war immer mehr von Salz- und Eisenmonopolen abhängig. Neue Finanzexperten kamen an die Macht. Der Einfluss der mächtigen Familien reduzierte sich auf den Hof und wurde auch hier von den Eunuchen gemindert. Als die Dynastie 907 n. Chr. unterging, waren ihre sozialen Grundlagen längst verschwunden.

DIE REBELLION VON AN LUSHAN

Sie spaltete nicht nur die Tang-Dynastie, sondern die gesamte Geschichte des kaiserlichen China. An Lushan war der Oberbefehlshaber von drei Militärgruppen, die um das heutige Beijing stationiert waren. Als sein Gönner am Hof starb, fürchtete er um seine Stellung und griff im Winter 755 n. Chr. die Hauptstadt an. Der Widerstand der Tang schwand, und er konnte die Hauptstadt einnehmen.

An Lushan starb 757, doch wurde der Aufstand erst 763 mit der Hilfe tibetischer und uigurischer Truppen niedergeschlagen. Die Dynastie wurde wieder eingesetzt, doch waren ihre Institutionen zerstört und auch die sozialen Grundfesten wackelten. Nach dem Aufstand verschwanden nicht nur die halberbliche Aristokratie und die dienstpflichtigen Klassen. Auch das Zentrum der chinesischen Kultur verschob sich zum Yangzi-Tal hin.

DER WEG NACH SÜDEN

ZUNEHMENDE BILDUNG
Die Regierungspolitik und die wirtschaftlichen Entwicklungen der Song-Zeit führten dazu, dass immer mehr Menschen lesen und schreiben konnten und Zugang zu Schriftmaterial hatten. Während es unter den Tang nur in der Hauptstadt eine Akademie zur Prüfungsvorbereitung gab, eröffneten die Song solche Schulen in jeder Präfekturstadt, alle versorgt mit Ländereien und Textbüchern. Zusätzlich ließen sie per Gesetz Volksschulen in jeder Provinzstadt errichten. Auch Clans und Privatlehrer gründeten Schulen. Die Verbreitung des Buchdrucks führte vom 9. bis zum 11. Jahrhundert zu einem Preisverfall bei Büchern (siehe S. 182). Die Städter lehrten ihre Kinder schreiben, lesen und rechnen, und auch Dörfer hatten bereits Grundschulen.

In dem chaotischen Jahrhundert zwischen den letzten Dekaden der Tang-Zeit und dem Aufstieg der Song-Dynastie 960 n. Chr. lag die Macht erst in den Händen lokaler Kriegsherren, später in jenen ihrer Palastgarden. Zhao Kuangyin (der spätere Kaiser Taizu), der Anführer einer dieser Garden, stellte die Einheit wieder her und beendete damit mehr als zwei Jahrhunderte halb unabhängiger Regionalarmeen. Unter den Song, die Taizu begründeten, gewannen die gelehrten Beamten an Macht. Dies wurde durch die Verlegung des chinesischen Kulturzentrums aus dem Norden mit seiner kriegerischen Vergangenheit in das Yangzi-Tal begünstigt.

Die neue Dynastie traf im Norden auf den starken Widerstand zweier mächtiger Nomadenstaaten, nämlich dem Kitan-Staat der Liao und dem Tangutenreich der Xia. Wie die früheren Toba Wei verbanden diese Staaten nomadische Armeen mit chinesischer Bürokratie zur Verwaltung der Bauern (siehe S. 36–37). Die Song unterschrieben Verträge, die Liao und Xia de facto als gleichwertig anerkannten und stimmten hohen Zahlungen zu. Doch dauerte der Krieg an, und die Song mussten

RÜCKBESINNUNG AUF KONFUZIANISCHE WERTE

Die Rückbesinnung auf konfuzianische Werte war nicht nur philosophisch, sondern auch religiös motiviert und wurde von den gelehrten „Missionaren" propagiert. Zugrunde lag ihr der Versuch, den Einfluss des Buddhismus vor allem bei Begräbnissen zurückzudrängen. Die Begräbnisse waren immer stärker buddhistisch geprägt, und für die armen Bauern und sogar die *Literati* war es billiger und praktischer, die Leichname der verstorbenen Verwandten zu verbrennen oder in Klöstern zu lassen.

Um dieser Entwicklung entgegenzuwirken, spendeten konfuzianische *Literati* Friedhöfe, wo arme Bauern ihre Eltern kostenlos begraben konnten. Wichtiger war noch, dass führende Gelehrte wie Zhu Xi Handbücher verfassten, in denen die traditionellen konfuzianischen Rituale zusammengefasst waren. Damit wurden die Grundelemente der Riten verbreitet und ihre Anwendung gefördert. Im Lauf der Jahrhunderte gelangten einfachere Versionen dieser Texte auch in die entferntesten Dörfer (siehe S. 84–85).

Dieses Gemälde aus der Song-Zeit zeigt ein Beispiel für die konfuzianische Tugend der kindlichen Ergebenheit.

Ein Blick auf das Yangzi-Tal, das Zentrum der chinesischen Kultur unter der Song-Dynastie. Die kommerzielle Revolution und die Einführung neuer Reissorten führte zu einer Bevölkerungsexplosion, durch die viele große Städte entstanden (siehe S. 171).

große Teile ihres Budgets für die Verteidigung ausgeben. Die Kriege bewirkten viele technische Neuerungen wie das Schießpulver (siehe S. 176 –177) und eine große Kriegsflotte mit neuartigen Schiffen.

Trotz der Kriege wurde die Song-Regierung von einer zivilen Elite geführt, die aus Prüfungen hervorging. Das wurde zum üblichen Weg in hohe Ämter und es entstand ein neues Ideal der *Literati*, der gelehrten Beamten, die in der Kunst und vielen intellektuellen Fragen bewandert waren. Sie kamen aus mächtigen Familien von Gutsbesitzern und Händlern, die durch die florierende Wirtschaft Reichtum erlangten.

Die Song-Zeit war in vielerlei Hinsicht das Goldene Zeitalter der gelehrten Beamten, in dem sogar die Kaiser auf ihre Vorschläge und Kritik hörten. Da es aber keinen institutionellen Mechanismus zur Lösung von Konflikten gab, führten die Debatten über die Politik zu harten Kämpfen zwischen rivalisierenden Cliquen. Das galt vor allem für die Reformen von Wang Anshi (siehe S. 67). Zudem führte die Bürokratisierung zu zahllosen Verordnungen.

1126 eroberten die Dschurschen (ein Mandschu-Volk) unter den Jin Nordchina und entführten den Song-König und seine Familie aus der Hauptstadt Kaifeng. Prinz Zhao Gou (der spätere Kaiser Gaozong) entkam nach Süden nach Hangzhou, wo er die Dynastie als Südliche Song erneuerte. Viele chinesische Gelehrte machten für das Unglück von 1126 das übermäßige Interesse des Kaiserhofs an Dichtung und Malerei verantwortlich. Andere wollten China durch eine Rückkehr zum Konfuzianismus reinigen (siehe Kasten gegenüber).

Das kleinere Reich der Südlichen Song florierte, und seine Schiffbautechnik hielt Invasoren mehr als ein Jahrhundert lang ab.

DIE FÜNF DYNASTIEN

SPÄTERE LIANG	907–923
SPÄTERE TANG	923–935
SPÄTERE JIN	936–947
SPÄTERE HAN	947–951
SPÄTERE ZHOU	951–960

NÖRDLICHE SONG-DYNASTIE

Taizu	960–976
Taizong	976–997
Zhenzong	998–1022
Renzong	1022–1063
Yingzong	1064–1067
Shenzong	1068–1085
Zhezong	1086–1101
Huizong	1101–1125
Qinzong	1126

SÜDLICHE SONG-DYNASTIE

Gaozong	1127–1162
Xiazong	1163–1190
Guangzong	1190–1194
Ningzong	1195–1224
Lizong	1225–1264
Duzong	1265–1274
Gongzong	1275
Duanzong	1276–1278
Bing Di	1279

DIE EROBERER-DYNASTIEN

Die fremden Eroberer, die die Song gestürzt hatten, waren ein neues Phänomen in der chinesischen Geschichte. Die chinesischen Staaten standen seit langem in Kontakt mit nomadischen Kriegsstämmen, die in Zeiten politischen Niedergangs den Norden Chinas teilweise oder ganz besetzt hatten. Ab dem 10. Jahrhundert gründeten die Tanguten, Kitan, Dschurschen und Mongolen Staaten nach chinesischem Vorbild mit chinesischen Verwaltungsmethoden. Diese „Eroberer-Dynastien" waren militärisch gleich stark wie die Song und eroberten immer mehr ihrer Gebiete.

Der erste bedeutende Staat war das Liao-Reich, das die Kitan in der südlichen Mandschurei errichteten. Nach dem Zusammenbruch des Tang-Reichs vereinigte der Kitan-Anführer Abaoji mehrere Stämme und machte sich selbst zum Kaiser einer Dynastie. Die Liao-Dynastie schuf einen Doppelstaat mit den Kitan und ihren Institutionen im Norden und den Chinesen im Süden des Staats mit theoretisch ziviler Verwaltung.

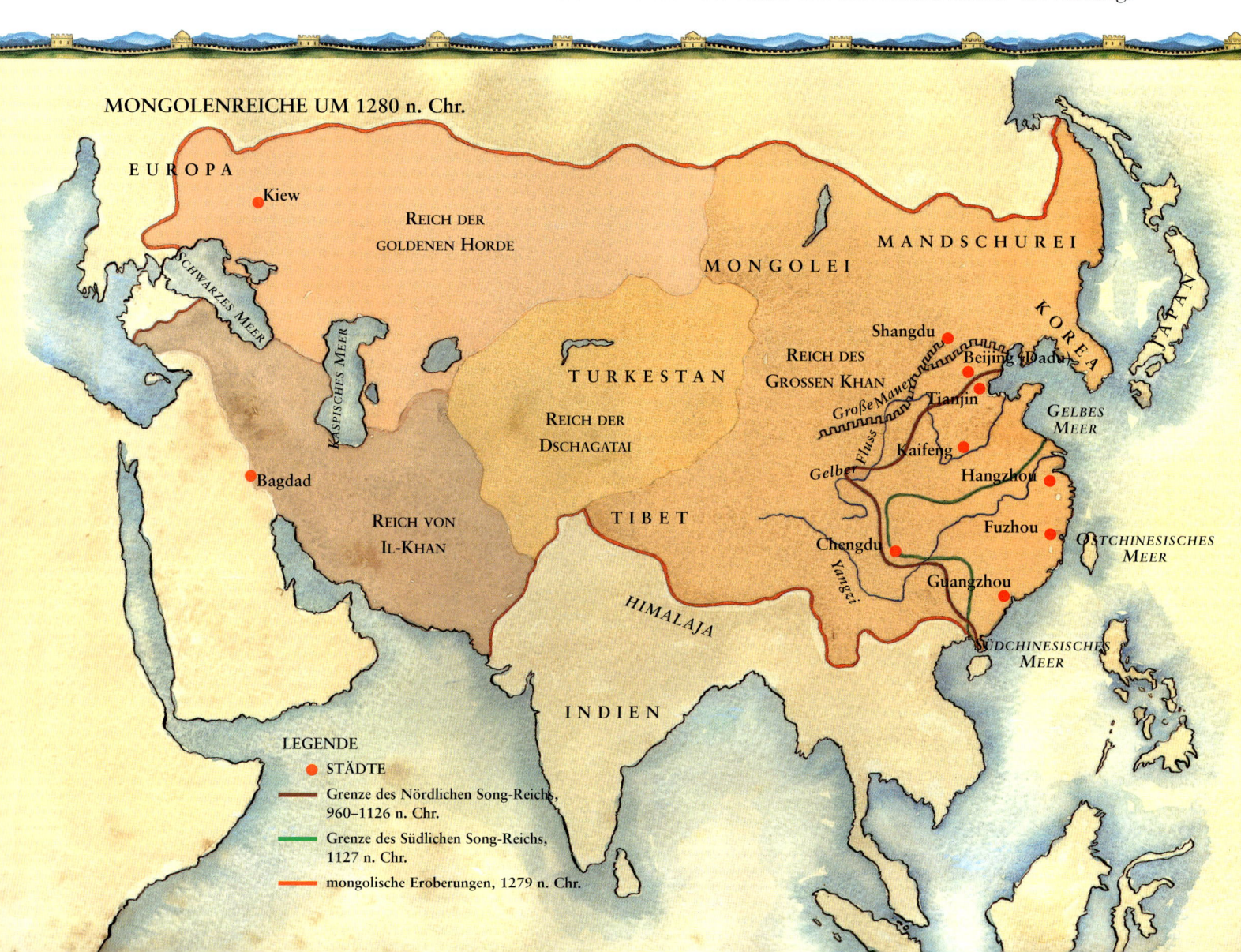

MONGOLENREICHE UM 1280 n. Chr.

EUROPA
Kiew

REICH DER
GOLDENEN HORDE

MANDSCHUREI

MONGOLEI

SCHWARZES MEER

KASPISCHES MEER

KOREA

Shangdu

REICH DES
GROSSEN KHAN

Beijing (Dadu)

TURKESTAN

Große Mauer

Tianjin

GELBES
MEER

REICH DER
DSCHAGATAI

Gelber Fluss

Kaifeng

JAPAN

Bagdad

Hangzhou

REICH VON
IL-KHAN

TIBET

Fuzhou

Chengdu

OSTCHINESISCHES
MEER

Yangzi

Guangzhou

HIMALAJA

SÜDCHINESISCHES
MEER

INDIEN

LEGENDE
● STÄDTE
▬ Grenze des Nördlichen Song-Reichs,
   960–1126 n. Chr.
▬ Grenze des Südlichen Song-Reichs,
   1127 n. Chr.
▬ mongolische Eroberungen, 1279 n. Chr.

Das Liao-Reich wurde 1125 von den Dschurschen, den Vorfahren der Mandschu aus der östlichen Mandschurei, zerstört. Ihre Jin-Dynastie verbündete sich mit den Song, doch wandten sie sich nach der Unterwerfung der Liao gegen die früheren Verbündeten und eroberten 1127 Nordchina mit der Unterstützung chinesischer Experten, die Belagerungsmaschinen und Schießpulver gegen befestigte chinesische Städte anwandten. Um ihren Einfluss in den neu eroberten Gebieten zu stärken, siedelten die Jin Dschurschen in ganz Nordchina an. Diese waren 1212, als die Mongolen einfielen, bereits großteils assimiliert. Der Krieg gegen die Mongolen endete 1234 mit der völligen Unterwerfung der Jin.

Einige Jahrzehnte gelang es den Südlichen Song, mit Hilfe der Flüsse, Kanäle und Seen des Südens den Mongolen Widerstand zu leisten. Doch konnten die Mongolen schließlich wie die Jin chinesische Experten rekrutieren, mit deren Hilfe sie eine Flotte bauten und 1273 schließlich die wichtige Stadt Xiangyang eroberten. Die Unterwerfung des Südens mit systematischen Massakern ganzer Städte endete 1279.

Die Mongolen regierten China als Yuan-Dynastie und unterteilten die Bevölkerung in ethnische Gruppen (siehe S. 20–21). Jede Gruppe erhielt je nach ethnischer Tradition eigene Gesetze, Steuern und Verwaltung. Als die konfuzianischen Prüfungen 1315 wieder eingeführt wurden, standen den Mongolen und anderen nicht-chinesischen Gruppen durch die Quotenregelung die Hälfte der Titel zu. Allerdings wurden mit den Graduierten nur zwei Prozent der Staatsposten besetzt, und viele wichtige Positionen blieben in den Händen von Nicht-Chinesen.

Besonders strenge Gesetze wurden den Chinesen auferlegt. Ihnen war es verboten, Waffen zu besitzen, öffentliche Versammlungen abzuhalten, Mongolen zu heiraten oder mongolische Namen anzunehmen. Die Steuern waren ruinös, und viele Ländereien wurden beschlagnahmt. Die Chinesen hatten nur wenig Chancen im Staatsdienst und wurden häufig als Verräter betrachtet, wenn sie Beamte wurden.

Die Mongolen unterteilten die Bevölkerung weiter in erbliche Stände wie Bauern, Ärzte, Soldaten, Handwerker, Künstler und Bergarbeiter. Ein Übertritt in einen anderen Stand war verboten.

Die Eroberungen waren für China eine vielfache Katastrophe. Die Eisenindustrie Nordchinas litt so, dass sie sich nie mehr erholte. Die Bevölkerungszahl sank durch Massaker und Seuchen auf die Hälfte, und die politische Landschaft veränderte sich nachhaltig. China erhielt im Norden eine neue Hauptstadt, auch wenn das wirtschaftliche und kulturelle Zentrum im Süden blieb. Die unbedeutende Grenzstadt Beijing diente den Liao als Provinzhauptstadt und den Jin als vorübergehende Hauptstadt. Der erste Mongolenkaiser Khubilai Khan errichtete hier die Kaiserstadt Dadu. Die Jin begannen mit der Auspeitschung von Hofbeamten, eine Praxis, die spätere Dynastien beibehielten.

Berittene Bogenschützen waren die Stütze der mongolischen Armee, die quer durch Asien bis nach Europa stürmte. Diese Malerei eines mongolischen Bogenschützen stammt aus der Ming-Zeit.

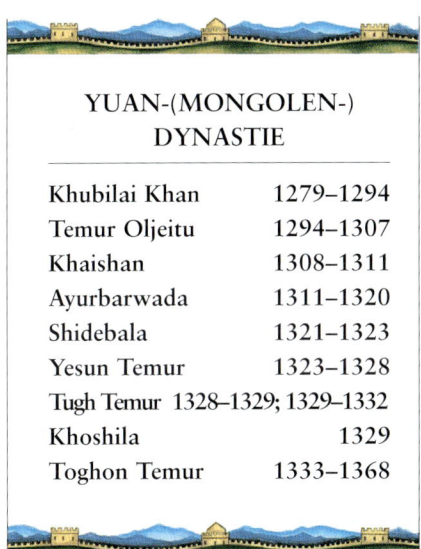

YUAN-(MONGOLEN-) DYNASTIE	
Khubilai Khan	1279–1294
Temur Oljeitu	1294–1307
Khaishan	1308–1311
Ayurbarwada	1311–1320
Shidebala	1321–1323
Yesun Temur	1323–1328
Tugh Temur	1328–1329; 1329–1332
Khoshila	1329
Toghon Temur	1333–1368

MING-DYNASTIE

Hongwu	1368–1398
Jianwen	1399–1402
Yongle	1403–1424
Hongxi	1425
Xuande	1426–1435
Zhengtong/Tianshun	
	1436–1449; 1457–1464
Jingtai	1450–1457
Chenghua	1465–1487
Hongzhi	1488–1505
Zhengde	1506–1521
Jiajing	1522–1567
Longqing	1567–1572
Wanli	1573–1620
Taichang	1620
Tianqi	1621–1627
Chongzhen	1628–1644

Zwei Beamte der Ming-Dynastie. Die Dynastie war von Streitereien zwischen den Kaisern und ihren Gelehrten-Beamten geprägt. Bei einer dieser Auseinandersetzungen ging es um die alten Rituale. Als dem Kaiser Zhengde 1522 sein Cousin Jiajing folgte, erwarteten die Beamten, dass der neue Herrscher Zhengde wie seinen Vater verehren würde, um Beständigkeit im kaiserlichen Ahnenkult zu sichern. Doch Jiajing verehrte seinen echten Vater und bestrafte alle, die ihm widersprachen. Jiajing konnte sich erst nach 20 Jahren durchsetzen.

AUFSTIEG DER AUTOKRATIE

Dürre, Überschwemmungen und der Zusammenbruch des Geldsystems führten zu bewaffneten Aufständen, die 1368 im Sturz der Yuan-Dynastie gipfelten und die Ming-Dynastie unter dem früheren Bauern und buddhistischen Mönch Zhu Yuanzhang an die Macht brachten. Zhu (der Kaiser Hongwu) wollte die Leiden der Bauern mindern, indem er die kaiserliche Autokratie stärkte und die erblichen Posten abschaffte.

Hongwu teilte die Bevölkerung in die erblichen Stände Bauern, Soldaten und Handwerker. Die Bauern selbst hoben die Steuern ein. Die Soldaten erhielten Land zur Selbstversorgung und Minderung der Steuerlast. Die Handwerker waren entweder an kaiserliche Werkstätten gebunden oder zu bestimmten Dienstzeiten verpflichtet. Aus diesem System waren nur die Handelselite und die gebildete Klasse im Süden des Landes ausgeschlossen. Hongwu misstraute ihnen und hob hohe Steuern von ihnen ein. Er setzte die Prüfungen aus und bestrafte später die Prüfer, wenn Gelehrte aus dem Süden zu erfolgreich abschnitten. Theoretisch war es billiger, das gesamte Volk an Beschäftigungen zu binden, die dem Staat und dem Volk dienten. Doch funktionierte Hongwus Vision nicht.

Der Aufstieg der kaiserlichen Autokratie, die von den Eroberer-Dynastien übernommen worden war, dauerte länger. Hongwu peitschte ihm unliebsame Beamte weiterhin aus und kontrollierte persönlich alle Staatsangelegenheiten. Seine Nachfolger verließen sich immer mehr auf die Eunuchen, bis diese die gesamte Verwaltung kontrollierten (siehe S. 46). Diese Entwicklungen erzürnten die Beamten, die aber von den Kaisern und Eunuchen schwer bestraft wurden. Der Streit endete erst, als der Eunuch Wei Zhongxian, der wahre Herrscher Chinas, bei der Thronbesteigung des letzten Ming-Kaisers 1628 ermordet wurde.

Die Eroberer-Dynastien verkehrten mit ihren internationalen Handelspartnern und Verbündeten auf partnerschaftlicher Basis. Die Ming wollten jedoch die chinazentristische Welt der Tang wiederherstellen. Dafür bekämpften die ersten beiden Ming-Kaiser die Mongolen, und von 1405 bis 1433 machte sich eine Flotte unter dem Eunuchen Zheng He auf die Suche nach neuen tributpflichtigen Staaten.

DAS MING-REICH

MONGOLEI
MANDSCHUREI
LIAOYANG
Gelber Fluss
Große Mauer
Beijing
BEIZHILI (JINGSHI)
SHANXI
Ji'nan
SHANDONG
SHAANXI
Kaifeng
Xi'an
HENAN
Nanjing
NANZHILI (NANJING)
Chengdu
Hangzhou
KUNLUN-GEBIRGE
Hanyang
Yangzi
Jingdezhen
SICHUAN
ZHEJIANG
Nanchang
HUGUANG
JIANGXI
TIBET
Jianning
Guiyang
FUJIAN
GUIZHOU
Yunnan
YUNNAN
Guilan
GUANGXI
GUANGDONG
Perlfluss
Guangzhou (Kanton)
KOREA
GELBES MEER
OSTCHINESISCHES MEER
SÜDCHINESISCHES MEER

LEGENDE
● Hauptstadt
● Provinzhauptstadt
● andere Stadt
Ming-Reich um 1550
Ming-Reich um 1400

1449 nahmen die Mongolen den Ming-Herrscher Zhengtong gefangen. Es folgten Jahrzehnte der Lähmung, nach denen die Ming versuchten, China und die Mongolei durch Wiedererrichtung der Großen Mauer zu trennen (siehe S. 215). Die Dynastie wollte den Außenhandel auf einige Häfen beschränken. Ergebnis davon waren aber Schmuggel und Piraterie.

In den letzten 50 Jahren der Ming-Herrschaft leerten die Korruption der Eunuchen, der riesige Kaiser-Clan und katastrophale Feldzüge in Korea die Staatskassen. Fallende Temperaturen führten zu Mißernten, und die Armeen wurden der Banditen nicht Herr. 1639 blockierten die Japaner und die Spanier in Manila Silberlieferungen nach China, was zu Deflation, Hortung von Gütern und Hungersnöten führte. Innerhalb von fünf Jahren brach das Ming-Reich zusammen.

ZENIT UND NIEDERGANG

QING-(MANDSCHU-) DYNASTIE

Shunzhi	1644–1661
Kangxi	1661–1722
Yongzheng	1723–1735
Qianlong	1736–1795
Jiajing	1796–1820
Daoguang	1821–1850
Xianfeng	1851–1861
Tongzhi	1862–1874
Guangxu	1875–1908
Xuantong (Puyi)	1908–1912

Ein roter Lackthron für den Kaiser Qianlong, während dessen Herrschaft China florierte. Aus Respekt für seinen Großvater Kangxi, der 61 Jahre lang regiert hatte, trat Qianlong nach 59 Jahren zurück. Er starb 1799 im Alter von 88 Jahren.

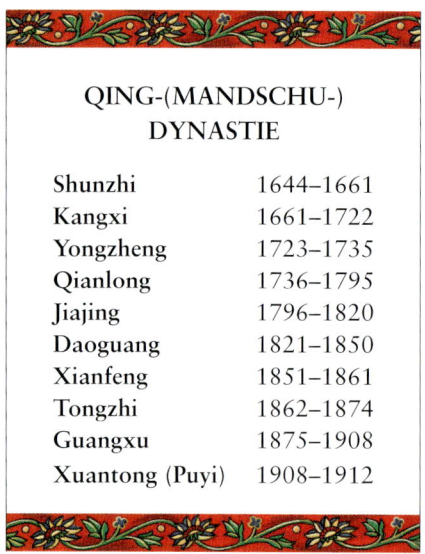

Die Mandschu waren ein sesshaftes Volk, das jenseits der Großen Mauer in der Mandschurei lebte. Sie gründeten unter Nurhaci (1559–1626) den ersten Staat. Als Beijing bei einem Bauernaufstand 1644 eingenommen wurde und der letzte Ming-Kaiser Selbstmord beging, unterstützten die chinesischen Generäle die Invasion der Mandschu, um die Ordnung wiederherzustellen. Die Invasoren riefen die Qing-Dynastie aus und konfiszierten große Landstriche für die „Banner-Armeen" (siehe S. 55). Mit dem endgültigen Sieg über die Chinesen 1673 errichteten die Qing einen kosmopolitischen Staat nach dem Modell früherer Fremdherrscher.

Die große Leistung der Qing war eine ungeahnte Expansion des Reiches. Sie besetzten die Mandschurei, die Mongolei, Xinjiang und Taiwan und machten Tibet zu einem Protektorat. Sogar europäische Jesuiten spielten in diesem Vielvölkerstaat eine Rolle. Sie zeichneten eine Karte von Xinjiang und legten die Grenzen zu Russland in den Verträgen von 1689 und 1728 fest. Damit minderten sie die Freiheit der Nomaden, und Kaiser Qianlong, unter dem China zum wohl reichsten und mächtigsten Staat der Welt aufstieg, konnte Xinjiang endgültig unterwerfen.

Die Herrschaft der Qing war auf den Kaiser zentriert, dessen Regierungsmechanismen es ihm gestatteten, ohne Zugriff auf den Verwaltungsapparat Informationen zu sammeln und Politik zu machen. Zwar mieden die Qing-Kaiser offene Konflikte mit den Beamten, doch regierten sie in Wahrheit noch autokratischer als die Ming.

Dem Zenit Chinas unter Qianlong folgte ein Jahrhundert des Niedergangs. Zwischen 1650 und 1850 verdreifachte sich die Bevölkerung. Man erweiterte die Landwirtschaft durch Kartoffeln und Mais aus Amerika, doch führte die verstärkte Bodennutzung zu Erosion und Überschwemmungen (siehe S.18–19). Die Verschlechterung der landwirtschaftlichen Bedingungen führte zu Aufständen und schließlich zum Taiping-Aufstand (siehe Kasten gegenüber), während Xinjiang militärische und finanzielle Ressourcen abzog. Die Westmächte hatten ebenfalls Einfluss, beginnend mit dem Opiumkrieg (1839–1842), in dem Großbritannien China zwang, Hongkong abzutreten und Opiumimporte aus Indien zuzulassen. Bald hatten mehrere ausländische Mächte Vertragshäfen in China als Basen ihrer Einflusszonen.

1860 war China am Rande des Zusammenbruchs. Ein Großteil des Yangzi-Beckens war in den Hän-

DER TAIPING-AUFSTAND

Der blutigste Aufstand in der Geschichte Chinas begann 1850 und war symptomatisch für die Schwäche des Reiches im 19. Jahrhundert. Hong Xiuquan, der Anführer der Aufständischen, hatte die Beamtenprüfung nicht bestanden, wie dies wegen des starken Interesses öfter vorkam. Nach einem Nervenzusammenbruch wegen seines wiederholten Versagens bei der Prüfung hatte Hong Visionen von einer egalitären Gesellschaft, die er durch ein verfälschtes Christentum erklärte, das er in einem Vertragshafen von den europäischen Missionaren gelernt hatte. Hong fand Anhänger unter den armen Bauern der Region Guangxi, die sich ihren Lebensunterhalt auf schlechtem Boden mühsam erarbeiteten.

1850 führte Hong eine offene Revolte gegen die Regierung. Das Heer der Qing war so schwach, dass er nach Norden bis Nanjing vordringen konnte. Zwar zerbrach die Bewegung aufgrund von Fehden unter den Generälen, doch konnten die kaiserlichen Truppen sie nicht stoppen. Schließlich stellte der Beamte Zeng Guofan in seiner Heimatprovinz eine neue Armee auf, doch sollte es ein Jahrzehnt dauern, bis die 120.000 Soldaten die Taiping-Rebellen unterwerfen konnten.

Dieser zeitgenössische Druck zeigt die Taiping-Rebellen bei der Belagerung des Vertragshafens Shanghai.

den der Taiping-Rebellen, die Russen eroberten Chinesisch-Zentralasien, und franko-britische Truppen setzten in Beijing einen neuen Vertrag durch. Versuche einer Modernisierung hatten wenig Erfolg (siehe S. 86), und bald kamen neue Demütigungen. Japan hatte sich rasch und erfolgreich modernisiert und begann 1894 einen Krieg wegen Korea, bei dem die neue chinesische Flotte zerstört wurde. Die Reformbewegung von 1898 (siehe S. 85) endete abrupt, als die Kaiserinwitwe Cixi den Kaiser einsperren ließ. Der Boxeraufstand erreichte 1900 mit der Belagerung des Gesandtenviertels von Beijing seinen Höhepunkt (siehe S. 105). Da Cixi den Aufstand unterstützte, verhängten die siegreichen ausländischen Mächte eine Strafe über China, die das doppelte Jahresbudget betrug.

Anfang des 20. Jahrhunderts führte die Qing-Regierung endlich Reformen durch. Die alten konfuzianischen Prüfungen wurden abgeschafft, eine moderne Polizei eingesetzt und Militärakademien gegründet. Doch war das Ende der Kaiserzeit bereits absehbar (siehe Randtext).

DAS ENDE DES KAISERREICHS

Die Monarchie brach 1911 zusammen, als eine Gruppe von Armeeoffizieren Wuchang eroberte und die Unabhängigkeit von der Qing-Regierung erklärte. Innerhalb weniger Wochen folgten 15 Provinzen. Der Anführer der kaiserlichen Armeen, Yuan Shikai, verhandelte die Ausrufung einer Republik mit ihm als Präsident. Im Februar 1912 dankte der siebenjährige Kaiser Xuantong (im Westen besser unter seinem Taufnamen Puyi bekannt) ab. Damit war das Ende des kaiserlichen China gekommen. Puyi durfte noch bis 1924 in der Verbotenen Stadt leben. Er beendete sein Leben als Gärtner in Beijing, wo er 1967 starb.

故宮

ZWISCHEN 221 V. CHR. UND 1912 N. CHR.
WAR DER CHINESISCHE STAAT AUF DEN
KAISER AUSGERICHTET. VOM KAISER
GING ALLE MACHT AUS UND IN SEINEM
NAMEN HANDELTE DIE REGIERUNG.
ALS „SOHN DES HIMMELS" STAND ER IN
DER GUNST DER GÖTTER – DIE IHM
ALLERDINGS IHRE UNTERSTÜTZUNG
ENTZIEHEN KONNTEN. UM DAS RIESIGE
REICH REGIEREN ZU KÖNNEN, BENÖ-
TIGTEN DIE KAISER EINEN GEWALTIGEN
VERWALTUNGSAPPARAT. ZUR SICHE-
RUNG DER REICHSGRENZEN WAREN
RIESIGE HEERE NÖTIG.

DIE ROLLE DES STAATES

DER „SOHN DES HIMMELS"

Bis 1912 trug der oberste Herrscher Chinas den Titel „Sohn des Himmels": Unter der Zhou-Dynastie war der Himmel (Tian) die oberste Gottheit, und die Übertragung dieses Titels auf den Kaiser anerkannte nicht
nur seine Stellung als oberster Herrscher über alle Völker seines Reiches,
sondern gab ihm auch eine göttliche Autorität, an der kein anderer
Mensch teilhaben konnte. Diese einzigartige Verbindung mit dem Himmel blieb in allen Dynastien die Grundlage der kaiserlichen Macht.

Der Kaiser genoss uneingeschränkte Macht und grenzenloses Prestige. Er war der Hohepriester aller Menschen, der Himmel und Erde hervorragende Opfer darbrachte. Er war der Bewahrer der Nahrungs-
quellen, der den Göttern der Landwirtschaft opferte, und er war Vorbild
für die kindliche Ergebenheit, der seine Vorfahren nach alten Riten ehrte
(siehe S. 88–89). Sein Wort war Gesetz, und er hatte Macht über Leben
und Tod seiner Untertanen. Er verfügte über die oberste legislative und
exekutive Macht. Ihm wurde große Verehrung entgegengebracht, und
nur seine engsten Berater durften ihm nahe kommen. Jedes kleinste
Detail seines Lebens, sogar die Kleider, die er trug, war wichtig genug,
dass es für die Nachwelt aufgeschrieben wurde. Allerdings durfte er nie
mit seinen Untertanen in Kontakt treten und war meist hinter den Palastmauern eingesperrt. Nur für wichtige Zeremonien und gelegentliche
Inspektionen seines Reiches durfte er den Palast verlassen.

Die Thronfolge war erblich. Grundsätzlich war der erste Sohn der
Kaiserin der Thronerbe, doch wählte schlussendlich der Kaiser selbst
seinen Nachfolger. Manchmal führte die Wahl zu Konflikten. Das war
etwa bei Gaozu (regierte 618–626 n. Chr.), dem ersten Kaiser der Tang-
Dynastie, der Fall. Er ernannte seinen ältesten Sohn Li Jiancheng zum
Nachfolger. Das entsprach den Regeln, doch war Gaozus zweiter Sohn,
Li Shimin, fähiger und lebhafter und hatte für seinen Vater bereits einige
erfolgreiche Feldzüge geleitet. Die Eifersucht zwischen Li Shimin und Li
Jiancheng, der von einem anderen Bruder unterstützt wurde, führte zu
offener Feindschaft. Nachdem Li Shimin einige Mordversuche überlebt
hatte, lockte er Li Jiancheng in einen Hinterhalt und brachte ihn um.

*Der fähige und gebildete Kaiser
Kangxi, der China am längsten regierte (1661–1722). Hier ist er in
seiner Bibliothek als idealer konfuzianischer Gelehrter dargestellt.*

Dann zwang er Gaozu abzudanken. Da Li Shimin als Kaiser Taizong (regierte 626–649 n. Chr.) ein fähiger Herrscher war, konnte das Volk schlussendlich von dem Bruderzwist profitieren.

Aus allen größeren Dynastien gingen herausragende Herrscher hervor, doch hatte China wie die meisten Monarchien Probleme, durchgehend fähige Herrscher zu finden. Zwar legten die Gelehrten am Hof sehr großen Wert auf die Erziehung des Thronfolgers, doch konnte dies nicht verhindern, dass einige Dynastien unter einer Abfolge schwacher Herrscher litten. Manchmal zettelten skrupellose Beamte oder Eunuchen (siehe S. 47) eine Verschwörung an, um sicherzugehen, dass ein bestimmtes Kind die Thronfolge antreten oder ein neuer Herrscher ihre spezielle Hoffraktion unterstützen würde. Doch trotz aller Widrigkeiten war die chinesische Monarchie mit ihrer Bürokratie immer stark genug, um zu überleben. Solange ein Kaiser regierte und die Struktur der Gesellschaft sowie ihre kulturellen Werte nicht bedroht waren, war es sehr unwahrscheinlich, dass sich die Bevölkerung auflehnte.

DAS MANDAT DES HIMMELS

Bevor der Erste Kaiser, Qin Shihuangdi (221–210 v. Chr.), regierte, hatten konfuzianische Gelehrte eine Theorie entwickelt, die die absolute Macht des Herrschers beschnitt. Dieses „Mandat des Himmels" besagte, dass der Himmel dem Herrscher das Mandat zu regieren entziehen konnte, wie er es ihm auch gegeben hatte. Wenn der Herrscher zu weit vom Pfad des Wohlwollens abwich, durfte er gestürzt werden, und das Mandat ging auf jemanden anderen über. Die meisten chinesischen Dynastien kamen durch die innere Schwäche ihrer Vorgänger und einen daraus resultierenden Bürgerkrieg an die Macht. Der jeweilige Anführer der siegreichen Rebellen beanspruchte einfach das Mandat des Himmels für sich.

Nach der konfuzianischen Sicht zeigte sich die Unzufriedenheit des Himmels mit dem Herrscher durch Omen wie ungewöhnliches Wetter, Überschwemmungen, Hungersnöte, Seuchen oder Erdbeben. Der Kaiser hatte mit dem Problem zu kämpfen, dass er oft persönlich für diese Katastrophen verantwortlich gemacht wurde. Es kam öfter vor, dass der Kaiser gestand, seine Unzulänglichkeit habe den Himmel verärgert und somit Leiden über sein Volk gebracht.

PALAST UND HOF

Die Gärten des Kaiserpalastes (der Verbotenen Stadt) in Beijing.

Der Kaiser lebte in einem großartigen Palastkomplex, der seinen Status und seine Beziehung zu den kosmischen Kräften, seiner Familie, seinen Beratern und Untertanen reflektierte. Für alle, die privilegiert genug waren, ihn zu besuchen, bot sich der Palast als beeindruckende Kombination von kaiserlicher Macht und imperialem Reichtum dar. Die hohen Mauern schützten den Hof vor dem Volk und möglichen Feinden.

Da die Paläste der frühen Dynastien aus Holz gebaut waren, sind sie alle verschwunden, meist niedergebrannt von Rebellen, die ihre Bewohner stürzten. In Beijing kann man jedoch bis heute die großartigen Paläste der letzten beiden Dynastie bewundern. Der Palastkomplex der Verbotenen Stadt wurde vom dritten Ming-Herrscher, Yongle (regierte 1403–1424), errichtet. Er misst 1.000 mal 750 Meter und ist von einer 10 Meter hohen Mauer mit Wachtürmen an den vier Ecken und Zeremonialtoren an den vier Kardialpunkten umgeben.

Innerhalb der Mauern erstrecken sich entlang der Nord-Süd-Achse große Zeremonialhallen und Thronsäle. Der Palast ist in den „inneren Hof" im Norden und den „äußeren Hof" im Süden unterteilt. Im inneren Hof lebten Kaiser, Kaiserin und seine Nebenfrauen, seine engsten Berater und die Palastwache. Der äußere Hof beherbergte die Büros der Exekutive, darunter sechs Behörden oder Ministerien (siehe S. 50). Große Zeremonien und Paraden wurden in den Höfen des äußeren Palasts abgehalten (siehe Abb. S. 48). Der Kaiser empfing auch ausländische Gäste in den Zeremonialhallen. Zudem lebten die Eunuchen im Palast (siehe Kasten unten).

Neben seiner Gemahlin, der Kaiserin, hatte der Kaiser noch (meist vier) hochrangige Nebenfrauen (*fei*). Die Kriterien, nach denen diese Frauen ausgewählt wurden, wechselten. Ein Han-Kaiser wurde dazu angehalten, familiären Hintergrund, Tugend, Alter und Aussehen einer Frau zu beachten. Der Kaiser hatte auch Konkubinen. Im Altertum scheint es relativ wenig Konkubinen gegeben zu haben, doch zur Zeit des Tang-Kaisers Xuanzong (regierte 712–756) waren es angeblich Tausende. Das andere Extrem war der Ming-Herrscher Hongzhi (regierte 1488–1505). Er soll der einzige monogame Kaiser der chinesischen Geschichte und seiner Kaiserin Zhang treu gewesen sein. Manchmal hatte eine starke Kaiserin Mitsprache bei der Wahl der Konkubinen.

SEX UND PROTOKOLL

Das Protokoll bestimmte alle Bereiche des Hofes, und so auch das Sexualleben des Kaisers. Wenn er eine Konkubine wünschte, wählte er ihren Namen von einem Tablett mit beschrifteten Jadetafeln. Ein Eunuch kümmerte sich darum, dass die Konkubine ausgezogen, gebadet und enthaart wurde. Dann wurde sie, nur mit einem Umhang bekleidet, unter dem sie keine Waffe verstecken konnte, zum Kaiser getragen. Der Eunuch wartete eine angemessene Zeitspanne vor dem Schlafzimmer und rief dann „Die Zeit ist vorüber!" Nach drei Rufen betrat er das Zimmer und trug die Frau zurück. Die Einzelheiten des Besuchs wurden niedergeschrieben, da der Status der Konkubine von der Häufigkeit ihrer Besuche beim Kaiser abhing. Manche Konkubinen warteten Monate oder Jahre auf einen Besuch.

DIE EUNUCHEN DES KAISERS

Wann die ersten Eunuchen (kastrierte Männer) am Hof auftauchten, ist unbekannt, es gab sie jedoch als Sklaven der Zhou-Könige. In der Kaiserzeit wurden sie Teil des Hofes, nachdem der Han-Kaiser Guang Wudi (regierte 25–57) darauf bestand, alle männlichen Diener zu kastrieren, die eine Beziehung zu den Hofdamen unterhielten. Die Kaiser setzten sie bald als spezielle Vertraute und Berater ein. Unter den Tang und Ming genossen sie großen Einfluss. Gegen Ende der Ming-Zeit waren wohl mehr als 10.000 Eunuchen bei Hof. Sie konnten Beamte entlassen, Gesetze beschließen und die Staatskasse verwalten. Unter der Qing-Dynastie sank ihre Zahl, und beim Untergang der Monarchie waren nur noch etwas mehr als tausend am Hof.

Die kaiserliche Kastrierkammer befand sich vor den Palastmauern. Einige Eunuchen ließen sich freiwillig kastrieren, um am Hof ruhig leben zu können. Andere wurden von ihren Eltern oder Kinderhändlern verkauft. Nach ihrer Genesung erhielten sie ein Zertifikat und begannen mit ihrer Arbeit am Hof. Die meisten arbeiteten in der Küche oder putzten. Andere waren Musiker, Schauspieler und Puppenspieler. Die wichtigsten hatten Zugang zum kaiserlichen Amtssiegel. Die Eunuchen waren für alles am Hof von Konkubinen (siehe Randtext), Kleidung und Speisen bis zum Klopapier verantwortlich.

Der kaiserliche Eunuch Li Lianying, 1890. Eine Kastration war ein schweres Vergehen gegen die kindliche Ergebenheit, da der Körper als Geschenk der Eltern galt. Da ein Mensch komplett sterben und begraben werden musste, hoben die Eunuchen ihre mumifizierten Genitalien in einem „Schatzkistchen" auf.

STAATSFÜHRUNG

Um China erfolgreich zu regieren, war ein großer, effizienter und loyaler Beamtenapparat in der Hauptstadt und in den Provinzen nötig. Die Qin-Dynastie legte mit der Abschaffung der Feudalstaaten und der Ernennung von Staatsbeamten direkt vom Zentrum aus den Grundstein für eine landesweite Verwaltung. Die nachfolgende Han-Dynastie schuf die theoretische Basis für das chinesische Regierungssystem. 137 v. Chr. machte der Han-Kaiser Wudi den Konfuzianismus zur offiziellen Staatsideologie, und die konfuzianischen Klassiker (siehe S. 82–83) wurden zur Pflichtlektüre für politisch ambitionierte Gelehrte. Der Konfuzianismus diente den Zielen der nachfolgenden Dynastien, da er Kaiser, Staat und Familie in

STAATLICHE PRÜFUNGEN

In der Sui- und Tang-Zeit gab es verschiedene offene Beamtenprüfungen. Die am weitesten verbreiteten waren die Klassische Prüfung mit Fragen über die konfuzianischen Klassiker und die Literaturprüfung (*jinshi*), die weniger umfangreiches Wissen der Klassiker erforderte. Allerdings mussten die Kandidaten verschiedene Verse verfassen. In beiden Prüfungen mussten die Kandidaten Aufsätze über moralische Prinzipien und praktische Verwaltungsprobleme schreiben und ausführlich über chinesische Geschichte Bescheid wissen.

In der Song-Zeit verlor die Klassische Prüfung an Bedeutung, bis um 1100 n. Chr. nur noch die *jinshi*-Prüfung blieb. Die besten Absolventen wurden in die Han-lin-Akademie aufgenommen, die der erste Ming-Kaiser gründete (siehe Haupttext).

Die Ming führten ein dreistufiges Prüfungssystem ein. Wer die Bezirksprüfung bestand, die in der Heimatstadt abgehalten wurde, war ein Großes Talent (*xiucai*). Nur wenige bestanden die Provinzprüfung und wurden Höhere Gelehrte (*juren*). Wem dies gelang, der war ein gemachter Mann, auch wenn er nicht zur *jinshi* ging. Erfolg bei der *jinshi*, die in der Hauptstadt stattfand, führte fast immer zu einer Regierungsstelle in Beijing oder in den Provinzen. *Jinshi* blieb der höchste Grad bis zur Abschaffung der Beamtenprüfungen 1905.

Die staatlichen Prüfungen verwaltete das Ritualamt.

Kaiserliche Beamte (alle jinshi-*Absolventen) paradieren vor dem Kaiser Guangxu (1875–1908) anlässlich seiner Hochzeit.*

Eine Karte aus dem 17. Jahrhundert einer Präfektur in der Provinz Jiangxi. Die große Stadt ist die Präfekturhauptstadt Jiujiang.

einem allumfassenden ethischen System vereinte. Dieses System sollte 2.000 Jahre lang halten.

Von allem Anfang an konnte ein Herrscher nur erfolgreich regieren, wenn er gute Beamte hatte. Durch die Größe Chinas waren die Kommunikationswege langsam und gefährlich. Deshalb waren loyale und integre Beamte doppelt wichtig. Die Beamten wurden in der Hauptstadt ernannt, doch waren die Stadt und ihre Umgebung nicht groß genug, um die Zahl und Qualität an Beamten sicherzustellen, die für die Verwaltung des gesamten Reichs nötig waren. Deshalb wurden in der Han-Zeit Leiter von Kommandanturen (siehe Randtext rechts) ernannt, die talentierte und tugendhafte Männer für den Staatsdienst rekrutierten. Für diese Gelehrten gab es eine Prüfung, die der konfuzianische Beamte Dong Zhongshu ausgearbeitet hatte. In der Sui- und Tang-Zeit wurden offene Beamtenprüfungen eingeführt (siehe Kasten gegenüber).

Die Han bauten eine zweistufige Zentralregierung auf, die mit kleinen Veränderungen alle nachfolgenden Dynastien übernahmen. Die obere Stufe bestand aus den Beamten, die dem Kaiser am nächsten standen. Das

REGIONALREGIERUNG

In der Han-Zeit war das größte Amt der Regionalregierung die Kommandantur (*jun*). Es gab 83 *jun*, die jeweils von einem Gouverneur mit einem Stab von Zivil- und Militärbeamten regiert wurden. Die Kommandanturen waren in *xian* (Bezirke) aufgeteilt, denen je ein „Bezirksbeamter" (siehe S. 50) vorstand. Größere *zhou* oder *sheng* (Provinzen) ersetzten schließlich die *jun*. In der Qing-Zeit wurde aufgrund des Bevölkerungswachstums eine dritte Regierungsebene zwischen Provinz- und Bezirksregierung eingeführt, die Präfektur (*fu*).

Das Rangabzeichen eines kaiserlichen Beamten. Es gab neun Grade, wobei der erste der höchste war. Der Pfau ist Symbol des dritten Grades.

DIE BEZIRKSBEAMTEN

Der Bezirk (*xian*) war im chinesischen Kaiserreich die unterste Einheit. Er wurde von einem Bezirksbeamten geleitet, der als Richter fungierte und für Sicherheit, Steuern und Einteilung von Arbeit und Militärdienst verantwortlich war (siehe S. 53). Wie sein Vorgesetzter, der Provinzgouverneur, nahm er an allen wichtigen religiösen Zeremonien der Region teil.

Das Büro des Bezirksbeamten, das *yamen*, befand sich immer in einer befestigten Bezirksstadt und war von Mauern umgeben und von Soldaten bewacht. Der Beamte wurde von Schreibern und Dienern, den „*yamen*-Läufern", unterstützt und musste sich mit der gelehrten Gentry der Region gut stellen (siehe S. 66–67). Spezielle Handbücher erinnerten ihn an seine moralische Pflicht – die Menschen zu schützen und für sie Verständnis aufzubringen – und gaben ihm Tipps über das Gesetz und andere Belange. Um der Gefahr von Korruption und Nepotismus zu begegnen, arbeitete ein Bezirksbeamter nie in seinem Geburtsbezirk oder dem seiner Frau.

war die Legislative. So war in der Tang-Zeit das Große Sekretariat für die Vorgangsweise in wichtigen Angelegenheiten verantwortlich. Die Entscheidungen wurden von einer zweiten Körperschaft, dem Kanzleramt, überprüft. Wenn das Kanzleramt seine Zustimmung gab, ging die Angelegenheit weiter zum Kaiser.

Eine dritte Körperschaft, die Abteilung für Staatsangelegenheiten, stellte die Hauptverbindung zwischen der oberen (legislativen) Stufe und der unteren (exekutiven) Stufe her. Stimmte der Kaiser einer Maßnahme zu, wurde sie zur Durchführung an das richtige Ministerium weitergeleitet. Es gab sechs Ministerien: Das Personalamt (Li Bu) war für die gesamte Verwaltung wie die Einstufung und den Einsatz der Beamten verantwortlich; das Finanzamt (Hu Bu, wörtlich „Amt der Haushalte") regelte die Steuern; das Ritualamt (Li Bu) lenkte Zeremonien, Prüfungen und Protokoll; das Armeeamt (Bing Bu, wörtlich „Amt der Soldaten") verwaltete alle militärischen Angelegenheiten; das Bestrafungsamt (Xing Bu) kontrollierte alle juristischen Dinge (siehe S. 52–53); und das Arbeitsamt (Gong Bu) war für öffentliche Bauprojekte zuständig. Zudem gab es Behörden für Landwirtschaft, Recht, kaiserliche Bankette, kaiserliche Opfer, diplomatische Empfänge, kaiserliche Stallungen, Wasserwege, Bildung und kaiserliche Werkstätten.

Zur obersten Regierungsebene zählten auch die Zensurbehörde und die Hanlin-Akademie. Die Zensurbehörde wurde eingesetzt, um die Beamtenschaft zu überprüfen und im Falle einer Fehlverwaltung oder Korruption in der Hauptstadt oder in den Provinzen Empfehlungen abzugeben. Theoretisch waren die Zensoren verpflichtet, angstlos und unparteiisch ihre Meinung zu sagen. Viele machten das auch, doch wurden mutige Zensoren in einigen Fällen hart dafür bestraft, dass sie Entscheidungen des Kaisers angezweifelt hatten. Die Hanlin-Akademie war eine Gelehrtenvereinigung. Ihre Hauptaufgabe war Beratung, doch übernahm in der Ming-Zeit die Akademie viele Aufgaben anderer Organe der oberen Ebene.

Der Kaiser erhielt nicht nur von seinen Ministern Ratschläge, auch Beamte der Provinzverwaltung oder sogar einer noch tieferen Ebene konnten ihm Vorschläge unterbreiten. Die Vorschläge wurden als „Vermerk" bezeichnet und durchliefen alle Verwaltungsstufen, bis sie das Große Sekretariat erreichten. Von hier wurden sie an den Kaiser weitergeleitet, wenn sie wichtig genug waren. Wenn der Kaiser einem Vorschlag zustimmte, ging dieser an das Große Sekretariat zurück, wo eine weitere Zustimmung nötig war. Erst danach konnte er als kaiserliches Edikt umformuliert werden.

DER BAU DER GROSSEN MAUER

Im Kaiserreich war man zu erstaunlichen organisatorischen Leistungen fähig, um große öffentliche Bauvorhaben durchzuführen. Das bekannteste Beispiel ist die Große Mauer. In der Östlichen Zhou-Zeit bauten viele Staaten Verteidigungswälle, um sich vor den „Barbaren" im Norden zu schützen. Als der Erste Kaiser, Qin Shihuangdi (regierte 221–210 v. Chr.), diese Staaten eroberte, war eine seiner ersten Einigungsmaßnahmen ein Befehl an seinen General Meng Tian, die nördlichen Verteidigungsmauern wieder aufzubauen, zu verbinden und zu vergrößern, bis eine durchgehende Barriere von ungefähr 6.400 Kilometer Länge von Nordwesten nach Nordosten entstand.

Meng Tian beschäftigte 300.000 Soldaten und zusätzlich Kriminelle, ineffiziente Beamte und Zwangsverpflichtete aus dem ganzen Reich. Seine Mauer bestand großteils aus gestampfter Erde, verstärkt durch Strauchwerk. Die Forts und die Wachtürme wurden auf hoch gelegenen Punkten errichtet, die Militärbaracken in den Tälern.

Legenden erzählen noch immer von den Mühen der Arbeiter beim Mauerbau. Eine Sage berichtet wie der Gemahl der Marquise Meng Jiang zum Mauerbau abkommandiert wurde. Bei Winterbeginn reiste sie viele Hunderte Meilen mit warmer Kleidung für ihren Mann, bis sie erkennen musste, dass er längst verstorben war. Da sie seinen Leichnam nirgends fand, legte sie sich zur Mauer hin und weinte viele Tage so herzzerreißend, dass die Mauer Erbarmen mit ihr hatte. Ein Stück stürzte ein und gab die Überreste ihres Gatten frei, die sie zur Grabstätte seiner Vorfahren brachte.

Die Große Mauer windet sich über die Hügel nördlich von Beijing. Die am besten erhaltenen Bereiche wurden aus Stein in der Ming-Zeit errichtet (siehe S. 214–215).

RECHT UND GESETZ

Bereits sehr früh hatte China ein gut entwickeltes Rechtssystem, das auf einer beeindruckenden und detaillierten Gesetzessammlung basierte. Zwar änderten sich die Gesetze im Lauf der Jahrhunderte, doch blieb das Grundgerüst gleich. Der Qing-Kodex von 1740 baute auf dem Ming-Kodex von 1397 auf, der wiederum viel mit dem Tang-Kodex von 737 gemein hatte. Der Grund dafür lag in der Tatsache, dass die Gesetze von Männern gesammelt wurden, die dieselben Ideen verfolgten: Das Recht sollte auf den moralischen Prinzipien basieren, die Konfuzius und andere Weise nach der praktischen Erfahrung aus dem Alltag aufgestellt hatten. Das chinesische Recht reflektierte somit soziale Praxis.

Die konfuzianischen Werte zeigen sich deutlich bei den verschiedenen Strafen, die Menschen von unterschiedlichem sozialen oder familiären Status erhielten. Der Tang-Kodex unterschied klar zwischen Berechtigten

KRIMINALROMANE

In der Song-Zeit entstand durch den Aufstieg des Handels und der städtischen Gesellschaft ein Bedarf an vielen neuen Unterhaltungsformen für das Volk. Die „Geschichten über Kriminalfälle" zählten zu den neuen Volksunterhaltungen, die sich von der Song- in die Ming-Zeit entwickelten. Sie waren in Umgangschinesisch und nicht in Hochsprache geschrieben und handelten fast immer von Bezirksbeamten oder Richtern in höheren Gerichten. Die Handlung beginnt mit einer Beschreibung des Verbrechens (oft mit realistischen Details aus dem damaligen Leben) und erreicht ihren Höhepunkt mit der Tat und Bestrafung des Schuldigen. Manchmal gibt es zwei Lösungen, doch findet sich die richtige Lösung durch den Scharfsinn eines brillanten Richters.

Der gefeiertste Held dieser Geschichten war Richter Bao Cheng oder „Drachenplan Bao", der auf einer historischen Persönlichkeit basierte. Bao kam in Hunderten

Geschichten vor und wurde zum Archetypus des unbestechlichen Beamten in einer Gesellschaft, in der die Gerechtigkeit nur allzu oft auf Seiten der Reichen und Mächtigen stand. Nicht alle Kriminalromane enden gut. Manche verfolgen offensichtlich das Ziel, die brutalen Methoden korrupter Richter darzulegen, die Schmiergelder annahmen, dann durch Folter Geständnisse erzwangen und Unschuldige zum Tode verurteilten.

In einigen Geschichten werden die Verbrechen durch übernatürliche Kräfte aufgedeckt, doch andere zeigen Elemente westlicher Krimis. In einer Erzählung stiehlt der geduldige und methodisch arbeitende Gehilfe dem dämlichen Beamten die Show.

Dieser Deckel einer Keramikdose aus der Zeit des Ming-Herrschers Wanli (1573–1620) zeigt einen Prozess vor dem Bezirksbeamten, der an seinem Schreibtisch sitzt.

und Unfreien, zwischen Beamten, die gewisse Privilegien genossen, und allen ohne offiziellen Posten. In der Familie war es ein grobes Vergehen gegen die kindliche Ergebenheit, wenn ein Sohn seinen Vater schlug. Das wurde im schlimmsten Fall mit Enthauptung bestraft. Wenn ein Vater seinen ungehorsamen Sohn zu Tode prügelte, wurde er freigesprochen, wenn das Gericht entschied, dass er übertrieben provoziert worden war. Eine Frau, die ihren Ehemann schlug, wurde ausgepeitscht, doch ein Mann, der seine Frau prügelte, wurde nur vor Gericht gestellt, wenn die Frau schwer verletzt war. Ehebruch durch eine Frau war viel schlimmer als Ehebruch durch den Mann.

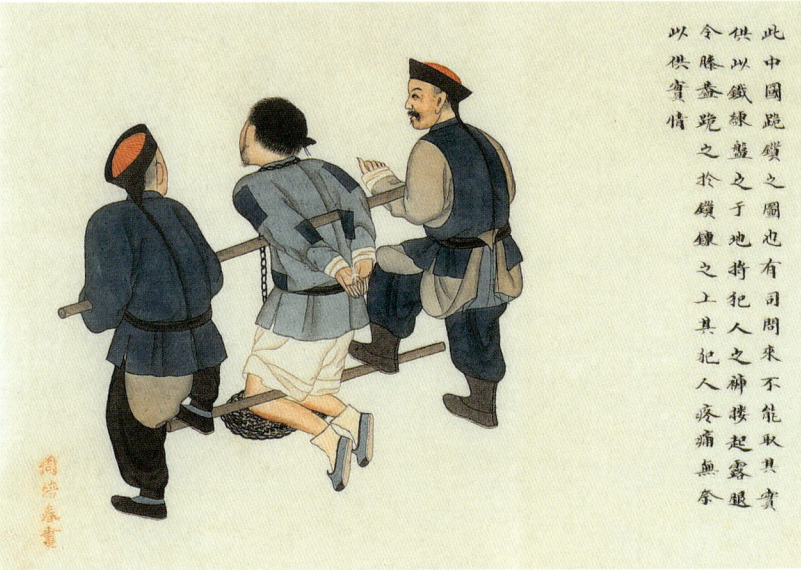

Ein Druck aus dem Ende der Qing-Zeit um 1900 zeigt zwei Beauftragte des yamen (Büro des Bezirksbeamten), die einen Gefangenen mit Folter zu einem Geständnis zwingen.

Die höchste gesetzliche Autorität war der Kaiser, und das Gesetz galt eher als Hilfe für die Regierung denn als unabhängiger Bereich des Staates. Es gab keine von der Verwaltung unabhängige Gesetzgebung und deshalb auch keine Anwälte. Menschen, die mit der Beratung von Straffälligen Geld verdienten, wurden mit Argwohn betrachtet.

Die oberste Regierungsstelle, die sich mit dem Gesetz beschäftigte, war das Bestrafungsamt. Allerdings lag die Rechtsprechung meist bei den Bezirksbeamten, die zusätzlich zu ihrer Verwaltungsaufgabe als Bezirksleiter (siehe S. 50) auch als Polizisten und Richter fungierten. Sie untersuchten Kriminalfälle, bestraften den Schuldigen, leiteten Untersuchungen, sammelten Beweise, verhafteten Kriminelle und riefen Zeugen auf.

Das Strafmaß hing teilweise von einem Geständnis ab. Ein Fall war erst abgeschlossen, wenn der Schuldige gestanden hatte, und es bestand kein Anlass, Geständige weniger hart zu behandeln. Folter konnte angewendet werden, wenn kein Geständnis kam. Auch Zeugen, die des Meineids verdächtigt wurden, konnten gefoltert oder geschlagen werden.

Alle Fälle wurden an die höheren Gerichte weitergeleitet, wo die Beschuldigten Berufung einlegen konnten. Der Bezirksbeamte durfte bei schwereren Fällen kein Urteil sprechen. Das oblag den höheren Gerichten auf Präfektur- oder Provinzebene.

Da es in den Dörfern keine Regierungsbeamten gab, wurden Zivilstreitigkeiten durch Schlichtung gelöst. Wenn jemand unzufrieden war, konnte er den Fall noch immer einem Bezirksbeamten übergeben. Neue Untersuchungen der Fälle, die in der Qing-Zeit vor den Bezirksbeamten kamen, zeigen, dass sie häufig mit Streitereien über Land, Schulden, Ehe und Erbgut befasst waren. Für die meisten gewöhnlichen Bürger war der Bezirksbeamte ein Ehrfurcht einflößender Mensch, zu dem sie lieber nicht gingen, da sie fürchteten, Bestechungsgelder zahlen zu müssen. Sie fürchteten auch eine Bestrafung, wenn der Fall gegen sie ausging.

STRAFEN

Für schwere Verbrechen gab es fünf Strafstufen: Schlagen mit leichtem Bambus, Schlagen mit schwerem Bambus, Strafarbeit, Exil und Tod. In den ersten beiden Fällen wurde die Zahl der Schläge angegeben.

Kapitalverbrechen gelangten vor den Kaiser, der allein ein Todesurteil sprechen konnte. Je nach Umständen des Verbrechens gab es drei Exekutionsmethoden: Erhängen, Köpfen und „Tod durch langsames Zerstückeln". Bei dieser grausamen Strafe für Kapitalverbrechen (wie Hochverrat) erhielt der Übeltäter eine Reihe von Schnitten verpasst. Diese Methode hieß im Westen „Tod durch 1.000 Schnitte", obwohl die Zahl der Schnitte zwischen acht und 120 lag. Der erste Schnitt ging über die Augen, damit das Opfer nicht sah, was folgte.

Leichtere Strafen waren Joch, Stöcke, Käfige und Gefängnis.

DAS MILITÄR

Ein Bogenschütze aus der berühmten Terrakotta-Armee. Die 7.000 Tonsoldaten wurden 210 v. Chr. nahe dem Grabmal des Ersten Kaisers, Qin Shihuangdi (regierte 221–210 v. Chr.), in Lintong, beim heutigen Xi'an, begraben und 1974 entdeckt. Seine Rüstung gab dem Soldaten große Bewegungsfreiheit. Er trägt sein Haar als Knoten auf dem Kopf – nur Offiziere trugen Kopfschutz (siehe auch S. 187).

In der sozialen Hierarchie Chinas stand das Heer weit unten – wie ein alter Spruch sagte: „Gutes Eisen wird nicht für Nägel verwendet und gute Männer werden nicht Soldaten" –, tatsächlich war das Militär aber für jede chinesische Dynastie von großer Bedeutung, und ein großer Teil der Regierungsmittel ging für militärische Zwecke auf. Die Nordgrenze wurde ständig von kriegerischen Nomaden bedroht, so dass hier immer Grenzwachen nötig waren. Zudem mussten die Heere Aufstände unterdrücken und die Handelswege durch Zentralasien offen halten. Die meisten Dynastien stellten aber keine großen Berufsheere auf, eine mögliche Gegenmacht zum Kaiserhof. Die chinesischen Heere bestanden vor allem aus Bürgern, die ihren Arbeitsdienst bei der Armee leisten mussten, und aus Verbrechern, die zum Militärdienst verurteilt wurden.

Eine Lösung des Grenzproblems im Norden war das *fubing*-System in der Sui- und Tang-Zeit. Bauern wurden in der Grenzregion in Militärkolonien angesiedelt, wo sie den Boden bebauten, wenn sie nicht kämpften oder trainierten. Der Staat wollte keine beständige Verbindung zwischen Offizieren und Soldaten schaffen und stellte im Krieg die Miliz unter die Herrschaft fremder Offiziere, die in Friedenszeiten sofort abgezogen wurden. Die Miliz war deshalb demotiviert und wenig effizient.

Das *fubing*-System wurde zu Beginn des 8. Jahrhunderts abgeschafft, als die Situation ständig besetzte Grenzgarnisonen und reguläre Truppen erforderte. Aufgrund der mangelnden Kontrolle durch die Regierung wurden die Garnisonsbefehlshaber sehr mächtig. 755 zettelte der mächtigste von ihnen, An Lushan, einen der schwersten Aufstände in der Geschichte des Kaiserreichs an (siehe S. 33).

Die Nomaden und Halbnomaden an der chinesischen Nordgrenze waren die größte Bedrohung für die Song-Dynastie, die schließlich in den Süden vertrieben und gestürzt wurde (siehe S. 34–35). Die Ming-Dynastie baute dagegen auf militärischer Macht auf und kam anfangs ganz gut mit der Bedrohung aus dem Norden zurecht. Die Ming gründeten Militärkolonien unter der Führung von Offizieren aus den erblichen Militärfamilien. 70 Prozent der Soldaten waren in der Landwirtschaft beschäftigt. Diese Kolonien erinnerten an das *fubing*-System, doch waren sie im ganzen Land verteilt und nicht nur auf die Grenzen beschränkt. Nach der Herrschaft von Yongle (1403–1424) verfielen die Verteidigungsanlagen an der Grenze. Die Garnisonen verloren die Hälfte ihrer Soldaten, und die Kolonien verkauften ihre Produkte auf dem Markt,

anstatt die Armee zu versorgen. 1449 schlugen die Mongolen die chinesischen Kräfte schwer. Die Ming erholten sich von dem Schlag und gründeten 500 Regimenter oder „Wachen" (wei) zu je 5.600 Offizieren und Männern. Diese Regimenter sollten auch Landwirtschaft betreiben.

Zu Beginn des 16. Jahrhunderts verfielen militärische Macht und Verwaltung der Ming, bis sie im 17. Jahrhundert abdanken mussten. Die Qing begannen mit einer großen und gut organisierten Macht von „Banner-Armeen" (siehe Randtext rechts), doch hatte im 19. Jahrhundert ihre Effizienz abgenommen, und sie wurden durch chinesische Einheiten ersetzt. Die Heere der späten Qing-Zeit konnten weder den Einfall ausländischer Mächte noch die Bauernaufstände abwehren.

Das Armeeamt in der Hauptstadt war vor allem für die Verwaltung und somit für Ernennungen, Titel, Beförderungen, Entlassungen und Versorgung zuständig. Es organisierte auch die Armeeprüfungen, die weit weniger prestigeträchtig waren als die Beamtenprüfungen (siehe Kasten S. 48). Sie umfassten ethische Fragen und vor allem praktische Prüfungen wie Reiten, Bogenschießen und Schwertkunst. Wer bestand, wurde Feldoffizier und konnte nach ganz China versetzt werden.

Für Strategie und Taktik waren die obersten Beamten des Kaisers zuständig, die im Ernstfall die nötigen Mittel aufbrachten und als Generalstab fungierten. Die Armeen konnten im Feld von einem Beamten geleitet werden, der kurzfristig zum General ernannt wurde.

Truppen ziehen 1699 in die Stadt Jianghan ein, als Teil der Entourage des Qing-Herrschers Kangxi (regierte 1661–1722).

DIE MANDSCHU-BANNER
Im Jahr 1644 stürzten die Mandschu die Ming-Dynastie und setzten die letzte Dynastie, die Qing, ein. Trotz der geringen Bevölkerungszahl waren die Mandschu unter ihrem Anführer Nurhaci (regierte 1559–1626) zu einer Macht geworden. Er hatte die Mandschu vereint und seine Armee in acht Einheiten oder „Banner" zu 300 Mann unterteilt. Jede Einheit hatte ein anderes Banner. Später wurde jeder Mandschu einer Einheit zugeordnet. Die Anführer der Banner mussten je nach Bedarf Männer zum Kampf bereitstellen und verproviantieren. Nach der Eroberung Chinas stellten die Mandschu ein Banner mit Chinesen auf, doch lebten die Mandschu-Banner abgeschieden von den Städten. Ihre Effizienz ließ schließlich nach, und 1860 lag das Schicksal der Dynastie in den Händen chinesischer Truppen.

FAMILIE UND GESELLSCHAFT

FESTE BANDE

Ein ergebener Sohn trägt seine Eltern, während er um Essen bettelt. Terrakottarelief aus einem Tempel in Dazu bei Chongqing, Provinz Sichuan.

Das Oberhaupt der traditionellen chinesischen Familie war wie in den meisten bäuerlichen Gesellschaften der älteste Mann aus der ältesten Generation. Sein Nachfolger war immer der älteste überlebende Sohn. Innerhalb der Generationen standen die Älteren den Jüngeren vor. Das zeigt sich auch in der chinesischen Sprache, in der es eigene Begriffe für „älterer Bruder" und „jüngerer Bruder", für „ältere Schwester" und „jüngere Schwester" gibt. Das deutsche Wort „Onkel" lässt sich nur übersetzen, wenn bekannt ist, ob es sich um den „älteren Bruder des Vaters", den „jüngeren Bruder des Vaters" oder den „Bruder der Mutter" handelt.

Das Idealbild einer Familie war, wenn vier Generationen unter einem Dach lebten. Praktisch war das nur selten der Fall, doch war es üblich, dass mehrere Söhnen in demselben Familienverband lebten. Wenn ein Sohn heiratete (siehe S. 61), verließ die Braut das Haus ihrer Familie und zog zur Familie des Ehemanns.

Die Vorfahren waren wie Lebewesen Teil der Familie. Da sich die Familie nicht nur in die Vergangenheit erstrecken konnte, sondern auch auf die Zukunft achten musste, war es eine unerlässliche Pflicht, männliche Nachkommen zu zeugen. Wie Konfuzius sagte: „Es gibt drei Arten mangelnder Ergebenheit. Die schlimmste davon ist, keine Nachkommen zu zeugen." Wenn eine Familie keine Kinder bekommen konnte, konnte sie welche adoptieren oder, wenn sie reich war, Konkubinen kaufen.

Eine Familie war durch Rituale mit einander verbunden. Als einfachste Form verbrannte die Familie am Morgen und am Abend Weihrauch und verbeugte sich ehrfürchtig vor einem Porträt des Vorfahren oder vor einer Tafel, die seinen Namen trug. Der aufwärts ziehende Weihrauch war ein Symbol für die Kontaktaufnahme mit dem Geist des Vorfahren. An speziellen Tagen wie Festen oder dem Sterbetag der Familienmitglieder wurden kompliziertere Zeremonien gefeiert. Jedes Familienmitglied vom Familienoberhaupt abwärts betete und machte einen Kotau (eine tiefe Verbeugung) vor dem Porträt oder der Tafel des Vorfahren. Den Mitgliedern, die erst vor kurzem verstorben waren, und den ältesten bekannten Vorfahren widmete man die meiste Aufmerksamkeit.

Die Familie brachte auch Speiseopfer dar, die nach der Zeremonie verzehrt wurden (siehe auch S. 142–143).

Die Familien waren in Clans vereint, die aus allen Familien mit demselben Nachnamen in einem Bezirk bestanden. Man feierte regelmäßig Clanzeremonien, um den Patriarchen zu ehren, der die Familie an einem bestimmten Ort gegründet hatte. Die Zeremonien, auch rituelle Tieropfer, wurden im Ahnentempel abgehalten, in dem die Porträts vieler Generationen hingen. Ein Clan besaß Land, das Zins abwarf, mit dem Zeremonien und nachfolgende Bankette bezahlt wurden.

Auch das Leben in den Handwerksgilden und anderen sozialen Organisationen war nach den Familientraditionen organisiert. Anstatt der Ahnen hatte jede Gilde einen Schutzgott, der beim jährlichen Treffen der Gilde geehrt wurde. Meist basierte dieser Gott auf einer historischen Figur, die Großes in ihrem Handwerk oder Gewerbe vollbracht hatte. So war der Schutzherr der Baumeister Lu Ban, ein geschickter Handwerker aus dem 3. Jahrhundert v. Chr. Die Ärzte verehrten Hua Tuo, einen berühmten Chirurgen aus dem 3. Jahrhundert n. Chr. Wie bei einer chinesischen Hochzeit, bei der die Braut verheiratet war, sobald sie sich vor den Eltern und Ahnen ihres Bräutigams verneigte, so war ein Lehrling, der einer Gilde beitrat, an seinen Meister gebunden, sobald er sich vor ihm und dem Schutzgott nach den zeremoniellen Regeln verbeugte.

Ein hoher Beamter steigt von seinem Pferd, um einen alten armen Verwandten zu begrüßen. Dieses Bild aus dem 12. Jahrhundert ist ein Beispiel kindlicher Ergebenheit.

GESCHICHTEN ÜBER KINDLICHE ERGEBENHEIT
In der Yuan-Zeit entstand eine Geschichtensammlung mit dem Titel *24 Beispiele für kindliche Ergebenheit*. Sie sollte die wichtige konfuzianische Tugend der Verehrung der Eltern stärken. In einer berühmten Geschichte unterhält der 70-jährige Lao Laizi seine Eltern, indem er sich wie ein Kind verhält, tanzt und Räder schlägt. Ebenso bekannt war Hua Mulan, die in der Tang-Zeit lebte. Ihr Vater wurde zur Armee eingezogen, doch war er zu alt und krank, ihr Bruder dagegen zu jung und schwach. Da ein Mann zur Armee gehen musste, verkleidete sich Mulan als Mann und zog in den Krieg. Zwölf Jahre lang zeichnete sie sich in Schlachten aus, ohne dass jemand gemerkt hätte, dass sie eine Frau war.

FRAUEN IN DER GESELLSCHAFT

FÜSSE ABBINDEN

Das schlimmste Beispiel für die Unterjochung der Frauen in China war wohl die Gewohnheit, die Füße abzubinden. Dieser Brauch begann am Hof der Song-Dynastie, war aber bald bei allen Han-Chinesen verbreitet. (Die Hakka im Süden und die meisten anderen Minderheiten wie die Mongolen und die Mandschu folgten diesem Brauch nicht.)

Manchmal wurden bereits fünf Jahre alten Mädchen die Füße mit Stoffstreifen so fest abgebunden, dass das Fußgewölbe brach und die Zehen auf die Fußsohle wuchsen. Dieser schmerzhafte Prozess musste Tag und Nacht so lange fortgesetzt werden, bis die Füße nicht mehr wuchsen. Das Ergebnis waren „3-Inch-Goldlilien", die bei den Heiratsvermittlern sehr begehrt waren, aber das Gehen erschwerten und es fast unmöglich machten, zu laufen.

Diese Praxis lässt sich zum Teil durch männliche Sexualfantasien erklären, doch wollte man damit vor allem die Frauen an das Haus binden und verhindern, dass sie eine aktive Rolle in der Gesellschaft spielten.

In der traditionellen chinesischen Gesellschaft stand eine Familie auf zwei Grundfesten, die die konfuzianische Lebensweise widerspiegelten: Die Überlegenheit der älteren Generation über die Jüngeren und die Überlegenheit der Männer über die Frauen. Wenn diese beiden Prinzipien miteinander in Konflikt gerieten, war das erste stärker. Eine Großmutter stand also über ihrem Enkelsohn. Ansonsten war aber das Los vieler Frauen, vor allem der Jüngeren, nicht beneidenswert.

Der Gehorsam ihren Eltern gegenüber wich nach der Hochzeit dem Gehorsam ihren Schwiegereltern gegenüber. Alle Ehen waren arrangiert (siehe S. 61), jegliche Freundschaft mit jungen Männern wurde entmutigt. Wenn eine Frau vor ihrer Hochzeit auch unter völlig harmlosen Bedingungen in Gesellschaft eines Mannes gesehen wurde, war ihr Ruf ruiniert und sie konnte nicht mehr verheiratet werden. Liebe zwischen zwei Menschen galt eher als Hinderungsgrund für eine Hochzeit, da das Paar seine Wünsche und nicht die der Eltern erfüllen würde. Eine verheiratete Frau war ihrer Schwiegermutter ausgeliefert. Sie konnte eine Freundin fürs

Die Söhne der Familie begrüßen das Neue Jahr. *Dieser Druck aus der Qing-Zeit zeigt Frauen in ihrer traditionellen hausgebundenen Rolle als Ernährer ihrer Söhne. Die winzigen spitzen Schuhe der Frau links im Bild zeigen, dass sie abgebundene Füße hat.*

VON DER KONKUBINE ZUR KAISERIN

China wurde zweimal von Frauen regiert. Wu Zetian war Konkubine der Tang-Herrscher Taizong (regierte 626–649) und Gaozong (regierte 649–683). Diese äußerst intelligente und charakterstarke Frau hatte bald Einblick in die Probleme der kaiserlichen Regierung. Als Gaozong starb, setzte sie seinen Nachfolger (ihren eigenen Sohn) ab und regierte als Kaiserin Wu. Unter ihrer 20-jährigen Regentschaft florierte das Reich. Sie war es, die der Beamtenschaft durch Einführung des Prüfungssystems eine Blutauffrischung verschaffte.

Eine weitere Konkubine gelangte mit ähnlichen Mitteln an die Macht, doch erklärte sie sich anders als Wu nie zum offiziellen Staatsoberhaupt. Nach dem Tod von Kaiser Xianfeng (regierte 1851–1861) setzte Cixi die Regenten für ihren Sohn, den Kindkaiser Muzong, ab. Er starb (unter ungeklärten Umständen) im Jahr 1874, und 1875 setzte Cixi als Nachfolger ihren dreijährigen Neffen Guangxu ein. Mit großem Geschick vergrößerte sie ihre

Dieses Foto entstand um 1900. Es zeigt sitzend die Kaiserinwitwe Cixi („Mütterlich und Wohlgesonnen") umgeben von einer Gruppe kaiserlicher Konkubinen.

Macht, anstatt die geschwächte Qing-Dynastie zu retten. Als Guangxu nach 1890 (siehe S. 41) an westlichen Ideen Gefallen fand, stellte Cixi ihn unter Hausarrest und ließ die Reformer entfernen. Nach dem Boxeraufstand (siehe S. 105) stimmte sie widerstrebend einigen Reformen zu, die aber die Dynastie nicht mehr retten konnten. Cixi starb 1908.

Leben werden oder das Leben zur Hölle machen. Die oberste Aufgabe einer Frau war, Söhne für ihre neue Familie zu gebären. Machte sie dies nicht, war das Anlass für eine Scheidung, oder der Mann nahm sich eine Konkubine, wenn er genug Geld hatte. Nach den konfuzianischen Prinzipien war die Loyalität eines Mannes gegenüber den Eltern wichtiger als die Liebe zu seiner Frau. Durch die Geburt von Söhnen stieg der Status einer Frau, da sie mit der Zeit Schwiegermutter würde.

Die Frauen waren und sind auch heute noch für den Haushalt zuständig. Für die Beziehung der Familie zu anderen Familien war dagegen der Mann verantwortlich. Nur Frauen mit sehr starker Persönlichkeit oder großem Geschick konnten sich manchmal dieser Regel widersetzen.

Die Frauen waren von den Staatsprüfungen ausgeschlossen und hatten somit wenig Anreiz zu studieren. Dennoch gibt es in der chinesischen Kulturgeschichte einige talentierte weibliche Gelehrte, Historikerinnen und Dichterinnen. Das beste Beispiel ist Li Qingzhao (1084–1141), eine äußerst begabte Dichterin der Song-Dynastie, die aus einer Dichterfamilie kam und wunderbar über Natur und Gefühle schrieb.

DURCHGANGSRITEN

Ein Druck aus dem 20. Jahrhundert zeigt zwei Frauen, die voller Freude einen Sohn betrachten – ein weit verbreitetes Thema in der Volkskunst. Reiche Familien nahmen sich Ammen aus armen Familien, deren eigene Kinder als Ersatz für die Muttermilch Gemüse bekamen. In China herrschte immer Bedarf an stillenden Frauen, da die Kinder zwei bis drei Jahre lang gesäugt werden konnten.

Wie in den meisten Gesellschaften gab es auch in China spezielle Zeremonien und Rituale für die wichtigsten Lebensabschnitte. Man freute sich auf ein Baby, doch galt die Geburt als unrein. Meist war nur die Mutter der Frau bei der Geburt anwesend, die außer Haus stattfinden konnte, um Verunreinigungen zu vermeiden. Ideal war es, wenn die Frau nach der Geburt einen Monat das Bett hütete, doch konnten sich diesen Luxus nur wenige Familien leisten. Nach dem ersten Lebensmonat eines Babys gab es eine große Feier. An diesem Tag erhielt das Baby seinen „Kindernamen" wie „Hund" oder „Katze", der oft wenig schmeichelhaft war. Dadurch sollten böse Geister denken, dass das Kind ungeliebt wäre und es in Ruhe lassen.

Die Hochzeit lag ausschließlich in den Händen der Eltern. Selten kannten Braut und Bräutigam einander, und die Etikette verlangte, dass sie bis zur Hochzeit jeden Kontakt mieden (siehe Kasten gegenüber).

Besonders wichtig waren die Sterbezeremonien. Begräbnisse und Trauerrituale sollten nicht nur Ausdruck der Trauer sein, sondern auch des Verstorbenen gedenken und sicherstellen, dass er oder sie gut in die nächste Welt gelangte. Zudem sollten sie garantieren, dass die Toten keinen Grund hatten, den Lebenden Böses zu tun. Der Leichnam wurde mit den Füßen zur Tür in den Sarg gelegt, damit er direkt aus dem Haus ging, wenn er als Zombie auferstand. *Feng-shui*-Experten bestimmten die günstigste Lage für das Grab.

Bei den Begräbnisfeierlichkeiten wurde der Tote einem der Götter gemeldet, die die Tore zur Unterwelt bewachten. Der Wächter wiederum informierte das Amt von Yanluo, dem König der Unterwelt. (Man dachte, dass der Tote in der Unterwelt zehn Gerichtshöfe durchschreiten musste, bevor er in den Himmel kam.) Die Lebenden versuchten zu garantieren, dass die Toten bei ihrer Ankunft im Himmel materiellen Wohlstand genossen. Dafür kleideten sie den Leichnam in Seide und legten seine Lieblingssachen in den Sarg. Während der Trauerfeiern wurden Papierhäuser und „Geistergeld" verbrannt.

Wahrsager bestimmten die günstigste Zeit für die Trauerfeierlichkeiten, bei denen buddhistische oder daoistische Priester heilige Verse sangen. Die Trauernden sollten ihrem Schmerz freien Lauf lassen, doch musste die Relation mit ihrer Nähe zu dem Toten gewahrt bleiben. Der älteste Sohn musste laut klagen und beim Gehen gestützt werden, um zu zeigen, dass ihn sein Schmerz schwach gemacht hatte.

Das Begräbnis endete mit einem Trauermahl, zu dem die Gäste der Familie Geld und Schriftrollen mit Lobpreisungen des Toten brachten.

HOCHZEIT

Im traditionellen China gab es kein Werben, da alle Ehen von den Eltern arrangiert waren. Zuerst beauftragten die Eltern des zukünftigen Bräutigams einen Heiratsvermittler mit der Suche nach einer Braut. Die Wahl hing zum Teil davon ab, ob die Horoskope des möglichen Paares zusammen passten. Danach legte man eine Ehevereinbarung fest. Die Eltern des Mädchens konnten exorbitante Forderungen stellen, und der Kuppler vermittelte, bis eine Übereinkunft erzielt wurde. Zu den Geschenken konnten Geld, Kleidungsstücke und Schmuck zählen.

Am Hochzeitstag wurde die Braut in einem „Brautsessel" aus ihrem Haus getragen. Sie musste gespielten Widerstand leisten, wenn sie auf den Sessel stieg, und ihr Gesicht hinter einem Schleier verbergen. Das Haus des Bräutigams erreichte sie unter lauter Musikbegleitung. Das war oft das erste Mal, dass sich das Paar sah.

Die Hochzeitszeremonie war sehr einfach. Das Paar verneigte sich vor den Porträts oder Tafeln der Vorfahren des Bräutigams und vor seinen Eltern. Nach diesem Ritual gab es ein Hochzeitsfrühstück, zu dem viele Gäste eingeladen werden konnten. Schließlich zog sich das Paar in die Brautkammer zurück, um die Ehe zu vollziehen.

Dieser Druck einer Hochzeit aus dem 19. Jahrhundert zeigt Braut und Bräutigam, die vor einer Tafel zu Ehren von „Himmel, Erde, Eltern und Lehrern" knien.

LEBEN AUF DEM LAND

Die Brücke des Heiligen Windes und Regens in Chengyang, Provinz Guizhou. Die größten Gebäude in einem Dorf waren für gewöhnlich Tempel. Davon gab es zwei Arten: die Ahnentempel, die einzelnen Clans gehörten (vor allem in Südchina), und die Tempel, die bestimmten Göttern geweiht waren.

In der Kaiserzeit lebten die meisten Chinesen in Dörfern in den riesigen Ackerbaugebieten der Becken von Gelbem Fluss und Yangzi. Das Dorfleben war den Chinesen seit dem Neolithikum vertraut.

Das Land war in kleine Parzellen aufgeteilt, die durchschnittlich für die Ernährung einer Familie reichten. Diese Aufteilung war zum Teil durch die chinesischen Erbgesetze bedingt (siehe S. 71), zum Teil durch die Tatsache, dass Land ohne Einschränkungen ge- und verkauft werden konnte. So entstand eine breit gestreute ländliche Gesellschaft von wohlhabenden Landbesitzern, die einen Teil oder das gesamte Land verpachteten, Bauern, die Land besaßen oder gepachtet hatten, und landlosen Kleinbauern, die ihre Arbeitskraft verkauften.

Fast alle Bauern lebten in Dörfern und gingen oder ritten auf Eseln oder Büffeln zu dem Land, das sie bebauten. Die chinesischen Dörfer waren recht dicht besiedelt und boten nur wenig Privatsphäre. In den

FAMILIENFESTE

Neben den jährlichen Opferfesten, die am Todestag der Ahnen abgehalten wurden, gab es Feste zu bestimmten Zeitpunkten des Jahres, an denen alle Bewohner eines chinesischen Dorfes teilnahmen.

Der Mondkalender war und ist bestimmend für die meisten Gedenkfeiern und -feste. Das wichtigste davon ist Neujahr. Dabei trifft sich die gesamte Familie am Neujahrsabend zu einem Festmahl. Die Feierlichkeiten dauern zwei Wochen und enden bei Vollmond am 15. Tag des Jahres mit dem Laternenfest, bei dem ganze Dörfer gemeinsam feiern.

Ein weiteres Familienfest ist das Mittherbstfest, das am 15. Tag des 8. Mondmonats gefeiert wird. Am 23. Tag des 12. Mondmonats wird am Jahresende dem Küchengott geopfert. Die Chinesen glauben, dass dieser Hausgott jedes Jahr im Himmel einen Bericht über das Verhalten der Familie abgibt.

Der Sonnenkalender wurde herangezogen, um genau zu bestimmen, wann das Getreide gesät werden musste. Dieser Kalender teilte das Jahr in 24 Abschnitte oder *jie* (siehe rechts). Auch das wichtige Fest Qingming („Rein und Hell") wird nach dem Sonnenkalender ausgerichtet. An diesem Tag besuchen die Menschen die Gräber der Familienangehörigen. Die Friedhöfe liegen außerhalb der Dörfer und Städte, oft auf Hügeln. Zu Qingming säubern die Menschen die Gräber und bringen den Verstorbenen Speiseopfer dar.

DIE 24 JAHRESZEITEN

Frühlingsanfang	Herbstanfang
Regenwasser	Ende der Hitze
Erwachen der Insekten	Weißer Tau
Frühlingsäquinoktium	Herbstäquinoktium
Reine Helligkeit	Kalter Tau
Maisregen	Frostfall
Sommeranfang	Winteranfang
Volles Getreide	Leichter Schnee
Korn in der Ähre	Starker Schnee
Sommersonnenwende	Wintersonnenwende
Geringe Hitze	Geringe Kälte
Große Hitze	Große Kälte

Dörfern lebten auch Fischer, Bootsbauer, Zimmerleute, Maurer, Müller, Korbflechter, Fuhrleute, Seidenspinner, Weber und Wahrsager.

Die Dorfbewohner spannen anfangs das Garn, das sie für ihre Kleidung brauchten, doch nahm diese Autarkie mit dem Wachstum der Marktwirtschaft in der Tang- und Song-Zeit ab. Die meisten Dörfer verfügten zumindest über einen Gemischtwarenladen. Die anderen materiellen Bedürfnisse wurden über die Märkte abgedeckt, die in Kleinstädten oder häufiger an Straßenkreuzungen abgehalten wurden.

Jedes Dorf verwaltete sich selbst, ohne Regierungsbeamte. Ab dem 18. Jahrhundert gab es jedoch einen Dorfbeamten (*dibao*), der als formales Bindeglied zwischen dem Dorf und dem Bezirksbeamten (siehe S. 50) diente, der ihn ernannte. Der Beamte war für die Durchführung der Regierungspolitik im Dorf zuständig. Hochwasserschutz, Armenfürsorge, Organisation der Märkte und die Organisation von Festen lag in den Händen der Dorfbewohner. Sie wählten einen Dorfvorsitzenden, der diese Aufgaben übernahm und Streitigkeiten schlichtete (siehe auch S. 70–71).

STÄDTE

Das Stadtleben war in der Tang-Zeit bereits gut entwickelt, als die Hauptstadt Chang'an wahrscheinlich die größte und lebhafteste Stadt der Welt war. Am stärksten wuchsen die Städte jedoch zwischen dem 9. und dem 12. Jahrhundert, nachdem das stark zentralistisch geführte Tang-Reich im 8. Jahrhundert zusammengebrochen war. Im 11. Jahrhundert war Kaifeng, die Hauptstadt der Nördlichen Song-Dynastie, bedeutend größer und reicher als jede europäische Stadt jener Epoche.

Generell gab es in der Kaiserzeit zwei Arten von Städten: Die befestigten Verwaltungszentren oder *cheng* (wörtlich „Stadtwall") und die Handelszentren oder *shi* (wörtlich „Markt"), die nur selten befestigt waren. *Xiangcheng* war der Sitz der Bezirksverwaltung und musste als Schutz für das Verwaltungsgebäude oder *yamen* (siehe S. 50) befestigt sein. In späteren Dynastien enthielt ein *xiancheng* auch einen konfuzia-

DIE VERWALTUNG DER STÄDTE

Nominell unterstanden die Städte der Bezirksverwaltung, doch waren viele zu groß und vielschichtig. Tatsächlich wurden die meisten Städte von mehreren lokalen Vereinigungen verwaltet, die entweder mit verschiedenen Tempeln oder einem bestimmten Handwerk

oder Gewerbe verbunden waren. Die Tempelvereinigungen der einzelnen Wohnviertel organisierten die großen Feste. Die Tempel selbst dienten nicht nur dem Gebet, sie waren auch Schulräume, Speisesäle, die man für Feste mieten konnte, und sogar Warenlager.

Religiöse Vereinigungen beschäftigten sich oft mit den Straßenmärkten. Gewerbe- und Handelsgilden arbeiteten für das Wohl der Menschen, da sie die Standards hoch hielten und ihre Mitglieder vor Gaunern schützten – und auch gegen Beamte, die dem Handel nach der traditionell konfuzianischen Denkweise feindlich gesinnt waren (siehe S. 68). Einige Gilden waren recht demokratisch, doch waren die meisten hierarchisch aufgebaut. Der leitende Meister kontrollierte wie das Oberhaupt eines Clans oder einer Familie die Mitglieder.

Sommer in Beijing. *Das Gemälde von Wang Daguang aus dem beginnenden 20. Jahrhundert zeigt baumbestandene Alleen mit geschäftigen Händlern.*

Dieses handkolorierte Foto, aufgenommen um 1910, zeigt den Garten Yu Yuan in Shanghai. Er wurde von dem wohlhabenden Beamten Yu 1537 angelegt. Das Teehaus (links) und der hübsche Wassergarten sind noch heute ein beliebtes Ausflugsziel.

nischen Tempel, eine Halle für die Bezirksprüfungen, einen Tempel, der dem Stadtgott geweiht war, und die Büros und Wohnungen der Beamten. All das lag nahe am Stadtzentrum, wo es auch einen Glockenturm gab, der die Stadt vor der Ankunft feindlicher Truppen oder Banditen warnen sollte. Es gab auch ein dicht besiedeltes Geschäftsviertel.

Durch das Bevölkerungswachstum unter den späteren Dynastien stieg die Zahl der befestigten Städte. Auch die demographische Zusammensetzung der befestigten Städte änderte sich, da sich viele Landbesitzer ansiedelten. In der Mitte der Qing-Zeit wohnten nur noch wenige Mitglieder des Landadels (Gentry) in den Dörfern. In den Städten hatten sie leichteren Zugang zu den Luxusgütern und bessere Möglichkeiten für finanzielle Transaktionen. Ihre Haupteinnahmsquelle war der Zins, den sie von den Bauern einhoben, die ihr Land gepachtet hatten.

In den befestigten Städten blühte das Handwerk. Schneider, Tischler, Apotheker, Silberschmiede, Sticker und andere Spezialisten befriedigten eher die Bedürfnisse der Städter als der Landbevölkerung, obwohl die Städte von den Agrarprodukten der Dörfer abhängig waren.

Die Bezirksstädte waren das unterste Glied in der Befehlskette, die von der Hauptstadt ausging. Darüber standen in der Qing-Zeit die ebenfalls befestigten Präfekturstädte und wieder darüber die Provinzhauptstädte (siehe S. 49). Die Lage all dieser Städte wurde von der Verwaltung bestimmt. Die *shi* entstanden dagegen an Orten, wo sie die kommerziellen Bedürfnisse der Bevölkerung am besten befriedigten. Unter späteren Dynastien waren sie viel zahlreicher als die Bezirksstädte, und oft auch größer und wirtschaftlich gesehen wichtiger.

DIE GELEHRTE GENTRY

Ein wichtiges Element in der chinesischen Gesellschaft war die Gentry, oder genauer gesagt die „gelehrte Gentry", die kollektiv als *Literati* bezeichnet wird. Darunter fällt ein Großteil der herrschenden Klasse Chinas in den Städten und Dörfern. Sie genossen so großen Einfluss, dass sie sich stark von dem Rest der Bevölkerung abhoben. Genau betrachtet waren sie Inhaber eines Grades nach bestandener Staatsprüfung (siehe S. 48–49). Einige waren sehr wohlhabend: Nordchina war einst mit befestigten Residenzen von adeligen Familien übersät, die Gefolgsleute in der Zahl von Privatarmeen beschäftigten. Der Großteil der Familien war nicht so reich und mächtig, doch konnten die meisten ihre Söhne für die Beamtenprüfung ausbilden lassen.

Zur Gentry zählten pensionierte Beamte und Menschen, die kein Regierungsamt anstrebten, das sie von ihren Familien weggerissen hätte. Die zur Gelehrsamkeit neigten, konzentrierten sich auf das Studium oder gingen so gehobenen Tätigkeiten wie der Malerei, Kalligrafie oder Dichtkunst nach (siehe S. 196–197).

Fast ausnahmslos wollte die Gentry die Stellung ihrer Familie verbessern. Dies erreichten sie vor allem, wenn sie einen oder mehrere

Haus in den Bergen, eine um 1550 entstandene Malerei zeigt die ideale ländliche Idylle für ein Refugium eines gelehrten Mitglieds der Gentry. Die winzige Figur eines Herrn in seinem Büro ist vorne in der Mitte des Bildes zu sehen.

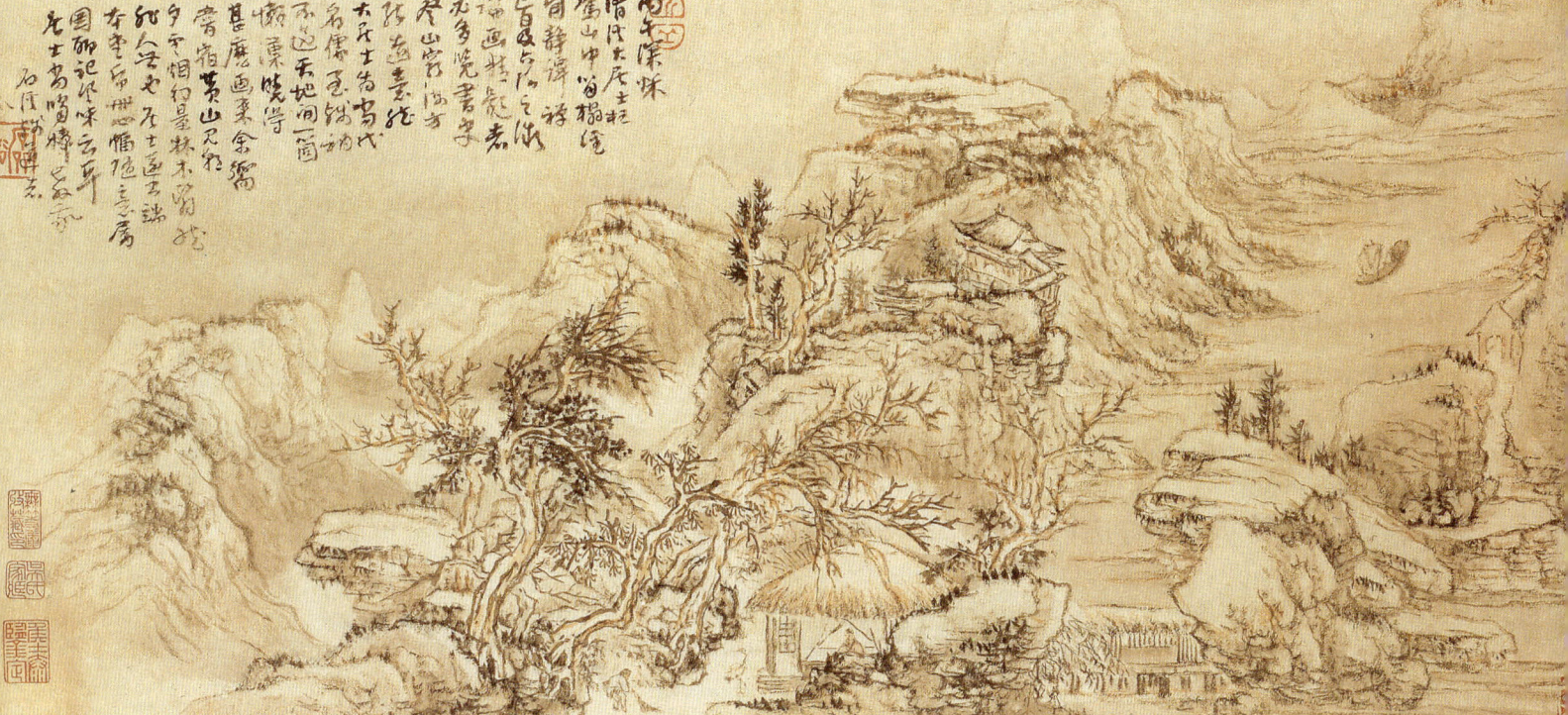

DIE REFORMEN DES WANG ANSHI

Die Position der Gentry war in der Kaiserzeit nur unter der Herrschaft der Song-Dynastie bedroht, als eine schwere Finanzkrise zu höheren Steuern und Aufständen in der Bevölkerung führte. Der Kaiser Shenzong (regierte 1068–1085) wandte sich an den erfahrenen Verwalter Wang Anshi, der das „Grüne-Sprossen-Programm" einführte. Dabei erhielten Bauern Kredite mit relativ niedrigen Zinsen, um die exorbitanten Gebühren der Geldleiher zu umgehen, die oft der Gentry angehörten. Wang machte auch die Verteilung des Getreides, das anstelle der Steuern gezahlt wurde, effizienter, und er plante, die Bevölkerung in Gruppen mit gegenseitiger Verantwortung zu teilen. Damit hätte der Staat in Bereiche eingegriffen, die traditionell der Familie vorbehalten waren.

Die Reformen waren gut gemeint, wurden aber gleich nach dem Tod des Kaisers Shenzong zurückgenommen. China war nicht bereit für diese drastischen Veränderungen in seiner traditionellen *Laissez-faire*-Wirtschaftspolitik. Die Reformen erweiterten die Kontrolle des Staates, machten die Gentry, die die lokale Ordnung sicherte, zum Gegner und schufen Feinde bei Hof und in der Verwaltung, die Wang Arroganz und Intoleranz vorwarfen. Besonders schlimm war, dass Wang die Stellung der Gentry untergrub, die zur Unterstützung der örtlichen Beamten unerlässlich war. Tatsache ist, dass nur wenige Beamten die Reformen durchsetzen konnten.

Dennoch gilt Wang heute als einer der großen Reformer Chinas.

Söhne so gut ausbilden ließen, dass sie die Staatsprüfung bestehen konnten. Dafür beschäftigten sie einen guten Privatlehrer, meist einen Absolventen des *xiucai* mit gutem Ruf (siehe S. 48).

Die Gentry wohnte meist in den Städten und unterhielt eine enge Beziehung zum Bezirksbeamten (siehe S. 50), der Rat über lokale Belange bei ihnen einholte. Es gab viele örtliche Probleme, bei denen die Beamten oder andere Behörden die Hilfe der Gentry brauchten, wie etwa die Beschaffung von Geldmitteln für Bewässerung, Überschwemmungsschutz und öffentliche Arbeiten. Manchmal verlangten die Herren für ihre Dienste Geld. Sie hoben sogar Steuern ein, und die Regierung gab ihnen Lizenzen, mit denen sie viele andere Funktionen ausüben konnten, wie etwa die Regierungsaufzeichnungen auf dem Laufenden halten oder ausländische Händler kontrollieren.

Die Herren trafen sich oft in den Teehäusern, um lokale Belange zu erörtern oder sich auf eine gemeinsame Reaktion zu einem Regierungserlass zu einigen. Oft war es die Reaktion der Gentry, die zu einem „Vermerk" (siehe S. 50) führte, der schließlich den Kaiser erreichte.

Eine der Hauptaufgaben der Gentry war die Vermittlung in Konflikten, die nicht ernst genug für einen Prozess waren. Hier erfüllte die Gentry eine wichtige Funktion, da sie für Gerechtigkeit in einem Land sorgte, in dem es durchschnittlich nur einen Bezirksbeamten für Zehntausende Einwohner gab. Waren die streitenden Parteien mit dem Urteil unzufrieden, konnten sie den Fall noch immer vor den Bezirksbeamten bringen (siehe S. 52–53).

Diese Figur aus Buchsbaumholz aus der Zeit des Kaisers Qianlong (1736–1795) zeigt einen gelehrten Landadeligen in entspannter Haltung mit einer Teetasse in der Hand.

SCHAFFEN VON WOHLSTAND

DIE VIER BESCHÄFTIGUNGEN

DAS CHINESISCHE REICH WAR SO STABIL, DASS SICH DIE BEVÖLKERUNG DARAUF KONZENTRIEREN KONNTE, IHREN WOHLSTAND ZU SICHERN. DIE POLITISCHE EINHEIT DIESES RIESIGEN TERRITORIUMS FÖRDERTE REGIONALE SPEZIALISIERUNG UND HANDEL ÜBER GROSSE DISTANZEN. DER HOHEN PRODUKTIVITÄT DER REISBAUERN ENTSPRACH DIE TECHNISCHE KREATIVITÄT IN DEN MANUFAKTUREN UND DER AUSBAU EINES HOCH ENTWICKELTEN HANDELSSYSTEMS.

Die ersten chinesischen Bronzemünzen (5.–3. Jahrhundert v. Chr.) hatten die Form von Metallwerkzeugen wie Messern (wie diese Münze) und Spaten.

Seit der Zeit des Konfuzius war die chinesische Gesellschaft in vier Klassen unterteilt. Die Kriegeraristokratie (später von den kaiserlichen Beamten ersetzt) stand ganz oben, gefolgt von den Bauern, den Handwerkern und zuletzt den Händlern. Die Bauern wurden sehr geschätzt, da sie die Bevölkerung ernährten, während die Händler als Parasiten betrachtet wurden, die wenig zum Wohlstand des Reiches beitrugen. Diese Hierarchie repräsentierte jedoch eher das politische Ideal als die soziale Wirklichkeit. Erfolgreiche Händler konnten großen Reichtum erwirtschaften, während die meisten Bauern in Armut lebten.

Zu Beginn der Kaiserzeit waren die Händler strengen Vorschriften unterworfen. Handel war nur an speziellen Marktplätzen zu bestimmten Zeiten des Tages erlaubt. Die örtlichen Beamten überwachten die Aktivitäten der Händler streng und überprüften die Qualität ihrer Waren. Allerdings war es gegen die Lehre des Konfuzius, dass die Regierung in die Privatwirtschaft eingriff. Mit Ausnahme von Salz hatte die Regierung nur kurz und ohne Erfolg Monopole bei Produktion und Handel. Dennoch fehlte den Händlern wirtschaftliche Unabhängigkeit und Solidarität der Bevölkerung. Das Kaiserreich besorgte sich die Güter, die es brauchte, durch Beschlagnahmungen, gegen die die Händler wenig unternehmen konnten. Erst zu Beginn des 17. Jahrhunderts schlossen sich die Händler zu Gilden zusammen, um ihre Interessen zu verteidigen. Obwohl der Handel die Städte wachsen ließ, dienten die meisten großen Städte vor allem als Verwaltungssitze und nicht als Zentren der bürgerlichen Autonomie (siehe S. 64–65).

Abgesehen vom Tribut, den die Händler in den Hauptstädten abliefern mussten, gab es im ursprünglichen Zentrum Chinas, dem Becken des Gelben Flusses, kaum Handel über große Strecken. Die Flüsse Nordchinas waren nur über kurze Strecken schiffbar, und der Gütertransport mit Wagen war langsam und teuer. Die starke Besiedlung des Yangzi-Beckens ab dem 8. Jahrhundert n. Chr. revolutionierte die Wirtschaft Chinas. Der Anbau von Reis mit Bewässerung war viel ergiebiger als der von Getreide wie Hirse und Weizen auf trockenem Land (siehe S. 168–169).

VORSTELLUNGEN VON REICHTUM

Konfuzianische Philosophen lehnten jeglichen Profit ab, da er die öffentliche Moral schwächte und zu sozialen Konflikten führte. Dennoch setzten die durchschnittlichen Chinesen Glück mit materiellem Wohlstand gleich. Die gesellschaftliche Ordnung des Kaiserreichs ermöglichte es wohlhabenden Familien, sozialen Status zu kaufen, indem sie in die Ausbildung ihrer Kinder investierten und Güter wie Villen und Gärten, teure Seidengewänder, Antiquitäten und Kunstwerke erwarben, die auf Geschmack und gute Herkunft hindeuteten.

Für die Chinesen aller Klassen waren viele Söhne, die die Familie weiterführten, der größte Schatz. Zu Neujahr feierten die Familien ihren Wohlstand und beteten um anhaltenden Erfolg. Neujahr war die Zeit, zu der die Menschen den Ahnen und dem Gott des Reichtums Respekt erwiesen. Die Häuser wurden mit speziellen Holzdrucken geschmückt, die wohlhabende Haushalte oder den Gott des Reichtums und seine Gehilfen zeigten, die Wagen mit Gold und Silber in den Hof der Familie zogen, oder eine Schar kleiner Jungen, die Münzen von Geldbäumen pflückten.

In diesem Bild trägt der Gott des Reichtums und der Segnungen die Kleidung eines hohen kaiserlichen Beamten. In der linken Hand hält er ein ruyi-Zepter, ein Symbol für die Erfüllung aller Wünsche.

Mit dem Reis konnten viel mehr Menschen versorgt und dennoch Überschüsse erzielt werden. Die Bauern im subtropischen Süden spezialisierten sich auf Tee und Zucker, die zu Grundnahrungsmitteln wurden.

Zusätzlich war Südchina mit hervorragenden natürlichen Wasserwegen gesegnet (siehe S. 22–23), die den Transport von sperrigen Waren wie Getreide, Salz und Metall erleichterten. Das Yangzi-Delta, Zentrum für den Ost-West- und den Nord-Süd-Handel, wurde auch zum Hauptumschlagplatz für die Seiden- und Baumwollindustrie. Die Großstädte im Yangzi-Delta wie Suzhou, Hangzhou und Yangzhou schwirrten vor Händlern und Handwerkern, die unzählige Güter an die Stadt- und Landmärkte des gesamten Reiches lieferten. Der Reichtum dieser Städte inspirierte das chinesische Sprichwort: „Der Himmel oben hat sein Paradies; die Erde unten hat Suzhou und Hangzhou."

BESIEDLUNG UND ACKERBAU

Die ersten chinesischen Staaten entstanden in der Nordchinesischen Tiefebene, einem Überschwemmungsgebiet des Gelben Flusses (siehe S. 14–17). Der Fluss hat seinen Namen von den großen Schlammmengen, die von den Lössgebieten des Ordos-Plateaus angeschwemmt werden. Durch die jährlichen Überflutungen im Frühling wurde die Ebene mit einer dicken fruchtbaren Schlammschicht bedeckt. Das war ein Segen für die Bauern, die mit primitiven Steinwerkzeugen arbeiteten. Im Neolithikum pflanzten die Bauern zunächst Hirse, später Weizen als Hauptnahrungsmittel der Nordchinesen.

Das Yangzi-Tal war bis zu Beginn der Eisenzeit im 5. Jahrhundert v. Chr. nur in den Flusstälern und Seenbecken besiedelt. Durch die Massen-

DER BÄUERLICHE JAHRESZYKLUS

Die Bauern des Yangzi-Deltas bebauten ihre Felder das ganze Jahr hindurch. Durch die zweifache Ernte (Reis im Sommer und Weizen, Sojabohnen oder Raps im Winter) mussten die Arbeiten genau geplant werden. Die Reissämlinge wurden in Saatbeeten gezogen und erst Ende Mai oder Anfang Juni in die Felder ausgesetzt. Ernte war im Oktober. Das Wintergetreide wurde im Oktober oder November gesät und Anfang Mai geerntet. In den zwei Wochen zwischen der einen Ernte und der nächsten Aussaat arbeiteten die Familien praktisch ohne Unterbrechung. Die Vorbereitung der Felder war Männerarbeit. Erst wurden die Felder gepflügt, dann mit Eggen und Hacken begradigt. Das Aussetzen der Reissäm-

linge war jedoch so arbeitsaufwändig, dass alle Familienmitglieder dafür gebraucht wurden.

Den ganzen Sommer arbeiteten die Bauern ohne Unterlass, düngten, jäteten das Unkraut, bewässerten den Reis mit fußbetriebenen Pumpen (siehe S. 169). Die Familien züchteten Seidenraupen und pflanzten Reissorten, die in drei Monaten reif waren, damit sie in der geschäftigen Zeit des Frühjahrs den Reisanbau verschieben und sich auf die Seidenraupen konzentrieren konnten.

Diese Schriftrollenmalerei aus dem 13. oder 14. Jahrhundert zeigt die verschiedenen Stufen des Reisanbaus: Dreschen, Worfeln und Sortieren. Nur zu Neujahr und anderen wenigen Festen ließen die Bauern die Arbeit ruhen.

produktion von Eisenwerkzeugen wie Pflugscharen, Äxten und Sägen in der Han-Zeit war es möglich, die dichten Wälder Südchinas zu roden und neue Landflächen urbar zu machen. Dennoch wurde Südchina nur langsam besiedelt. Erst ab dem 11. Jahrhundert n. Chr. lebte der Großteil der chinesischen Bevölkerung in den Reisanbaugebieten des Südens.

Heute zählt das Yangzi-Delta zu den fruchtbarsten Ackerbaugebieten der Welt, doch einst war es eine sumpfige Wildnis, die ständig überflutet wurde. Es war harte Arbeit nötig, um die Sümpfe in fruchtbares Land zu verwandeln. Zuerst mussten die Bauern Kanäle graben, um die Sümpfe trockenzulegen, dann wurden Dämme und Bewässerungssysteme gebaut, um das Gebiet vor Überschwemmungen zu schützen und die Reisfelder zur richtigen Zeit mit Wasser zu versorgen.

Ende des 13. Jahrhunderts war das gesamte Yangzi-Delta urbar. Jeder Zentimeter Boden wurde bebaut. Auf den Dämmen zwischen den Reisfeldern wuchsen Maulbeerbäume, deren Blätter die Seidenraupen fraßen. Die sandigen und salzhaltigen Böden in Küstennähe waren für den Reisanbau nicht geeignet, doch waren sie ideal für die Baumwolle, die im 12. Jahrhundert aus Südostasien importiert worden war. Im 16. Jahrhundert pflanzten die Bauern im Delta bereits regelmäßig im Winter Weizen oder Sojabohnen auf den Feldern, die im Sommer für den Reisanbau verwendet wurden. Nach Beginn des transpazifischen Handels im 16. Jahrhundert übernahmen die chinesischen Bauern rasch Kulturpflanzen aus der Neuen Welt (siehe S. 168), die auch in den zerklüfteten Hochtälern im Landesinneren gediehen.

Ein Gehöft in Rongshui, Autonome Region Guangxi in Südchina. Terrassen, Anbau in Streifen und die Nutzung des gesamten Ackerlandes sind typisch für China.

GLEICHES ERBRECHT
Ab der Qin-Zeit sah das chinesische Gesetz vor, dass alle Söhne gleiche Teile vom Anwesen ihres Vaters erbten. Das Gesetz sollte verhindern, dass das Land in den Besitz einiger Weniger gelangte, und sicherstellen, dass sich alle erwachsenen Männer ernähren konnten. Deshalb war der Landbesitz in China gleichmäßiger verteilt als etwa in Europa im Mittelalter, wo üblicherweise der älteste Sohn alles Land seines Vaters erbte. In China ermöglichte bereits der Besitz einer kleinen Parzelle allen Männern, außer den ärmsten, zu heiraten und eine Familie zu gründen. Das gleiche Erbrecht und die universelle Ehe förderten das Bevölkerungswachstum sehr stark.

AUFSTIEG DER INDUSTRIE

Töpfer bei der Arbeit in einer Werkstatt der großen Porzellanmanufaktur von Jingdezhen, um 1920.

JINGDEZHEN-PORZELLAN
Die weltbekannte Porzellanmanufaktur von Jingdezhen in der Provinz Jiangxi entstand in der Song-Zeit, als die Töpfer in den umgebenden Dörfern Porzellan für den Luxusmarkt herzustellen begannen. Zu Beginn des 15. Jahrhunderts baute die Ming-Regierung eine kaiserliche Fabrik in Jingdezhen, die 100.000 Stück Porzellan pro Jahr an den Hof liefern sollte. In der Folge entwickelte sich die Stadt zu einem blühenden Industriezentrum, in dem talentierte Handwerker und Händler aus dem ganzen Reich zusammenkamen. Das berühmte blau-weiße Porzellan aus Jingdezhen war im Mogulreich und im Osmanischen Reich sehr beliebt und gelangte von dort nach Europa. Die Töpfer aus Jingdezhen machten Zugeständnisse an die europäische Vorliebe für stark geschmückte Keramik und erzeugten drei- und fünffarbige Stücke, die im 18. Jahrhundert zur Blütezeit von Jingdezhen, einen Großteil der Exportgüter ausmachten (siehe S. 74 und auch S. 201).

Im Altertum war die Bronze-Metallerzeugung der Aristokratie vorbehalten und diente vor allem der Herstellung von Ritualgefäßen und Waffen, kaum von Werkzeugen. Der Wettbewerb zwischen den konkurrierenden Staaten der Östlichen Zhou-Zeit führte zu einem Aufschwung von Industrie und Handel. Vor allem Eisenwaren, Salz, Seide und andere Textilien sowie Lack wurde vertrieben. Ab dem 5. Jahrhundert v. Chr. war Metallgeld weit verbreitet. Die Besitzer der Eisengießereien und der Salzhütten (siehe S. 172–173) wurden so reich, dass sie die Aufmerksamkeit gieriger Herrscher erregten. 119 v. Chr. erließ der Herrscher Wudi aus der Han-Dynastie staatliche Monopole für Produktion und Verkauf von Eisen und Salz unter dem Vorwand, dass „der Reichtum der Berge und Sümpfe" dem „Sohn des Himmels" zustünde. Zwar blieben die Einnahmen aus dem Salzmonopol ein wichtiger Teil des kaiserlichen Budgets, doch schätzt man, dass mehr als die Hälfte des Salzes, das in China verbraucht wurde, Schmuggelware war.

In der Song-Zeit wuchs die chinesische Wirtschaft rasch. Mit der Verlegung der Hauptstadt nach Hangzhou zu Beginn des 12. Jahrhunderts verlagerte sich das Zentrum der Wirtschaft aus der Nordchinesischen Tiefebene in das Yangzi-Delta, wo neue Industrien entstanden. Tee aus dem Hügelland Südchinas, Seidenstoffe aus den Städten des Yangzi-Deltas, Porzellan aus den Töpfereien in ganz China und Zuckerrohr aus den tropischen Regionen des Südens wurden zu wichtigen Handels- und

Konsumgütern. Die Baumwollerzeugung florierte nach der Einführung effizienter Entkörnungs- und Spinntechniken Ende des 13. Jahrhunderts.

Nach der Song-Zeit wuchs die Industrie vor allem durch Privatunternehmen. Zwar wurde in den staatlichen Werkstätten ein großer Teil der qualitativ hochwertigsten Seide wie Damast, Satin und Brokat hergestellt, doch war das nur ein Bruchteil der gesamten Seidenproduktion. Die Hausindustrie blühte. Allerdings konnte ein Mangel an Maulbeerblättern (von denen sich die Seidenraupen ernährten) oder ein Temperaturabfall im Brutraum die Bauern in den finanziellen Ruin treiben, da ein Großteil des Kapitals für die Seidenraupenzucht geborgt war.

Die Herstellung von Baumwollkleidung war gegen Ende der Kaiserzeit der wichtigste Industriezweig. Das Geschäft lag völlig in den Händen privater Händler, Makler und Erzeuger. Kapitalintensive Industriezweige wie Kohleminen, Eisengießereien, Holz- und Papierfabriken und Werften wurden manchmal als Kapitalgesellschaften geführt, in die viele Investoren anlegten und in denen Hunderte Menschen arbeiteten.

FRAUEN UND TEXTILHERSTELLUNG

Vor der Song-Zeit wurde vor allem in der Nordchinesischen Tiefebene Seidenkleidung erzeugt, die häufig zur Entrichtung der Steuern diente. Zu Beginn des 12. Jahrhunderts wurde das Yangzi-Delta zum Zentrum der nationalen Seidenproduktion. Die Bauern begannen, Seidenraupen zu züchten und das Seidengarn zu spinnen. Diese schwierigen Arbeiten wurden den Frauen und Kindern übertragen. Die Seidenraupen mussten in der sechswöchigen Brutzeit zwischen dem Schlüpfen der Eier und dem Spinnen der Kokons (siehe S. 170) ständig versorgt und gefüttert werden. Die feine Seide wurde in der Stadt in Werkstätten gewoben, wo manchmal Dutzende Webstühle standen. Diese Arbeit war talentierten männlichen Handwerkern vorbehalten.

Um 1300 wuchs die Baumwollindustrie. Bald trug jeder Chinese Baumwollkleidung, die vor allem von Spinnerinnen und Weberinnen in der Umgebung der modernen Stadt Shanghai gefertigt wurde. Die zunehmende Nachfrage nach Arbeitskräften in der Textilindustrie und die kleineren Höfe zufolge des Bevölkerungswachstums ließ viele Frauen die Reisfelder verlassen, in denen sie weniger verdienten als bei der Seidenraupenzucht oder in der Baumwollindustrie.

Das Bild aus dem 17. Jahrhundert zeigt Frauen bei der Seidenerzeugung. Ab dieser Zeit waren die Frauen für die Seiden- und Baumwollerzeugung zuständig, während die Männer die Hofarbeit übernahmen.

HANDEL ZU LAND UND ZUR SEE

Diese Porzellanvase aus dem 18. Jahrhundert stammt aus Jingdezhen und war für den europäischen Exportmarkt bestimmt.

Im Neolithikum waren Menschen, Güter und Ideen bereits entlang der Grassteppen und Oasenstädte von der chinesischen Nordgrenze bis Persien und in die Ukraine gelangt. Zur Han-Zeit war die zentralasiatische Handelsroute als „Seidenstraße" bekannt, da die wertvollste Fracht auf diesem Weg chinesische Seide war (siehe Karte S. 29). In der Tang-Zeit gelangten arabische Seefahrer in die Häfen Südchinas, und im 10. Jahrhundert n. Chr. reisten bereits mehr Schiffe über die Meere als Karawanen über die Seidenstraße. Verbesserungen in der Schifffahrtstechnologie (siehe S. 175) kurbelten den Seehandel mit Japan, Korea und Indonesien an. Zwar errichtete der chinesische Staat strenge Handelsschranken und verbot den Export von Gütern wie Eisen, Bronzemünzen und Büchern, doch blühte das Schmuggelwesen. In der Song-Zeit exportierte China Seide, Keramik, Zucker und Reiswein auf dem Seeweg und importierte Aromastoffe, Gewürze, Silber, Schwefel und Indigo sowie Luxusgüter wie Elfenbein und Korallen.

Der chinesische Außenhandel änderte sich im 16. Jahrhundert dramatisch. Die Silberstreiks in Japan und der Neuen Welt und der Bedarf Chinas an Zahlungsmitteln führten zur ersten Weltwirtschaft, basierend

IMPERIALE WÄHRUNG

In den frühen Reichen waren Bronzemünzen im Umlauf (siehe Illustration S. 68). Im 11. Jahrhundert prägten die kaiserlichen Münzen mehr als sechs Milliarden Geldstücke pro Jahr. Die chinesische Währung war auch in Japan, Korea und Südostasien im Umlauf. Doch waren die Münzen sehr schwer und für den Fernhandel nicht geeignet. Deshalb führte die Song-Dynastie zusätzlich Papiergeld ein. Dieses Experiment endete zu Beginn des 14. Jahrhunderts, nachdem die Inflation durch extensiven Gelddruck in die Höhe geschnellt war.

In der Folge war die chinesische Wirtschaft immer stärker von Silber als Zahlungsmittel abhängig. Es gab keine Silbermünzen, sondern Barren in verschiedenster Größe und Feinheit. Durch das Wirtschaftswachstum stieg im 16. Jahrhundert der Bedarf an Silber zu einer Zeit, in der die ertragreichen Minen in Japan, Peru und Mexiko den Abbau forcierten. Silber erzielte in China bedeutend höhere Preise als anderswo, und die Händler strömten in das Land. Das Silber aus der Neuen Welt kam über Spanien, die Levante und Indien oder über Manila nach China. Der Silberimport florierte bis zu Beginn des 19. Jahrhunderts.

auf dem Umlauf von Silber (siehe Kasten gegenüber). Großbritannien, Holland und andere europäische Länder waren wohlhabend genug, um Seide und Porzellan aus China in großen Mengen zu importieren. In Holland, Russland und vor allem Großbritannien und den amerikanischen Kolonien wurde es Mitte des 18. Jahrhunderts modern, Tee zu trinken.

Die steigenden Opiumimporte aus dem britisch besetzten Indien brachten den chinesischen Außenhandel aus der Balance. Nach 1825 explodierten die Silberexporte, um für das Opium bezahlen zu können. Die Wirtschaftskrise wurde immer schlimmer und führte schließlich 1839–1842 zum Opiumkrieg zwischen China und Großbritannien. Nach der Niederlage musste China Hongkong an Großbritannien abtreten und seine Häfen europäischen Händlern öffnen.

Bereits während des Opiumkriegs verlor China seine Stellung als eine der führenden Industrienationen. Japaner und Europäer kannten mittlerweile die Geheimnisse der Seiden- und Porzellanerzeugung und benötigten weniger chinesische Produkte. Noch konnten aber vor allem chinesische Baumwollfirmen mit der ausländischen Konkurrenz mithalten. Nach dem Opiumkrieg wurde Shanghai zur Handels- und Industriemetropole Chinas. Um 1900 produzierte Shanghai zwei Drittel des chinesischen Außenhandels und beinahe die Hälfte der Fabrikwaren.

Eine Kamelkarawane zieht über die alte Seidenstraße in Westchina.

Teil II

GLAUBE UND RITUAL

Priester feiern das daoistische Fest Da Beiha in Taiwan. Die Ablehnung durch die Regierung hat den Daoismus in der Volksrepublik China zurückgedrängt, jedoch hat er in überseeischen Gemeinden weiter geblüht. Heute allerdings erlebt der Daoismus sein Wiedererstehen auf dem Festland.

GEGENÜBER: *Der Buddhismus kam von Indien nach China, wo eigene Formen und Schulen entstanden. Viele buddhistische Tempel in China wie das Bambuskloster bei Kunming in der Provinz Yunnan sind architektonisch gesehen rein chinesisch.*

DIE „DREI LEHREN" KONFUZIANISMUS, DAOISMUS UND CHINESISCHER BUDDHISMUS SIND DER BEITRAG CHINAS ZUR SPIRITUELLEN UND MORALISCHEN GESCHICHTE DER MENSCHHEIT. DER KONFUZIANISMUS PRÄGTE REGIERUNG, ERZIEHUNG UND ÖFFENTLICHE SITTEN. ER WAR DIE IDEOLOGIE DES HERRSCHENS. DAS ZEIGTE SICH IN DEN KAISERLICHEN RITUALEN ZUR ERHALTUNG DER HARMONIE ZWISCHEN MENSCHEN UND KOSMOS UND IN DEN PRÜFUNGEN ZUR AUSWAHL SEINER BERATER. ER LAG AUCH DER SOZIALEN ORDNUNG UND DEM FAMILIENLEBEN ZU GRUNDE. KONFUZIUS LEHRTE, DASS ALLE BEZIEHUNGEN EINER HIERARCHIE UNTERLAGEN UND DIE VORFAHREN VEREHRT WERDEN MUSSTEN.

KONFUZIANISMUS: ORDNUNG UND TUGEND

KONFUZIUS UND SEINE ANHÄNGER

Der Begründer des Konfuzianismus war Kong Qiu (551–479 v. Chr.), besser bekannt als Kongzi („Meister Kong"). Im 16. Jahrhundert übertrugen Jesuiten, die China besuchten, eine andere Version seines Namens (Kong Fuzi) ins Lateinische. „Konfuzius" wurde in der Östlichen Zhou-Zeit in Qufu im Staat Lu, der heutigen Provinz Shandong, geboren. Das politische und soziale Chaos seiner Zeit beschäftigte ihn so stark, dass er in verschiedene Staaten reiste und versuchte, die Herrscher davon zu überzeugen, seine Lehren für Frieden und soziale Harmonie in die Tat umzusetzen. Nach 13 erfolglosen Jahren kehrte er nach Lu zurück und widmete sich der Lehre. Erst mehrere Jahrhunderte nach seinem Tod übernahmen die Herrscher der Han-Dynastie schließlich seine Theorien als Regierungsprinzipien.

Konfuzius betrachtete sich als Übermittler von Ideen, nicht als Reformer, doch sind seine Gedanken zum Teil ganz neu. Er suchte in der Antike nach Beispielen, wie soziale Harmonie und wohlwollendes Regieren funktionieren könnten. Aus alten Texten schöpfte er einen ethischen und moralischen Kodex, mit Betonung des komplexen Beziehungsgeflechts zur Bindung der Menschen und der Tugend, persönlich dem Gemeinwohl zu dienen (siehe S. 56–57).

Der konfuzianischen Lehre lag ein tiefer Sinn für *ren* („Menschlichkeit") zugrunde, was bedeutet, einfühlsam für die Nuancen der menschlichen Beziehungen zu handeln. Für Konfuzius war die Grundbeziehung die zwischen Eltern und Kind. Das Kind musste den Eltern gegenüber Ergebenheit zeigen, die Eltern dem Kind Liebe und aufopfernde Pflege angedeihen lassen.

Eine Statue des größten chinesischen Weisen Konfuzius in dem Tempel in Beijing, der ihm geweiht ist.

Die Dynamik dieser grundlegenden Beziehung spiegelte sich auch in anderen Beziehungen wie der Verbindung zwischen Ehemann und Ehefrau oder dem Herrscher und seinem Minister wider. Nur Freunde waren völlig gleich gestellt. Für Konfuzius waren zudem Menschlichkeit, Loyalität, Rechtschaffenheit und Ehrlichkeit wichtig.

Konfuzius meinte, dass man nur menschlich handeln konnte, wenn man die *li* studierte und praktizierte. Diese Riten und Etikette waren für ihn Ausdruck von *ren*, das aus den Werten der Antike entstanden war (siehe S. 80–81). Er glaubte die *li* so stark, dass sich ein Mensch alleine dadurch ändern würde, wenn er nach ihnen lebte. Dadurch würde ein Dominoeffekt ausgelöst, der schließlich den gesamten Kosmos beeinflusste. Konfuzius' Lehre orientierte sich am menschlichen Reich. Dennoch glaubte er stark an den Himmel und an die Mission, die ihm der Himmel auferlegt hatte – Rechtschaffenheit in die Welt zu bringen.

MENCIUS UND XUNZI

Mengzi (372–ca. 289 v. Chr.) und Xunzi (310–215 v. Chr.) führten Konfuzius' Ideen weiter. Mengzi, der im Westen unter seinem lateinischen Namen Mencius bekannt ist, legte fest, dass eine Regierung tugendhaft sein müsse und erklärte, dass die Menschen von Natur aus gut seien. Seine Behauptung, dass ein König nur mit dem „Mandat des Himmels" regieren könne, hatte revolutionäre Auswirkungen: Wenn ein Herrscher den Menschen nicht gut diente, konnten sie ihn stürzen. Als Folge wurden Aufstieg und Fall der Dynastien moralisch bewertet, was auch jeder chinesische Herrscher sehr genau wusste

(siehe S. 45). Auch Mencius' Theorie der angeborenen Güte hatte weitreichende Auswirkungen, da sie besagte, dass alle Menschen gut wären, wenn sie die richtige Erziehung genossen und sich bemühten.

Xunzi, der dritte der großen klassischen Konfuzianer, war weniger angesehen, da er im Gegensatz zu Mencius annahm, dass alle Menschen grundsätzlich schlecht wären. Er hielt es für nötig, Riten und Etikette sowie genau ausgearbeitete Gesetze und Strafen einzuführen, damit sich die Menschen richtig verhielten. Seine Ideen über die menschliche Natur und die Notwendigkeit von Gesetzen zu ihrer Kontrolle machten einen Teil der Rechtsschule aus, die der Erste Kaiser, Qin Shihuangdi, einführte. Er ging 213 v. Chr. mit Härte gegen die Konfuzianer vor, die angeblich sein autoritäres Regime gefährdeten (siehe S. 84).

Mencius (Mitte) mit seiner Mutter und anderen Frauen. Eine Illustration aus einer Geschichtensammlung über tugendhafte Frauen aus der Han-Zeit. Dem Buch zufolge verdankte sich Mencius' Größe den Bemühungen seiner Mutter um angemessenes Benehmen.

HELDEN DES ALTERTUMS

Konfuzius suchte in den Dynastien der Xia, Shang und Zhou nach Modellen für beispielhaftes Verhalten und gütiges Regieren, aber auch in einer ferneren Vergangenheit bei den Göttern und Halbgöttern. Diese Helden der Kultur, in China verehrt, weil sie den Menschen Technik, Kunst und gute Regierungen gebracht hatten, gehörten als Teil einer großen Erzählung über die Zivilisationsentwicklung zur chinesischen Frühgeschichte.

Zu den berühmtesten mythischen Helden zählten die „Drei Herrscher", die als Väter der Zivilisation galten und die chinesische Heimat gründeten (siehe Kasten unten). Ihre Nachfolger waren die „Fünf Kaiser", unter denen die Menschen das Goldene Zeitalter guter Regierung erlebten. Der Vierte war Yao. Er bewies seine Tugend und Kultur durch den richtigen Einsatz von Ritualen und Musik, im Konfuzianismus besonders wichtig. Da er keinen seiner zehn Söhne des Regierens würdig hielt, machte er Shun, einen armen Bauern mit beispielhafter kindlicher Ergebenheit, zu seinem Nachfolger. Shuns Vater, „Blinder Mann" (moralisch blind), und Bruder hatten dreimal versucht, ihn zu töten. Dennoch blieb Shun seinem

DIE DREI HERRSCHER

Als die ersten Herrscher von China gelten traditionell die „Drei Herrscher". Fuxi, der „Ochsenzähmer", soll ab 2852 v. Chr. regiert haben. Er zähmte Tiere, gab den Menschen Jagd- und Fischernetze, Musik und Musikinstrumente, die acht Trigramme der Weissagung (siehe S. 133) und die Mittel, um Zeit und Entfernung zu bestimmen. Shennong, der „Göttliche Bauer", begann seine Regentschaft 2737 v. Chr. Er erfand Pflug und Hacke und schuf die ersten Märkte. Um die Verwendung der Pflanzen zu verstehen, half er selbstlos bei der Zucht und kostete alle, um herauszufinden, wie giftig sie waren. Es heißt, dass er 70-mal am Tag an einer Vergiftung litt, um der Menschheit zu helfen (siehe auch S. 163).

Einige chinesische Autoren legen den Beginn der chinesischen Nation mit dem Jahr 2697 v. Chr. fest, in dem der „Gelbe Kaiser" Huangdi den Thron bestieg. Er soll die Kriegskunst eingeführt und die „Barbaren" besiegt haben, um China in der Ebene des Gelben Flusses zu gründen. Auf ihn gehen Holzhäuser, Seidenstoffe, Boote, Wagen, Keramik und die Schrift zurück sowie der Opferkult und der 60-jährige Zyklus des chinesischen Kalenders (siehe S. 134–135). Auch das berühmte medizinische Werk *Huangdi Neijing* wird ihm zugeschrieben (siehe S. 148–149).

Huangdi, der „Gelbe Kaiser", der dritte der mythischen Herrscher, die als Gründer der chinesischen Kultur verehrt werden.

Vater ergeben und war barmherzig zu seinem Bruder. Als Yao von seiner großen Tugend hörte, nahm er Shun in seinen Dienst, gab ihm zwei Töchter zur Frau und seine zehn Söhne als Gefolgsmänner. Shun war erst Minister, dann Reichsverweser und schließlich Herrscher. Auch er setzte einen Nachfolger ein, den er für fähiger als seine Söhne hielt. Die Geschichten von Yao und Shun zeigen, dass das „Goldene Zeitalter" im konfuzianischen Denken nicht unbedingt materiellen Wohlstand brachte, sondern eine ideale Regierung. Die Legenden illustrieren die Tugend der kindlichen Ergebenheit und sprechen Themen an, die in der chinesischen Geschichte immer wieder kehren: Verdienst als Grundlage für den Anspruch des Herrschers zu regieren; und das Problem der Nachfolge (siehe S. 44–45).

Seit dem Altertum war es ständig nötig, gegen Überschwemmungen zu kämpfen. Laut Konfuzius bemühte sich ein idealer Herrscher, diese Naturkatastrophe zu vermeiden. Yu, der Nachfolger von Shun, gilt in dieser Hinsicht als ideal: Er war so mit der Überwachung des Dammbaus beschäftigt, dass er sein Haus zehn Jahre lang nicht betrat.

Unter den Herrschern der jüngeren Zeit bewunderte Konfuzius vor allem die Gründer der Zhou-Dynastie, die Könige Wen und Wu, und besonders Wus Bruder, den Herzog von Zhou. Später wurde der Herzog als Muster von Tugend verehrt, da er seine Vorfahren bat, sein Leben anstatt das seines Bruders zu nehmen, als der König krank wurde. Es heißt, dass die Aufzeichnungen seiner Bitten und Wahrsagungen in einer Metallkiste verschlossen wurden. Wu starb, doch besagt die Legende, dass der Herzog nicht den Thron bestieg, sondern Wus jungem Sohn als Berater diente. In dieser Zeit wurde er des Verrates beschuldigt, doch bewiesen die Aufzeichnungen in der Metallkiste seine Loyalität.

Der Herzog von Zhou führte auch Riten und rituelle Musik ein, die Konfuzius als Ausdruck von Tugend und Bildung der Begründer der Zhou-Dynastie betrachtete. Konfuzius meinte, dass die Ordnung in seiner Zeit zusammenbrach, weil Riten und Musik vernachlässigt wurden und die Menschen zu egoistisch waren. Die Selbstlosigkeit des Herzogs im Dienen und seine Einhaltung der Riten machten ihn zu einem Vorbild, dessen Ruhm andauerte. Sogar der respektierte kommunistische Premierminister Zhou Enlai (1899–1976) erhielt den Kosenamen „Herzog von Zhou".

Die Konfuzianer lernten von alten Tyrannen ebenso viel wie von Helden und Weisen. Die letzten Könige der legendären Xia-Dynastie (von Yu, dem Bekämpfer der Überflutungen gegründet) und ihre Nachfolger, die historischen Shang, waren für ihre Grausamkeit bekannt. In beiden Fällen stürzte ein tugendhafter und gütiger Herrscher die Dynastien.

Diese Seidenmalerei (2. Jahrhundert v. Chr.) zeigt den großen Helden Fuxi (siehe Kasten gegenüber) und die Göttin Nüwa, die die Menschheit erschaffen hat. Die Patrone der Ehe werden oft mit Schlangenschwänzen dargestellt.

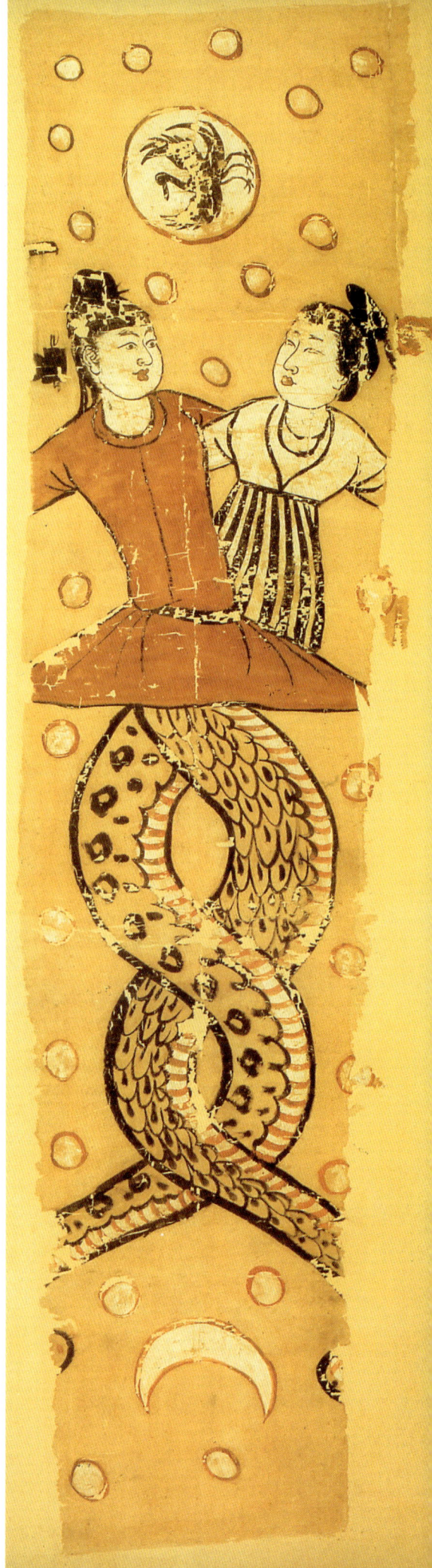

KONFUZIANISCHER KANON

Die konfuzianischen Klassiker sind die Grundlage von Ethik, Religion und Philosophie des Konfuzianismus. Da sie auch die Basis für die staatlichen Prüfungen bildeten, lernte sie jeder angehende Gelehrte auswendig. Viele Phrasen und Aphorismen aus diesen Werken gingen in die Umgangssprache ein und waren Analphabeten wie Gebildeten bekannt.

Grundlage des konfuzianischen Kanons sind die „Fünf Klassiker" und die „Vier klassischen Bücher". Die Fünf Klassiker pflegte Konfuzius seine Schüler zu lehren (das chinesische Wort, das mit „Klassiker" übersetzt wird, bezeichnet wörtlich die Kettfäden in der Weberei): *Buch der Wandlungen (Yi Jing), Buch der Urkunden (Shu Jing*, auch *Buch der Geschichte), Buch der Lieder (Shi Jing); Buch der Riten (Li Ji)* und *Frühlings- und Herbstannalen (Chunqiu)*. Ein sechster Klassiker, auf den sich Konfuzius bezog, das *Buch der Musik (Yue Jing)*, ging in der Han-Zeit verloren. Ursprünglich galt Konfuzius als Verfasser oder Herausgeber dieser Schriften, doch denkt man heute, dass sie im Verlauf mehrerer Jahrhunderte bis zur Han-Zeit geschrieben oder verändert wurden. Die Texte behandeln Weissagung und Metaphysik, historische Anekdoten und Aufrufe sowie Etikette und Ritual. Zudem beschreiben sie Ereignisse in Konfuzius' Heimatstaat Lu in der späteren Zhou-Zeit.

Aus Konfuzius' Sicht waren vor allem die moralischen Lektionen wichtig, die wissende und aufmerksame Leser aus diesen Texten lernen konnten. Konfuzianer sahen in den Texten Anweisungen für ein angemessenes Leben im Allgemeinen und ein moralisches Regieren im Besonderen. Das *Buch der Wandlungen* beschreibt den metaphysischen Aufbau des Universums und die Verbindung zwischen Mensch und Kosmos (siehe S. 133); das *Buch der Urkunden* enthält Regierungsmodelle des Goldenen Zeitalters; das *Buch der Lieder* gibt Hinweise, um die Herzen der Menschen zu verstehen; das *Buch der Riten* ist eine Richtlinie für richtiges Handeln; und die *Annalen* enthalten Konfuzius' eigene Bemerkungen zu wohlwollender Führung.

Die Vier klassischen Bücher wurden vom neokonfuzianischen Gelehrten Zhu Xi (1130–1200) gesammelt und gelten als Zusammenfassung der Lehren Konfuzius'. Die *Analekten (Lunyu)* sind eine Sammlung von Aussprüchen und Gesprächen mit Konfuzius, die seine Schüler aufzeichneten (siehe Beispiele links); *Mencius (Mengzi)* umfasst die Werke des Weisen dieses Namens (siehe S. 79); *Große Weisheit (Daxue)* und *Doktrin des Durchschnittlichen (Zhongyong)* waren ursprünglich ein Kapitel des *Buchs der Riten*. *Daxue* nennt als ersten Schritt, um Ordnung in die Gesellschaft zu bringen, die Bildung des Einzelnen – kon-

Aus den Analekten: OBEN: *„Wenn du etwas weißt, sage es; wenn nicht, gib dies zu. Das ist wahres Wissen."* UNTEN: *„Wenn du nach Eile verlangst, wirst du keine wahren Fortschritte machen und keinen Erfolg haben."*

fuzianisches Ideal des moralisch gebildeten Herrschers. *Zhongyong* lehrt die gegenseitige Durchdringung von Kosmos und menschlicher Moral – Menschen und Natur als Einheit durch ehrliche Anstrengung. Diese Texte waren von 1313 bis 1905 Grundlage für die Beamtenprüfungen und den Neokonfuzianismus (siehe S. 85).

Nach der Zerstörung der konfuzianischen Texte unter den Qin (siehe S. 84) bemühten sich die Gelehrten der Han-Zeit, den Kanon wiederherzustellen. Dazu benutzten sie Texte, die versteckt worden waren, und schrieben andere aus dem Gedächtnis nieder. Eine kaiserliche Akademie wurde gegründet, in der jeder der Fünf Klassiker studiert werden konnte. Diese Texte und andere Werke aus dem Kanon ließen verschiedene Kaiser zwischen 175 und 1803 n. Chr. mehrmals in Stein meißeln.

Der Inhalt des konfuzianischen Kanons veränderte sich im Lauf der Zeit. Konfuzius unterrichtete seine Schüler in Poesie, Geschichte, Musik und Riten, die *Annalen* und das *Buch der Wandlungen* waren den besten Studenten vorbehalten. In der Han-Zeit kamen die *Analekten* und das *Buch der kindlichen Ergebenheit* hinzu. Im 9. Jahrhundert n. Chr. waren 13 Klassiker bekannt. Dazu zählten die Fünf Klassiker und die Vier Bücher, die *Riten von Zhou* und das *Buch der Etikette und Riten*; drei Kommentare zu den *Frühlings- und Herbstannalen* und das Wörterbuch *Er Ya*.

Die wichtigsten konfuzianischen Lehren wurden den Menschen in zahlreichen Publikationen übermittelt, die in „einfachem" Chinesisch und nicht in dem „blumigen" Stil des Kanons geschrieben waren. Hier eine Illustration zu den Warnungen einer kaiserlichen Lehrerin für Hofdamen, einer bekannten Sammlung von konfuzianischen Erzählungen über richtiges Verhalten und Etikette, die Anfang des 6. Jahrhunderts n. Chr. zusammengestellt wurde.

IDEOLOGIE UND REICH

Der Konfuzianismus wurde offiziell von der Han-Dynastie eingeführt, nachdem er Jahrhunderte vernachlässigt und sogar unterdrückt worden war (siehe Randtext links). Damals war er bereits von den legalistischen Vorstellungen vom Herrschen durch Gesetz und Bestrafung und von den kosmologischen Theorien des Han-Gelehrten Dong Zhongshu (ca. 179–104 v. Chr.) verändert worden, der die soziale Hierarchie als Teil der natürlichen Ordnung betrachtete. Aus diesen Lehren entstand der „imperiale Konfuzianismus", eine politische Philosophie, die sich auf die moralische Bildung des Herrschers konzentrierte. Er stand einem starken, vereinigten Staat vor, der ein wichtiger Teil des Kosmos war.

Nach dem Zusammenbruch der Han-Dynastie blieb der Konfuzianismus das Herz der Beamtenausbildung, aber die konfuzianische Gelehrsamkeit verfiel, und Buddhismus und Daoismus erlebten in den

BEGRÄBNIS DER GELEHRTEN
Es heißt, dass 213 v. Chr. der Erste Kaiser, Qin Shihuangdi, von einem Höfling den Hinweis erhielt, dass die konfuzianischen Beamten anhand von Geschichten und klassischen Texten die kaiserliche Politik kritisierten. Daraufhin befahl der Herrscher, alle Schriften außer Handbüchern über Landwirtschaft, Medizin und Weissagung zu verbrennen. Es heißt, dass 460 Gelehrte, die dagegen protestierten, als Warnung für die anderen bei lebendigem Leib begraben wurden. Das tatsächliche Ausmaß dieser Verfolgungen ist nicht geklärt. Fest steht, dass dieses Ereignis als Symbol für die Tyrannei des ersten Qin-Kaisers und für den Heldenmut der konfuzianischen Gelehrten steht, die ungeachtet des Preises ihrer Pflicht nachkamen.

Dieses Bild aus der Qing-Zeit zeigt die Verfolgung konfuzianischer Gelehrter unter Qin Shihuangdi im 3. Jahrhundert v. Chr. Ein Gelehrter kniet vor dem Kaiser (oben), während „subversive" Bücher verbrannt und protestierende Gelehrte begraben werden (unten).

NEOKONFUZIANISMUS: „DEN SPIEGEL ENTSTAUBEN"

Im Neokonfuzianismus besteht die Welt aus *li* („Prinzip" oder „Muster", nicht dasselbe *li* wie „Etikette" oder „Ritual") und *qi* („Lebenskraft"). Alle physischen und psychologischen Phänomene bestehen aus einer Verbindung von *li* und *qi*, also Muster und Substanz. Die verschiedenen Formen werden durch die unterschiedlichen Reinheitsgrade des *qi* hervorgerufen. Die Neokonfuzianer bezogen sich auf Mencius' Annahme, dass alle Menschen gut seien (siehe S. 79), und meinten, dass das Böse aus unreinem *qi* entstand, das das *li* trübte.

Nach den Neokonfuzianern wird das Universum von dem großen, undifferenzierten, reinen *qi* vereint (siehe S. 122–123). Die Menschen müssen ihre angeborene Güte wiedererlangen, indem sie „den Spiegel entstauben": Sie müssen das unreine *qi* entfernen, um ihr wahres *li* zu sehen und ihre Verbindung mit dem Kosmos zu erkennen. Diese Erkenntnis kann man durch „ruhiges Sitzen" (*jing zuo*) erlangen, eine buddhistische und daoistische Meditationstechnik.

TRADITION UND REFORM
Mit Beginn der Qing-Zeit verschrieb sich der Staat wieder den konfuzianischen Werten. So kam 1670 das Heilige Edikt heraus, das die wichtigsten konfuzianischen Werte wie kindliche Ergebenheit, brüderliche Unterwerfung, soziale Harmonie, Genügsamkeit, Respekt vor Bildung und Gesetz und Zahlung der Steuern betonte. Die Beamten wurden dazu angehalten, das Edikt regelmäßig vorzulesen und es zu lehren. Bis zum Ende des Kaiserreichs wurde das Edikt mehrmals in klassischem und in Umgangschinesisch neu aufgelegt.

Im 19. Jahrhundert wurde das Vertrauen in die konfuzianische Ordnung erschüttert. Als Antwort darauf entstanden die Bewegung zur Selbststärkung (siehe S. 86) und die Reformbewegung des Gelehrten Kang Youwei (1858–1927). Kang stand unter dem Einfluss der neu erhältlichen Übersetzungen philosophischer und politischer Werke aus Europa. 1898 stellte ihn Kaiser Guangxu an die Spitze der „Hundert-Tage-Reform". Dieser Versuch, die Institutionen mit Hilfe des Konfuzianimus zu reformieren, erzürnte die Konservativen und wurde rasch von der Kaiserinwitwe Cixi (siehe S. 59) niedergeschlagen. Zwar waren Kangs Ideen nicht erfolgreich, doch symbolisieren sie den Übergang vom traditionellen zum modernen China.

nächsten sieben Jahrhunderten einen Aufschwung. Han Yu (768–824 n. Chr.) meinte, dass der Daoismus und der „barbarische" Buddhismus vom „Weg der Weisen" ablenkte, den die weisen Herrscher der Antike bis hin zum Herzog von Zhou, zu Konfuzius und Mencius vorgaben. Han musste wegen seiner Tiraden ins Exil, wurde später aber für seine Verteidigung des Konfuzianismus verehrt.

In der Song-Zeit erlebte der Konfuzianismus einen Aufschwung. Der „Neokonfuzianismus" war zum Teil die Antwort auf metaphyische Fragen, die Daoismus und Buddhismus aufwarfen (siehe Kasten oben). Die Neokonfuzianer lehnten die buddhistische Absage an die materielle Welt und die Konzentration auf das Leben nach dem Tod ab. Sie konzentrierten sich darauf, Staat und Gesellschaft zu verbessern.

Die bedeutendsten neokonfuzianischen Gelehrten sind Zhu Xi (1130–1200) aus der Song-Zeit und Wang Yangming (oder Wang Shouren, 1472–1529) aus der Ming-Zeit. Zhu lehrte, dass jedes physische oder psychologische Problem genau untersucht werden müsse, um sein *qi* zu verstehen. Bis zum Untergang des Kaiserreichs wurden seine Empfehlungen, die nach seinem Tod übernommen wurden, eingehalten. Wang verfolgte eine andere Philosophie: Um *li* zu verstehen, müsse man den Geist klären. Nur so könnten intuitives Wissen und Güte hervorkommen. Echtes Wissen liege im Handeln, nicht im intellektuellen Verstehen. Diese beiden Philosophien hatten größten Einfluss auf den Konfuzianismus bis ins 19. Jahrhundert, als China vom Westen herausgefordert wurde.

Ein Bronzelöwe auf dem Gelände des Konfuziustempels in Beijing. Dieser Tempel ist der größte außerhalb Konfuzius' Heimatstadt Qufu.

SCHULEN UND AKADEMIEN

Soziale Entwicklung und moralische Bildung bauten auf dem Konfuzianismus auf. Es entstanden öffentliche und private Bildungseinrichtungen, die von Privatlehrern und Dorfschulen bis zu staatlichen Universitäten und Akademien gingen. Die Schulen wurden vom Staat, von wohlhabenden Familien und sogar von Buddhistenklöstern finanziert. Der Staat sorgte dafür, dass Bücher erhältlich, die Schulen durch steuerfreies Land unabhängig und die Studenten von Steuern und Arbeit ausgenommen waren. Die Reichen hatten den leichtesten Zugang zur Bildung, und die Zahl der gelehrten Frauen in der Gentry lässt darauf schließen, dass es für reiche Mädchen nicht ungewöhnlich war, ausgebildet zu werden (siehe S. 59). Aufbauend auf dem konfuzianischen Ideal,

„SELBSTSTÄRKUNG"

Trotz der demütigenden Niederlagen im Opiumkrieg und in anderen Konflikten des 19. Jahrhunderts waren die meisten Chinesen davon überzeugt, dass der Konfuzianismus die Basis von Zivilisation und Regierung bleiben sollte. Am Tiefpunkt der Qing-Dynastie 1860 (siehe S. 40–41) gründeten einige reformorientierte Beamte die Bewegung zur „Selbststärkung", die China den westlichen Ideen öffnen sollte. Daraufhin errichtete die Regierung Schienenstränge, gründete Dampfschiffkompagnien, Kohleminen, Waffenfabriken, Werften und ein Büro, um westliche Bücher zu übersetzen. Auch diplomatische Missionen wurden im Westen eingerichtet.

Doch blieb die industrielle und technische Entwicklung nur oberflächlich, wie die Niederlage gegen Japan 1894 zeigte. Für die Konservativen waren Inkompetenz und Korruption in der Beamtenschaft und ein Mangel an talentierten, klassisch ausgebildeten Beamten die Ursache für die Niederlage, andere sahen den Konfuzianismus selbst als Grund für die Schwäche Chinas. Sie forderten Änderungen im Bildungssystem. 1905 schaffte die Qing-Regierung die Beamtenprüfungen ab und begann ein modernes Schulsystem einzurichten.

Prüfungszellen, Beijing, 1873. Die Beamtenprüfungen dauerten mehrere Tage; die Kandidaten schrieben und schliefen in Zellen, in denen ein Stuhl und ein Klappbett standen.

Talent und Fleiß zu belohnen, machten die meisten Dynastien hervorragenden Schülern die Ausbildung möglich, unabhängig von Stand und finanziellen Mitteln. In den Schulen unterrichteten Männer, die eine klassische konfuzianische Ausbildung genossen und die Beamtenprüfung abgelegt hatten. Allerdings waren sie entweder durchgefallen oder sie hatten bestanden und waren nicht in den Staatsdienst eingetreten. Die Lehrer mussten auch Etikette und Protokoll lehren und strenge Disziplin halten.

Bereits mit vier Jahren konnten Kinder einfache Schriftzeichen erkennen und schreiben. Mit acht begannen sie die Schulbildung, wo sie häufig die konfuzianische Lehre in Versform lernten. Die Schüler sprachen erst den Lehrern nach, dann wiederholten sie die Passagen an ihren Tischen, bis sie sie beherrschten. So lernten sie 20 bis mehrere Hundert Textzeichen pro Tag. Wenn die Schüler einen Text vortragen mussten, standen sie mit dem Rücken zum Lehrer. Mit etwa 15 Jahren begannen sie höhere Studien, bei denen sie Texte aus dem konfuzianischen Kanon und Komposition lernten. Textanalyse und Verständnis erlernten sie aus den Kommentaren, sobald sie die wichtigsten Texte auswendig konnten.

Neue technische Erfindungen spielten eine wichtige Rolle in der Erziehung. In der Han-Zeit wurde das Papier erfunden, in der Song-Zeit machte der Buchdruck die Bücher so billig, dass Familien ihre eigenen Bibliotheken einrichten konnten (siehe S. 182–183).

Die Akademien waren Orte der höheren Bildung, wo die Gelehrten und ihre Studenten zusammenkamen, um konfuzianische Ideen zu diskutieren und Texte zusammenzustellen, zu bewahren und (ab der Song-Zeit) zu veröffentlichen. Manche Gelehrte an einer Akademie erhielten einen eigenen Raum und ein Stipendium, und viele Akademien hatten Unterkünfte für die Studenten. Diese Institutionen wurden von hohen Beamten, reichen Händlern und oft vom Staat finanziert. Die elitärste und einflussreichste Akademie war Hanlin, die im 8. Jahrhundert n. Chr. in der Hauptstadt gegründet wurde, um Hofgelehrte und Archivare auszubilden. Sie bestand die gesamte Kaiserzeit hindurch. In der Ming-Zeit wurden in Hanlin nur die besten *jinshi*-Absolventen aufgenommen. Ab da waren Hanlin-Gelehrte als kaiserliche Berater, Vertraute und hohe Beamte tätig und galten als Volkshelden.

Im 19. Jahrhundert änderte sich die Vorstellung von Bildung drastisch, als die Qing mit den westlichen Einflüssen und der Frage nach dem Wert einer konfuzianischen Ausbildung angesichts der besseren westlichen Technologie zu kämpfen hatten (siehe Kasten gegenüber).

Diese Specksteinstatuette von ca. 1700 stellt eine chinesischen Studenten vertraute Figur dar: den Gott der Literatur Wen Chang (oben), begleitet von zwei Anhängern.

EINE WELT DER RITUALE

Der Kaiser Kangxi (regierte 1661–1722). In seine Robe sind kaiserliche Drachen und andere Symbole von Himmel, Erde und Macht eingewoben.

OPFER FÜR HIMMEL UND ERDE
Die regelmäßigen Opfer, die der Kaiser – der „Sohn des Himmels" – Himmel und Erde darbrachte, waren wichtig für eine ausgeglichene und harmonische Beziehung zwischen dem Kaiser und Himmel und Erde. Sie stellten sicher, dass das Reich gut verwaltet werden konnte. Bei diesen Riten bat der Kaiser um Segen und Schutz, und er zeigte Demut vor seinen göttlichen Vorfahren. Nur der Kaiser durfte sich vor Himmel und Erde zu Boden werfen – bei jedem anderen galt dies als Akt der Rebellion.

Zu den ältesten und heiligsten kaiserlichen Riten zählten die alten *feng*- und *shan*-Opfer, die ebenfalls an Himmel und Erde gerichtet waren. Sie wurden vom Kaiser auf dem heiligen Berg Tai in der Provinz Shandong durchgeführt. Mit diesen Riten wurde der Beginn einer neuen Dynastie oder die Leistungen des Kaisers gefeiert, der Himmel und Erde um Segen für seine Dynastie bat.

Für die Konfuzianer waren Rituale und Musik eine bessere Methode zur Kontrolle der Menschen als Gewalt und Gesetze. Der Kaiser opferte Himmel und Erde, um Frieden und Wohlstand im Reich zu sichern (siehe Randtext links). Er opferte auch unbedeutenderen Mächten wie Sonne, Mond, Bergen, Flüssen und Naturkräften. Den kaiserlichen Vorfahren opferte er nach den Regeln der kindlichen Ergebenheit. Sie konnten nicht nur dem Monarchen, sondern dem gesamten Reich Gnade zuteil werden lassen. Der Kaiser opferte auch den Seelen aller vergangener Herrscher und anderen bedeutenden Menschen und Göttern.

Der Staatskult sah Opfer für die Schutzgeister auf Stadt-, Bezirks-, Präfektur- und Provinzebene vor. Diese Geister waren in einer formalen Hierarchie geordnet, die der kaiserlichen Bürokratie glich. Einem bestimmten Gott mußte ein Beamter von entsprechendem Rang opfern. Es wurden je nach Protokoll und dem Rang des Gottes Fleisch, Getreide, Gemüse und Tiere wie Schweine, Schafe und Stiere dargebracht. Die Teilnehmer trugen Zeremonialkleidung und folgten einer formellen Hofetikette. Der leitende Geistliche trat begleitet von Weihrauch, Musik und Gehilfen an den Altar heran. Er verbeugte sich vor der Tafel des Geistes oder dem Bild der Gottheit und zog sich in Stille wieder zurück.

Das Ritenamt war ein kaiserliches Ministerium, das auf alte Behörden zurückging. Es verteilte detaillierte Richtlinien zu den staatlichen Ritualen an alle Regierungsstellen. Die Beamten des Opferbüros (einer Abteilung im Ministerium) stellten die notwendigen Utensilien für die Rituale bereit und nahmen selbst an den Opfern teil. Das Büro für Astronomie errechnete den Kalender und legte den Tag für die Rituale fest.

Opfer an verschiedene Götter und Mächte wurden auf Altären in offiziellen Kulttempeln und in den Gedenkhallen großer Männer dargebracht. Die Tempel für Konfuzius und seine Anhänger entstanden in der Han-Dynastie. Der Tempel in Qufu wurde zu einem nationalen Heiligtum (siehe Kasten gegenüber). Diese Gebäude wurden „Staatstempel" genannt und waren den Seelen von Konfuzius und seinen bekanntesten Anhängern wie Mencius (siehe S. 79) und Zhu Xi (siehe S. 85) geweiht. Sie wirken stark rationalistisch und spiegeln das Bewusstsein wider, dass Konfuzius ein Mensch und kein Gott war. Im Lauf der Jahrhunderte entstanden in allen chinesischen Provinzen Konfuziustempel, wo halbjährlich, im zweiten und achten Monat des chinesischen Jahres, Gedenkzeremonien abgehalten wurden. Der lokale Tempel war das ganze Jahr offen und diente den jungen Menschen als Schule, wo sie in alte Musik und alte Riten eingeweiht wurden und wo Prüfungsergebnisse ausgehängt waren.

DER TEMPEL IN QUFU

Die Stadt Qufu in der Provinz Shandong war die Hauptstadt des alten Staates Lu. Sie war Geburtsort von Konfuzius und beherbergt einen wunderbaren Tempelkomplex, der als herausragendes Beispiel für konfuzianische Architektur gilt. Der erste Konfuziustempel entstand in Qufu 478 v. Chr., obwohl dem Weisen selbst erst ab 195 v. Chr. offiziell geopfert wurde, als der Han-Kaiser Gaodi (regierte 206–195 v. Chr.) das Große Opfer (Daji) darbrachte, bei dem an Konfuzius' Grab ein Ochse geopfert wurde. Später in der Han-Dynastie wurde der Konfuzianismus zum Staatskult erhoben.

Neben dem Tempel steht die Residenz der Familie Kong, der direkten Nachfahren von Konfuzius (Kongzi) aus dem 1. Jahrhundert v. Chr. Damals verlieh die Han-Regierung der Familie ein Lehen und einen Adelstitel. Auch später erhielten Familie und Tempel Land und staatliche Gelder.

Der Tempel und die Residenz der Familie Kong dominieren die Stadt: Zuzeiten wurde die Hälfte der Gebäude der Stadt mit Konfuzius assoziiert. In der Ming-Dynastie befand sich das Büro des Bezirksbeamten (siehe S. 50) innerhalb der Kong-Residenz. Das einzige andere Wohnhaus, das auch als Regierungssitz diente, war der Kaiserpalast.

Teil des Konfuziustempels in Qufu. Die wichtigsten Gebäude liegen in einer Linie und sind nach Süden ausgerichtet. Sie folgen in ihrer Anlage einem Kaiserpalast.

GRUNDANLIEGEN DES DAOISMUS SIND DIE VERBINDUNG ZWISCHEN ALLEN DINGEN, EIN VERLANGEN NACH SPIRITUELLER TRANSZENDENZ UND DIE HOFFNUNG AUF KÖRPERLICHE UND GEISTIGE PERFEKTION. SCHWERPUNKTE SIND DIE KOMMUNIKATION MIT DEN GEISTERN, LANGLEBIGKEIT UND EIN UNIVERSUM, DAS STÄNDIG IN BEWEGUNG IST UND ALTE RELIGIÖSE BRÄUCHE WIDERSPIEGELT, DIE LANGE VOR DEN FORMALEN TRADITIONEN CHINAS ENTSTANDEN. DER DAOISMUS HATTE EINEN REGEN AUSTAUSCH MIT DER CHINESISCHEN VOLKSRELIGION. DAS ZEIGT SICH IN DER NEIGUNG CHINESISCHER UND WESTLICHER GELEHRTER, ALLES ALS „DAOISTISCH" ZU BEZEICHNEN, WAS NICHT EINDEUTIG KONFUZIANISTISCH ODER BUDDHISTISCH IST.

Eine Repoussé-Kürbisflasche *aus vergoldetem Kupfer für den Kaiser Qianlong (regierte 1736–1795). Der Kürbis ist ein wichtiges daoistisches Symbol: Voller Samen, steht er für das kreative Potenzial im Chaos.*

LEBEN NACH DEM DAO

DER GEORDNETE KOSMOS

Der Daoismus enthält viele Ideen und Praktiken, die die gesamte chinesische Gesellschaft prägten. Wesentliche Elemente des Daoismus kommen in der Meditation über die Entstehung des Kosmos und in einer spirituellen Philosophie, die dem Herrscher als Richtlinie dient, zum Ausdruck; außerdem in einer großen Zahl an Texten, die Methoden zur Verlängerung des Lebens und zur Erlangung der Unsterblichkeit lehren. Meist unterscheidet man zwei Schulen: Der „philosophische Daoismus" umfasst die philosophischen Schriften der alten Meister und ihrer Kommentatoren, der „religiöse Daoismus" charakterisiert sich durch rituelle Verehrung des Dao und das Streben nach Unsterblichkeit.

Grundlage des Daoismus sind die Lehren des Weisen Laozi („Alter Meister") im Buch *Dao De Jing* (dem *Buch vom Weg und seiner Kraft*). Wir wissen wenig über Laozi. Er soll im 6. Jahrhundert v. Chr. königlicher Archivar gewesen sein und Konfuzius in Rituale eingewiesen haben. Es heißt, dass er vom Leben bei Hof genug hatte und sich auf einem Ochsen zu den Bergen im Westen aufmachte. An der chinesischen Grenze fragte ihn ein Wächter nach seinen Lehren, und daraus entstand das *Dao De Jing*. Der Text ist auch als *Laozi* bekannt und soll das Werk vieler Autoren sein. Das relativ kurze Buch ist in einer mystischen, rätselhaften Sprache geschrieben, die schwierig zu übersetzen ist.

Das Wort *dao* bedeutet „Weg" oder „Pfad" und ist in vielen chinesischen philosophisch-religiösen Lehren enthalten. Im *Dao De Jing* ist es zum kosmischen Prinzip erhoben, dem obersten und ewigen Aspekt des Universums, das aller Schöpfung zu Grunde liegt. Das Dao ist frei von Form, Zeit und Grenzen, es bewegt *Yin* und *Yang* (siehe S. 122–123) und erzeugt und erhält „alle Dinge". Das Universum bewegt sich ständig. Alles beginnt mit dem unveränderlichen Dao und kehrt im unendlichen

Gang der Gezeiten wieder zum Dao zurück. Laozi lehrt, aus dem Rhythmus dieser kosmischen Kraft Stärke zu schöpfen und „nichts zu tun" (*wu wei*), das der natürlichen Bewegung zuwiderläuft. So kann alles spontan im Einklang mit der Natur entstehen. Diese subtile, doch unerschöpfliche Kraft ist im *Dao De Jing* mit Beispielen von „schwachen und unterwürfigen" Dingen illustriert, die dennoch die „harten und starken" Dinge besiegen, wie Wasser, das den härtesten Stein abschleift.

Das *Dao De Jing* ist auch eine Abhandlung über gutes Regieren. Laozis idealer Herrscher regiert so subtil und unauffällig, dass die Menschen nicht merken, dass sie beherrscht werden. Seine Regierung meidet Unterscheidungen, die Neid und Unzufriedenheit hervorrufen.

Der zweite große Text des philosophischen Daoismus ist Zhuang Zhou oder *Zhuangzi* nach dem Verfasser Zhuangzi (Meister Zhuang) aus dem 4. Jahrhundert v. Chr. Dieses Werk richtet sich an den Einzelnen, nicht an den Herrscher. Zhuangzi beschreibt die unendlichen Formen des Dao und seine Unzugänglichkeit für menschliche Werte. Er betrachtet die Realität und stellt Überlegungen zu den endlosen Variationen und Veränderungen an, die in Leben und Tod vorkommen und die er als Verschmelzung mit dem Dao sieht. Zhuangzi spricht von Unsterblichen: von perfekten Menschen, die auf Bergen leben, sich vom Wind ernähren und in Ekstase schweben. Diese Ideen gingen in den religiösen Daoismus ein.

Die Sieben Weisen im Bambushain von Fu Baoshi (1904–1965). Die Weisen waren ein beliebtes Thema in der traditionellen chinesischen Kunst. Sie waren eine Gruppe daoistischer Gelehrter aus dem 3. Jahrhundert n. Chr., die Hof und weltlichem Ehrgeiz entsagten und ein sorgenfreies und gepflegtes Leben im Streben nach dem Dao führten. Im Lauf der Jahrhunderte wurde es zu einem Merkmal der daoistischen Exzentriker und Weisen, sich vom Leben bei Hof zurückzuziehen und den Annehmlichkeiten der Etikette zu entsagen wie auch der Liebe zu Poesie, Wein und Musik zu frönen.

RELIGIÖSER DAOISMUS

Ein Gemälde von Dschingis Khan aus der Yuan-Zeit. Dieser bedeutende Förderer des religiösen Daoismus fragte Qiu Changchun, einen berühmten Meister der Schule der Vollkommenen Perfektion, um Rat, wie er sein Leben verlängern könne. Qiu riet Khan, der mehrere Konkubinen hatte, eine Nacht alleine zu schlafen, da dies „das Leben weiter verlängere als Elixiere, die man 1.000 Tage lang nimmt".

Die meisten Chinesen kamen durch die synkretistische und formlose Volksreligion mit dem Daoismus in Kontakt. Eine formellere und institutionalisiertere Form des Daoismus war der „religiöse Daoismus", dessen unterschiedliche Schulen dieselben Merkmale aufwiesen: ausgebildete, belesene Priester; Schriften in klassischem Chinesisch; eine Hierarchie von Göttern und Göttinnen; Tempel und Klöster; komplexe Rituale; und spezielle Praktiken wie Meditation, Alchemie, Magie und Übungen zur Heilung und zur Erweiterung des Geistes. In vielen Schulen des religiösen Daoismus spielten Frauen eine relativ wichtige Rolle.

Das Entstehen des religiösen Daoismus wird für gewöhnlich mit der Gründung der Sekte der Himmelsmeister gegen Ende der Han-Dynastie gleichgesetzt (siehe Kasten unten). In der chaotischen Zeit nach Zusammenbruch der Han-Dynastie 220 n. Chr. flohen einige Anhänger der Himmelsmeister nach Süden, wo sie Ideen zu Alchemie, Medizin,

DIE HIMMELSMEISTER

In den ersten nachchristlichen Jahrhunderten wurde Laozi bereits als „Allererhabenster Meister Lao" göttlich verehrt. Er war einer der Drei Reinen, der höchsten Gottheiten des Daoismus. Laut einem Text war er ein omnipräsenter und omnipotenter Lebensquell, der an Wendepunkten der Geschichte zu den Menschen hinabstieg, die Herrscher beriet und Schriften enthüllte. 142 n. Chr. behauptete der daoistische Meister Zhang Daoling, dass ihm Laozi eine neue Lehre offenbart habe, die die „degenerierten" religiösen Praktiken ersetzen solle. Zhang gründete den „Weg der Himmelsmeister" (Tianshi) – Spitzname „Weg der Fünf Reisscheffel" wegen der Steuer, die von den Haushalten eingehoben wurde – und errichtete einen theokratischen Staat in Westchina. Die Himmelsmeister lehrten, dass Krankheit durch Sünde entstand und durch Beichte und gute Taten wie Straßenbau und die Verteilung von Speisen geheilt werden könne. Die religiösen Praktiken fanden in einer „Kammer der Reinheit" statt und wurden von männlichen und weiblichen Priestern durchgeführt, die zugleich die höchsten örtlichen Beamten waren. Sie waren vor allem Heiler, die himmlische Kräfte zur Heilung sammelten. Es gab auch Gemeindefeste, um die Verbindung zwischen Göttern und Menschen zu stärken sowie Sexualriten zur Steigerung der Lebenskraft.

215 n. Chr. gab Zhang Daolings Enkel Zhang Lu die Macht an Cao Cao, den Gründer der Nördlichen Wei-Dynastie, ab. Damit sicherte er nicht nur das Fortbestehen der Schule, sondern auch ihre Verbreitung.

Magie und Langlebigkeit annahmen, die Ge Hong in dem klassischen Werk *Bao Puzi (Der Meister, der der Einfachheit frönt)* niederschrieb. Die erfolgreichste Schule, die daraus hervorging, war die Höhere Reinheit (Shang Qing). Sie basierte auf der Vorstellung einer Apokalypse, in der das Böse zerstört würde und „perfekte" Anhänger des Daoismus die Erde erbten. Eine weitere wichtige Schule im Süden war Heiliges Juwel (Ling Bao), bei der „himmlische Helden" in großen Festen im Freien verehrt wurden.

Daoistische Sekten wurden oft vom Kaiserhof unterstützt. Unter dem Tang-Herrscher Xuanzong (regierte 712–756) mussten alle Familien das *Dao De Jing* besitzen; Dschingis Khan (ca. 1162–1227), der Nordwestchina eroberte, war so von dem daoistischen Streben nach Unsterblichkeit fasziniert, dass er Mönche von den Steuern befreite. In der Song-Zeit entstand die Schule der Vollkommenen Perfektion (Quanzhen), die gegen Ende des Kaiserreichs großen Einfluss hatte. Sie vertrat die Auffassung, dass Konfuzianismus, Buddhismus und Daoismus grundsätzlich eines wären. Eine weitere Sekte war die Schule der Orthodoxen Einheit (Zhengyi), deren Klerus nicht enthaltsam lebte und seinen Status vererbte. Sie war von mehreren Gruppen beeinflusst.

Das Gemälde aus der Sui-Zeit zeigt daoistische Meister, die dem Kaiser eine neue Ausgabe des Dao De Jing *überreichen. Dieses Hauptwerk des Daoismus wurde durch den daoistischen Kanon erweitert, der im 5. Jahrhundert n. Chr. zusammengestellt und 1120 gedruckt wurde. 1445 ließ der Kaiser eine Neuauflage des Kanon drucken, die bis heute in Verwendung ist. Der Kanon besteht aus mehr als 1.000 Bänden und wird ständig erweitert. Er umfasst himmlische Offenbarungen und Texte über Riten, Selbsterziehung, die Beschreibung heiliger Orte und die Lehren der einzelnen daoistischen Meister sowie verschiedene Anthologien.*

STREBEN NACH UNSTERBLICHKEIT

DIE KÖNIGIN DER UNSTERBLICHEN

Die höchste Göttin des daoistischen Pantheons ist die Königinmutter des Westens (Xiwang Mu). Sie zählt zu den bekanntesten Figuren der Unsterblichkeit. Die Daoisten betrachteten sie als ersten Atemzug des Höchsten Yin. Sie war göttliche Liebhaberin und Lehrerin der Menschen, die Unsterblichkeit zu erlangen suchten.

Die Königinmutter lebte im Kunlun-Gebirge, wo sich Himmel und Erde vereinigten. In diesem wunderbaren und furchteinflößenden Land jenseits der Westgrenze Chinas regierten Freuden, Schönheit und Gefahr. Sie wird mit Leopardenschwanz, Tiger-zähnen, zerrauftem Haar und einem auffallenden Kopfschmuck dargestellt, begleitet von Jadejungen, Jungfrauen und Fabelwesen wie dem neunschwän-zigen Fuchs, dem Phönix, dem drei-beinigen Vogel, der Kröte der Unsterb-lichkeit und dem Hasen im Mond (siehe S. 134).

Die Königinmutter des Westens wurde mehr als 2.000 Jahre lang von Elite und Volk gleichermaßen verehrt. In der populären Vorstellung ist sie vor allem berühmt dafür, dass sie die Pfirsiche der Unsterblichkeit züchtet, die nur alle 3.000 Jahre reifen. Sie werden den Unsterblichen als letzter Gang eines himmlischen Festmahles serviert, bei dem Delikatessen wie Bärentatzen, Affenlippen und Drachenlebern gereicht werden.

Bereits vor Entstehen des Daoismus glaubten die Chinesen an die Unsterblichkeit. Allerdings brachten die Daoisten (siehe S. 92–93) System in die Techniken, die ewiges Leben versprachen. All diesen Praktiken liegt die Vorstellung einer Verbindung zwischen mikrokosmischem Kör-per und makrokosmischem Universum zugrunde. Der Anhänger muss den „Uratem" (*yuanqi*) erkennen und erhalten, der dem lebenspen-denden, undifferenzierten Dao am Beginn der Schöpfung entspricht sowie die Körperessenzen „Atem" (*qi*), „Lebenskraft" (*jing*) und „Seele" (*shen*) bewahren und verhindern, dass ihre Erschöpfung zum Tod führt.

Andenken von der Wolkengalerie (Detail). Dieses Gemälde (um 1750) zeigt einen Unsterblichen, der zu einem himmlischen Palast emporsteigt.

DIE ACHT UNSTERBLICHEN

Viele chinesische Legenden erzählen von den Acht
Unsterblichen, einer Gruppe von „vollendeten Menschen", die Unsterblichkeit erlangt hatten. Sie
werden mit Glück und den „Acht Bedingungen des
Lebens" (Jugend, Alter, Armut, Reichtum, hoher
Rang, niedriger Rang, weiblich und männlich)
assoziiert. Ihr unterschiedlicher Status und ihre
Erfahrungen erlauben all jenen Perfektion zu
erlangen, die danach streben.

Eine Legende erzählt von Lü Dongbin, dem
Mitverfasser wichtiger Schriften über Alchemie. In
der Zeit, die er benötigte, um einen Topf Hirse zu
kochen, durchlief er magisch ein Leben voller Taten
und Katastrophen. Daraufhin entsagte er dem weltlichen Leben und wurde Daoist.

*Die Lackschachtel aus dem 18. Jahrhundert zeigt die
Acht Unsterblichen mit je einem Attribut.*

Die Umkehr des Alterungsprozesses geschieht durch verschiedene Techniken. Bei Meditation und Visualisierung konzentriert sich der Übende
auf das Dao oder mächtige Astralgottheiten, die im Himmel und im Körper residieren. Sterngottheiten werden bei therapeutischen und stär-
kenden Bewegungen angerufen. Mit Atemübungen soll der Atem so
langsam und flach werden, dass sich eine Feder auf der Nase nicht
bewegt. Die richtige Ernährung reinigt Atem und Körper weiter. Speisen
wie Pilze, Pinienkerne und Piniensirup verlängern das Leben. Mit Sexualpraktiken wird der Orgasmus kontrolliert, der die Lebenskräfte
schwächen soll. Früher war die „äußere Alchemie" von großer Bedeutung, bei der eine Pille oder ein Elixier der Unsterblichkeit gesucht wurde
(siehe S. 144–145). Das führte zur „inneren Alchemie", die die Umwandlung von Körpersubstanzen zum Elixier anstrebt (siehe S. 158–161).

In den Särgen der Unsterblichen findet man nur einen Gegenstand
wie eine Sandale oder einen Stab. Unsterbliche haben Fleisch so glatt wie
Eis, schneeweiße Haut und Merkmale wie quadratische Pupillen oder
lange Ohren. Sie leben in abgeschiedenen Bergen und Höhlen oder an
magischen Orten wie der Insel Penglai vor der chinesischen Küste. Sie können zwischen den Sternen und Planeten wandern und besuchen die Erde
gelegentlich, um würdigen Sterblichen die Unsterblichkeit zu schenken.

DER EMBRYO DER UNSTERBLICHKEIT
Die daoistischen Praktiken, die zu Unsterblichkeit führten, sahen vor, dass
die gereinigten und perfektionierten
Körperessenzen – wie sexuelle Sekrete,
Speichel, Seele und *qi* – zu einem
„heiligen Embryo" oder „Embryo der
Unsterblichkeit" verschmelzen. Dieses
„Rote Kind" wurde im Bauch des
Übenden genährt. Durch die richtigen
Übungen entwickelte sich aus ihm ein
perfekter Körper, ein unsterbliches
„wirkliches" Selbst, das das alte,
verderbliche Selbst des Übenden
vollständig ersetzte.

HEILER, MAGIER UND EXORZISTEN

Die Daoisten hatten in der Gesellschaft großteils die Aufgabe, zu heilen und zu erneuern, die Menschen vor bösen Kräften zu schützen und die Kräfte der guten Geister zu stärken. Zwar warnten die frühen Schulen des religiösen Daoismus vor Magie, doch übten sie viele Priester aus. Sie wurden gerufen, um schützende Amulette, Talismane, Tränke und Kuren bereitzustellen oder Magie und Exorzismus zu praktizieren.

Die Chinesen kommunizierten schon sehr lange schriftlich mit der Geisterwelt, und auch die daoistische Magie war stark vom geschriebenen Wort geprägt. Anhänger, Amulette und Talismane trugen Schriftzeichen, die ihnen magische Kräfte verliehen, und man dachte, dass Texte in klassischem Chinesisch von den Göttern offenbart waren. Deshalb wurden sie gelesen, gelernt und in Zauberformeln gesprochen. Einige daoistische Zauberformeln wurden als offizielle Dokumente („Vermerke", siehe S. 50) verfasst und von den Göttern als Teil ihrer Verwaltungsaufgaben herausgegeben. Die Götter des populären Pantheons

DIE *FANGSHI*

Die *fangshi* waren Männer, die in der Kunst der Magie unterwiesen waren. Sie wirkten ab der Qin-Zeit bis zur frühen Sechs-Dynastien-Periode. Man nannte sie auch „Männer des Dao". Bei Hof bildeten sie eine offizielle Gruppe, die sich von den Aristokraten und *Literati* abhob.

Die *fangshi* waren die offiziellen Magier des Kaisers, die verschiedene Funktionen innehatten. Sie kommunizierten mit den Geistern und Seelen, exorzierten und machten Weissagungen (siehe S. 133). Als Heiler führten sie Akupunktur und Moxibustion (siehe S. 156–157) durch, sie verschrieben Hygiene, Diäten und Medikamente und schlugen Sexualpraktiken vor, um die Vitalität zu erhalten. Sie konnten auch kosmische Phänomene vorhersagen. Diese Fähigkeit war unerlässlich, da sie beweisen sollte, dass der

Herrscher das Reich der Menschen und die Natur in Harmonie bringen konnte. Die *fangshi* waren aber besonders wegen ihrer Fähigkeiten begehrt, die Jugend zu erhalten und Unsterblichkeit zu erlangen.

Unter dem Schutz des Kaiserhofs erlangten viele *fangshi* großen Einfluss und Reichtum. Allerdings kamen sie durch ihre ungehobelten Manieren, ihre fehlende klassische Bildung und ihre Verbindung mit dem Okkultismus mit den konfuzianischen Gelehrten in Streit. Bei Hof nahmen die *Literati* jede Möglichkeit wahr, den *fangshi* Inkompetenz, Unehrlichkeit und Machtmissbrauch nachzuweisen. Ihr Ansehen bei Hof nahm gegen Ende der Han-Zeit ab.

Ein Tonmodell eines Exorzisten oder fangshi *aus der Östlichen Han-Zeit, 1. oder 2. Jahrhundert n. Chr.*

folgten derselben Hierarchie wie der kaiserliche Verwaltungsapparat. Wenn die daoistischen Priester die esoterischen Schriften lernten, konnten sie übernatürliche Mächte wie Götter und Geister anrufen und lenken und die Dämonen bekämpfen.

Die Daoisten verwendeten spezielle Talismane aus Papier, um die Geister zu lenken. Diese wurden von allen daoistischen Sekten benutzt, doch wurden sie speziell mit den Schulen der Höheren Reinheit und des Heiligen Juwels (siehe S. 92–93) assoziiert. Die Talismane waren Symbol der kosmischen Kraft und Ordnung und verliehen den Schutz der Geister. Die natürliche Ordnung und die kosmische Energie waren durch Hexagramme (siehe S. 132–133) und das Luo Shu-Quadrat (Zahlenlinien mit der Summe 15) symbolisiert. In der traditionellen chinesischen Nummerologie steht neun für den Himmel, sechs für die Erde und 15 (neun plus sechs) für die Harmonie zwischen Himmel und Erde.

Daoistische Heiler benutzten häufig Talismane. Bei körperlicher und seelischer Erschöpfung trank man Wasser, in das sie die Asche eines Talismans mischten. In der frühen Han-Zeit wurde ein Fluch aufgehoben, wenn man ein Bad nahm, das die Asche des Talismans enthielt.

Andere Spezialisten wie Wahrsager und Medien stellten die Verbindung zwischen menschlichem und göttlichem Reich her. Ab der Song-Zeit beschäftigte man Medien, die die Nachrichten der Götter zu Reichtümern, Medikamenten und die Voraussage der Ergebnisse der Beamtenprüfungen aufschrieben. In späteren Jahrhunderten lieferten die Medien längere Predigten oder moralische Texte von den Göttern. Das Medium schrieb die göttliche Botschaft in Zeichen auf Papier oder Sand und ein Spezialist, der nicht unbedingt lesen können musste, interpretierte sie. Diese und viele andere magischen Künste stammten aus der späten Zhou-Zeit und der frühen Kaiserzeit und basierten auf der Tradition der Schamaninnen (*wu*), die zwischen Menschen- und Geisterwelt vermittelten (siehe Kasten gegenüber).

Daoistische Priester waren häufig als Exorzisten tätig. So wurden sie gerufen, um die Erdgeister zu beruhigen, die an dem Ort lebten, wo ein neues Gebäude errichtet werden sollte, um Geister von dem Platz zu vertreiben, wo sie gestorben waren, oder Dämonen auszutreiben. Ein Priester rief durch Magie oder Zaubersprüche und Schriften die Geister an, mit deren Hilfe er austreiben wollte. Auch heiliges Wasser und brennender Alkohol wurden aus dem Mund auf den geschriebenen Zauberspruch geträufelt oder gespritzt. Des weiteren gab es den „Tanz des Yu", der die Schritte des legendären Herrschers Yu imitierte, wenn dieser durch China zog, um die Überschwemmungen zu bekämpfen (siehe S. 81).

Ein chinesisches Amulett aus traditionellen Bronzemünzen, die mit einem Seidenfaden zu einem Schwert gebunden sind, um böse Kräfte zu vertreiben. Im alten China wurden viele Amulette in den verschiedensten Größen und Formen eingesetzt. Die Menschen hingen sie in den Häusern auf oder trugen sie um den Hals, um sich zu schützen. Häufig waren auch Talismane dabei (siehe Haupttext), die zusätzlichen Schutz boten.

MEDITATION UND RITUAL

Im philosophischen Daoismus ist die Meditation ein Prozess des „Unwissens", den Zhuangzi als „Sitzen und Vergessen" beschrieb. Der Meditierende löst die Unterschiede zwischen dem Selbst und dem ewigen Fluss des Dao auf. Durch die Meditation kann man eine unbeschreibliche Einheit erfahren, die alle Gegensätze löst, und so von einer einseitigen, ichbezogenen Perspektive zu einer ganzheitlichen, nicht-diskursiven Sicht des sich selbst erschaffenden und vervollständigenden Kosmos gelangen. Die Rituale im religiösen Daoismus dienten einem ähnlichen Zweck. Sie konnten für Einzelne durchgeführt werden (etwa Exorzierungen und Bußrituale für die Sünden) oder die spirituelle Erneuerung der Gemeinschaft anstreben. Die Stellung der daoistischen Priester hing von der Zahl und Art der Rituale ab, die sie kannten und durchführten. Im späteren Kaiserreich fanden diese Rituale in den Tempeln der chinesischen Volksreligion statt.

Viele daoistischen Rituale gehen auf die frühesten daoistischen Schulen zurück. Die Riten der Himmelsmeister (siehe S. 92) waren Grundlage für weitere Entwicklungen. Dazu zählten Zeremonien zur Heilung von Krankheiten durch Buße für die eigenen Sünden und die der Vorfahren sowie ein Sexualritus, hervorgegangen aus alter Volkstradition. Bei jedem Neumond hatten Männer und Frauen Verkehr als Ausdruck für die Vereinigung von *Yin* und *Yang*. Spätere Schulen lehnten das Ritual ab, doch meditierte man weiter über die Symbolik. Die Schule der Höheren Reinheit verband die Strukturen des Rituals der Himmelsmeister mit alchemistischen Praktiken und konzentrierte sich auf die innere Bildung (siehe S. 158–161). Die Schule des Heiligen Juwels führte Gemeinschaftsrituale mit üppigen Festen und komplizierten Liturgien ein. Sie waren Ausdruck der Verbindung von Schüler und Meister sowie von himmlischen Mächten und Menschheit.

Bei Hof wurden die daoistischen Rituale allein für die Mitglieder der Kaiserfamilie durchgeführt, von denen einige (auch der Kaiser selbst) zu Priestern geweiht werden konnten. Ein Hofpriester (kein *fangshi*, siehe S. 96) konnte um Segen für die Dynastie beten oder mit Ritualen das kaiserliche Mandat zu regieren sichern. Es wird auch erzählt, dass der Kaiser in Dürrezeiten Regenrituale durchführen ließ. Diese Riten waren manchmal als Wettkampf zwischen den Daoisten und den Buddhisten angelegt.

Eine geschnitzte Skulptur aus Buchsbaumholz aus dem 18. Jahrhundert. Sie stellt drei Astralgötter dar, die in den daoistischen Ritualen und in der Meditation eine wichtige Rolle spielten. Die Sternengötter wurden vom Himmel in den Körper eines Übenden gerufen, um die Kräfte der Organe zu erneuern und das qi *zu stärken.*

DAS *JIAO*-RITUAL

Die große *jiao*-Zeremonie markiert den Höhepunkt der daoistischen Rituale in China. Das Ritual geht teilweise auf das 5. Jahrhundert n. Chr. zurück und ist für die prächtigen Kleider, die kunstvollen Altarbilder und die eindrucksvolle Musik berühmt. Meist wird es um die Zeit der Wintersonnenwende abgehalten, wenn sich das kreative *Yang* erneuert.

Im heiligen Raum, der für das *jiao* geschaffen wird, schreitet der Priester erst eine Miniaturausgabe der Welt ab. In der Zeremonie selbst stellen sich die kosmischen Energien im Körper des Hohepriesters dar. Die daoistische Vorstellung von der Rückkehr zu den Anfängen, um Erneuerung zu erlangen, steht im Mittelpunkt des

jiao. Der Priester möchte die Kräfte von Licht, Leben, Segen, Wachstum und *Yang* für Lebende und Tote stärken.

Beim *jiao* wird der Drei Reinen gedacht, der fernen und abstrakten Wesen und höchsten Götter des Daoismus: des Herrschers über den Uranfang, reinste Manifestation des Ur-*qi*; des Herrn des Dao, Vermittler zwischen dem Uranfang und den Göttern; und des Philosophen Laozi, Schüler und Bote der ersten beiden.

Seidenrobe eines daoistischen Priesters. Der gelbe Stoff mit Wolken repräsentiert himmlische Mächte. Die Borte zeigt weitere Himmelssymbole, etwa Drachen.

PRIESTER UND TEMPEL

Der daoistische Klerus beschritt verschiedene Wege. Einige zogen sich aus der Gemeinschaft zurück und lebten als Eremiten oder Mönche, um Selbstertüchtigung zu üben, während andere heirateten, eine Familie gründeten und in der Gemeinde als Heiler und Exorzisten tätig waren. In ganz China gab es Klöster, in denen die daoistischen Priester ausgebildet wurden und Mönche und Nonnen lebten und beteten. Daoistische Tempel standen in jedem Dorf und in jeder Gemeinde.

Die meisten Klosteranlagen unterstanden einer daoistischen Schule (siehe S. 92–93). Die meisten Novizen traten im Alter von zwölf bis 20 Jahren in das Koster ein, wo sie täglich beteten und mindere Dienste verrichteten. Jedes Jahr wurde der Novize zu anderer Arbeit befördert. Bei der Weihe wurde das Haar (das man seit dem Eintritt ins Kloster hatte wachsen lassen) auf dem Kopf zu einem Knoten gebunden, und der Novize wurde gekrönt, bevor er die Weihe empfing. Einige Klöster standen nicht nur den Mönchen und Priestern aller Schulen offen, sondern auch all jenen, die sich in den daoistischen Praktiken der Selbstertüchtigung üben wollten.

Daoistische Priester nehmen bei einem Tempel in Taiwan an einem Fest im Freien teil.

GUANDI

Tausende Tempel, darunter viele kaiserliche, waren Guandi, einem der beliebtesten chinesischen Götter, geweiht. Guandi geht auf den historischen Volkshelden Guan Yu zurück, der 219 n. Chr. gefangen genommen und hingerichtet wurde. Er war für seine Grimmigkeit, seinen Mut und seine bedingungslose Loyalität seinen Blutsbrüdern sowie der Shu-Han-Dynastie gegenüber bekannt. Diese Dynastie gründete einen Nachfolgestaat der Han in der Zeit der Drei Königreiche (220–263). Seine Geschichte wird in der *Romanze der Drei Königreiche*, einem berühmten Roman aus der Ming-Zeit, erzählt.

Guan Yu wurde später vergöttlicht und stieg in der himmlischen Hierarchie auf. In der Ming-Zeit trug er den Titel „Treuer und Loyaler Großer Gott, Unterstützer des Himmels und Schützer des Reiches". Guandi ist der Gott des Krieges, der Händler, der Literatur und der Verkäufer von Sojapaste. Sein Tempel bewahrte das Schwert des Exekutors auf, da man dachte, kein Geist würde das Haus des grimmigen und gerechten Guandi betreten.

Eine Specksteinstatue um 1700, Guandi darstellend. Am Ende der Kaiserzeit waren ihm 1.600 staatliche Tempel und Tausende kleinere geweiht.

Mönche und Nonnen späterer Schulen wie der Schule der Vollkommenen Perfektion lebten im Zölibat. Es gibt aber Hinweise auf Sexualriten in früheren gemischten Klöstern. In der späteren Kaiserzeit waren geweihte Daoisten von Steuern, Militär- und Arbeitsdienst befreit.

„Daoistische" Gemeindetempel wurden von der Gemeinde bezahlt und von Laien geleitet. In den Tempeln fand man Bilder von entrückten Gottheiten wie den Drei Reinen (siehe S. 99) und von anderen populären Geistern wie den Acht Unsterblichen (siehe S. 95), Guandi (siehe Kasten oben), Schutzgöttern und Figuren aus dem Konfuzianismus und dem Buddhismus. Einige daoistische Tempel lagen in der Nähe von Naturphänomenen mit spiritueller Bedeutung wie heiligen Bergen. Sie entwickelten sich oft zu wichtigen Pilgerzentren. Das gilt vor allem für die Tempel auf dem Berg Tai und auf dem Berg Wudang.

Vor allem unter den Tang-Kaisern unterstanden viele Tempel und Abteien dem Schutz des Kaiserhofs. Diese Dynastie hatte denselben Familiennamen wie Laozi (Li) und reklamierte ihn unter ihre Vorfahren. Die Tang errichteten Schreine und Klöster auf 46 heiligen Bergen und an Orten, wo berühmte Daoisten „den Weg gefunden" hatten. Ein Kloster genannt Turmabtei wurde an der Stelle errichtet, an der Laozi das *Dao De Jing* offenbart haben soll. Die Abtei wurde zu einer kaiserlichen Kultstätte und erhielt den Namen Abtei des Heiligen Ahnen.

DAOISMUS UND VOLKSRELIGION

BEFÖRDERUNG DER GÖTTER
Wenn ein Gott oder eine Göttin besonders populär wurden, ordnete der Kaiser eine offizielle Untersuchung der Leistungen und Wunder der Gottheit an. Wurde die Gottheit für würdig befunden, erhielt sie einen Titel und eine Inschrift, die im Kaiserlichen Sekretariat verfasst wurde. Ein berühmter Fall war die Göttin Mazu, die einst Schutzgöttin in südchinesischen Fischergemeinden war. Im Lauf der Zeit stieg sie immer weiter auf, bis sie schließlich Tian Hou, die Himmelskönigin, wurde.

Die meisten Chinesen betrachteten sich nicht als Daoisten, Buddhisten oder Konfuzianer – mit diesen Begriffen bezeichnete man Spezialisten: einen Priester, einen Mönch oder einen Beamten, der die kaiserlichen Prüfungen bestanden hatte. Die durchschnittlichen Chinesen praktizierten eine Religion, die sie einfach „Verehrung der Götter" oder „Religion der Götter" nannten. Diese amorphe und eklektische Volksreligion wird häufig als „Daoismus" bezeichnet, vereinte aber tatsächlich die Grundwerte von Daoismus, Buddhismus und Konfuzianismus wie kindliche Ergebenheit, Loyalität, Respekt für Autorität, gute Taten, Mitgefühl, Langlebigkeit und Vorbereitung auf ein Leben nach dem Tod. Dazu kamen verschiedene religiöse Praktiken, die älter waren als die formalen Religionen. Zum Pantheon zählten Figuren und Götter aus den drei Religionen sowie Personen aus Legenden und Literatur.

Zwei wesentliche Merkmale der Volksreligion sind das Fehlen von Schriften und ihr Entstehen aus autonomen Lokalkulten. Anders als der orthodoxe Daoismus und die beiden anderen Schriftreligionen basierte

RELIGIONSAUSÜBUNG ZU HAUSE

Die Menschen praktizierten die Volksreligion im Gemeindetempel und zu Hause. Wenn eine Familie in ein Haus einzog, mussten ein *feng shui*-Berater (siehe S. 130–131) und ein Astrologe sicherstellen, dass das Gebäude in Harmonie mit den Naturkräften stand und dass die Familie somit in Frieden und Wohlstand leben konnte. Gab es ein unharmonisches Element, konnte die Familie einen daoistischen Priester beauftragen, das Problem zu lösen, etwa durch Austreibung aller bösen Geister.

Während die Tempel für gewöhnlich von Männern geleitet wurden, oblag die Religionsausübung zu Hause zu einem großen Teil den Frauen. Sie stellten sicher, dass den „Geistertafeln" der verstorbenen Familienmitglieder und den Lieblingsgöttern der Familie regelmäßig geopfert wurde. Diese Tafeln wurden auf dem Familienaltar im zentralen Raum des Hauses (oft die Küche) aufbewahrt. Die Frauen mussten die Kleinkinder alleine aufziehen und ihnen bestimmte Hausgötter, die für die Kinder sorgten wie die Bettmutter, günstig stimmen. Andere Familienmitglieder beachteten diese niedere Göttin nicht, doch opferte ihr die Mutter kleiner Kinder in regelmäßigen Abständen, damit sie für Gesundheit, Wachstum und guten Schlaf der Kinder sorgte.

Ein Andächtiger in einem „daoisti-schen" Tempel in Taipei, Taiwan. Bis heute findet Verehrung in den Tempeln der Volksreligion informell und individuell statt.

die Volksreligion nicht auf Schriften, sondern auf der Verbindung zwischen dem Reich der Menschen und der Welt der Geister und Seelen (siehe Kapitel 10). Viele Praktiken gehen auf die Zhou- und Han-Zeit zurück. Unter den Song war die Volksreligion mehr oder weniger gefestigt und in allen Gesellschaftsschichten verbreitet, auch wenn die gebildete Elite zahlreiche Praktiken verachtete.

Die Volkstempel waren unabhängig voneinander und wurden von der lokalen Gemeinde unterstützt. Sie dienten als Ort der Verehrung und als Gemeindezentren, in denen sich die Menschen zu verschiedenen Anlässen versammelten. Gemeindefeste wie die jährliche Feier des Geburtstags eines Gottes oder ein *jiao*-Ritual der Erneuerung (siehe S. 99) wurden von den Leitern des Tempels überwacht. Diese wiederum stellten für bestimmte Rituale daoistische oder buddhistische Priester ein.

Das Gemälde aus dem 17. Jahrhundert zeigt daoistische Götter, die mit Langlebigkeit, Wohlstand und Glück assoziiert werden und eine Flagge mit dem Yin-Yang-Symbol *tragen. Die Verehrung solcher populären himmlischen Wesen war Ausdruck der idealistischen Ziele vieler Anhänger von sektiererischen Gruppen.*

SEKTIERERTUM UND GEHEIMBÜNDE

Daoistische Ideen und Praktiken beeinflussten verschiedenste eklektische und synkretistische Sekten, Bruderschaften und Geheimbünde. Die sektiererischen Gruppen waren wohltätig zu Armen, Reisenden und Mönchen; sie druckten und verteilten religiöse Traktate und halfen bei öffentlichen Arbeiten mit. Einige hatten ihre eigenen heiligen Schriften und einfache Rituale. Diese verbanden sie häufig mit Praktiken wie der Kampfkunst oder Atemtechniken, die sie stärken und ihnen magische Kräfte verleihen sollten. Verbreitet waren auch eine vegetarische Lebensweise und der Glaube an göttliche Wesen.

Die moralischen und ethischen Grundsätze dieser Gruppen spiegelten im Allgemeinen die der Daoisten, Buddhisten und Konfuzianer wider. Ungewöhnlich war, dass Frauen häufig Führungspositionen bekleideten, als Priesterinnen tätig waren und Traktate verteilten. Die messianistischen oder milleniaristischen Sektierer sagten eine reinigende Apokalypse voraus, der eine Zeit des Friedens und des Wohlstands folgen würde. Die ungewöhnliche Einstellung zu Frauen und das Beharren auf freiwilliger Mitgliedschaft anstatt der Familienbande oder lokaler Zugehörigkeit und die periodischen Aufstände einiger Gruppen machten sogar friedliche Sekten und Gemeinschaften den chinesischen Behörden suspekt.

Eine der ersten sektiererischen Gruppen war der Weg des Großen Friedens (Taiping Dao) oder die Gelben Turbane, die gegen Ende der Han-Zeit einen großen Aufstand anzettelten. Die Anhänger dachten, dass die Dynastie das Mandat des Himmels verloren hatte und 184 n. Chr. fallen würde. Unter der Führung von Zhang Jue organisierte die Gruppe, die in vielerlei Hinsicht den daoistischen Himmelsmeistern glich (siehe S. 92), gemeinschaftliche Beichten und Bußen. Sie kündigten das unmittelbare Bevorstehen eines neuen Regimes an, das sich durch Gleichheit und Frieden auszeichnen und von einem Gott geführt würde, verwandt dem göttlichen Laozi. Die kaiserlichen Truppen schlugen den Aufstand nieder und Zhang wurde 184 n. Chr. hingerichtet.

Ähnliche Bewegungen im Kaiserreich zeigen, wie widersprüchlich, apokalyptisch und synkretisch diese Gruppierungen waren. In der späten Kaiserzeit wurde Maitreya, der Buddha der Zukunft, für viele messianistischen Gruppen und vor allem die Weiße Lotosgesellschaft (siehe S. 111) zur zentralen Figur. Im 19. Jahrhundert verbanden die Taiping christlichen und chinesischen Milleniarismus in einer 14-jährigen Revolte, die die Qing-Regierung schwächte. Einige Jahrzehnte später brach der Boxeraufstand aus, der daoistische Züge trug (siehe Kasten gegenüber).

Die Geheimbünde und Bruderschaften unterschieden sich von den sektiererischen Gruppen. Sie verfolgten politische, keine religiösen Ziele, doch führten sie häufig religiöse Riten durch, um sich die Unterstützung der Götter zu sichern. Zu den vielfältigen Initiationsritualen zählten Blutsbrüderschaften, Geheimkodexe, Gesten und Schriften, die die Mitglieder aneinander banden und ihnen halfen, einander in der Öffentlichkeit zu erkennen. Geheimbünde wie die Triaden rühmten sich, die moralischen Werte aufrecht zu erhalten, einige schworen Eide wie Guan Yu und seine Blutsbrüder Liu Bei und Zhang Fei (siehe S. 101). Die Mitglieder mussten ebenso loyal sein wie diese drei Helden und die 108 Rebellen aus dem Roman *Alle Männer sind Brüder*. Der Name „Triaden" bezieht sich auf die große Dreiheit Himmel, Erde und Menschheit (siehe S. 120–121).

FOLGENDE DOPPELSEITE: *Ein daoistischer Schrein im Huangshan-Gebirge, in der südlichen Provinz Anhui. Berge werden in China traditionell als Orte besonderer Kraft verehrt. Im Daoismus gelten sie auch als Wohnort der Unsterblichen (siehe S. 95).*

DER BOXERAUFSTAND

Der Boxeraufstand von 1900 war eine gewaltsame Revolte von Mitgliedern des Geheimbundes „Rechtschaffene und Harmonische Fäuste", entfernt verwandt mit dem Weißen Lotos (siehe S. 111), doch verehrten die Mitglieder zahlreiche Volksgötter und bezogen ihren Glauben aus vielen Quellen wie Romanen und Straßenstücken. Sie machten Übungen zur Stärkung des *qi* (im Westen als Schattenboxen bekannt), die ihnen angeblich übernatürliche Kräfte wie die Fähigkeit zu fliegen und die Unverwundbarkeit gegen Kugeln und Schwerter verliehen. Die Boxer trugen leuchtend gelbe, schwarze oder rote Turbane, rote Beinkleider und weiße Amulette (die Reinheit symbolisierten) für zusätzlichen Schutz an den Handgelenken.

Der Boxeraufstand war ein Angriff auf die ausländischen Mächte und Einflüsse in China. Christen wurden geschmäht, weil sie die traditionellen Familienbräuche nicht beachteten und nicht chinesische Götter verehrten. Die Fremden aus dem Westen wurden beschuldigt, die Gesellschaft zu zerstören und Sexualpraktiken zu pervertieren, und es hieß, dass ihre Schienen die durch die Erde laufenden „Drachenlinien" durchschnitten und so Dürren und Überflutungen verursachten. Brutale Massaker unter den chinesischen Christen und Angriffe auf ausländische Gesandtschaften führten zur Invasion von Tianjin und Beijing durch Truppen aus acht Ländern. Die Sühnebedingungen der ausländischen Mächte beschleunigten den Zusammenbruch der Qing-Dynastie.

Ein Boxer auf einem Foto aus dem Jahr 1900. Die militant ausländerfeindliche Bewegung benutzte Slogans wie „Unterstützt die Qing, vernichtet die Ausländer".

DER WEG BUDDHAS

BUDDHA UND SEINE LEHREN

DER BUDDHISMUS KAM AUS INDIEN NACH CHINA UND GALT BEI DEN CHINESEN ALS „FREMDE" RELIGION. DENNOCH UNTERSTÜTZTEN IHN EINIGE EINFLUSSREICHE FAMILIEN, UND BUDDHISTISCHE IDEEN HATTEN GROSSEN EINFLUSS AUF CHINESISCHES RELIGIÖSES GEDANKENGUT. ZUDEM ENTWICKELTE DER BUDDHISMUS IM LAUF DER JAHRHUNDERTE REIN CHINESISCHE FORMEN UND AUSDRUCKSWEISEN.

Eine riesige Steinskulptur von Buddha in Leshan, Provinz Sichuan.

Der Gründer des Buddhismus, Siddhartha Gautama (566–486 v. Chr.) wurde als Prinz des Shakya-Clans geboren (daher ist er auch als Shakyamuni, der Weise der Shakya, bekannt), der ein kleines Königreich im heutigen Nepal regierte. Der Sage nach wurden seine Empfängnis und Geburt von bemerkenswerten Ereignissen begleitet, die laut Interpretation bedeuteten, dass der Prinz ein *chakravartin* („Dreher des Rades"), also ein Revolutionär würde: entweder großer Politiker oder großer Weiser.

Als Junge genoss Siddhartha das sorgenfreie Leben am Hof. Er heiratete und hatte einen Sohn. Erst nach seinem dreißigsten Geburtstag sah er erstmals menschliches Leid in Form eines alten Mannes, eines kranken Mannes und eines Leichnams. Für die Inder waren das nicht einfach Zeichen menschlichen Unglücks. Das Gesetz des *Karma* lehrt, dass alles Leid durch Untaten in diesem und in früheren Leben hervorgerufen wird. Man kann dem *Karma* nicht entkommen, denn jedes beseelte Wesen ist zu ewigem Leid im *samsara* verdammt, dem unendlichen Zyklus von Geburt, Tod und Wiedergeburt.

Inspiriert von einem weisen Bettelmönch, der den weltlichen Bindungen entsagt und spirituellen Frieden gefunden hatte, wandte sich Siddhartha von seinem Leben bei Hof ab, um Erleuchtung, das höchste Wissen über das Leben, zu suchen. Damit würde auch alles Leid enden. Nach einer langen Zeit der Meditation in Bodh Gaya bei Varanasi in Nordindien fand er Erleuchtung und wurde ein *buddha*, ein Erleuchteter.

Das Dharma, die Lehre des Buddha, begann mit den „Vier Edlen Wahrheiten" und dem „Mittleren Weg" (siehe Randtext rechts). Buddha lehrte seine wachsende Sangha (buddhistische Mönchsgemeinde) 45 Jahre lang bis zu seinem Tod oder „letzten *Nirwana*" im Alter von 80 Jahren.

Ein junger Mönch im Longhua-Tempel in Shanghai liest aus den buddhistischen Schriften.

Im Lauf der Jahrhunderte entwickelten sich die Lehren Buddhas in verschiedene Richtungen. Die Mahayana-Schule, die sich auf China und andere Teile Nord- und Ostasiens ausdehnte, charakterisiert sich durch ihren Kult von gottähnlichen *buddhas* (Buddha Shakyamuni soll einer der zahllosen *buddhas* sein, die im Lauf von Äonen erschienen) und *bodhisattvas* (erleuchtete Wesen, die ihr eigenes *Nirwana* verschieben, um anderen zu helfen). Zu den *buddhas* und *bodhisattvas* (*fo* und *pusa* auf Chinesisch), die in China besonders wichtig wurden, zählen Amitabha (Amituo), der *buddha* des Westlichen Paradieses oder Reinen Landes, eine Region, in die die Gläubigen nach dem Tod eintreten, um die Erleuchtung abseits des anstrengenden Lebens zu erreichen; Maitreya (Mile), der zukünftige *buddha* unserer Welt, und Avalokiteshvara (Guanyin), der *bodhisattva* der Barmherzigkeit. Viele dieser himmlischen Wesen gingen gemeinsam mit den buddhistischen Vorstellungen von *Karma* und Wiedergeburt in die chinesische Religion ein. Daraus entwickelten sich neue Praktiken und Ideen, und die Bestehenden veränderten sich.

DIE „VIER EDLEN WAHRHEITEN"
Buddha begann bald nach seiner Erleuchtung zu lehren. Vor einer kleinen Gruppe von Asketen legte er in einem Wildpark in Sarnath nahe der indischen Stadt Varanasi die „Vier Edlen Wahrheiten" dar: Es gibt Leid; die Ursache allen Leids ist Verlangen; Leid kann durch Eingang in das *Nirwana* überwunden werden; der Weg zur Erlangung des *Nirwana* ist der „Edle Achtfache Pfad", der sich auf Weisheit, ethisches Verhalten und Meditation konzentriert. *Nirwana* wird häufig mit „Befreiung" oder „Erleuchtung" übersetzt. Es ist ein seliger, abgehobener Zustand, in dem das *Karma* und mit ihm das *samsara* zum Ende gekommen ist. Darüber hinaus ist es fast unmöglich, das *Nirwana* zu beschreiben. Es ist nicht Auslöschung, sondern ein Zustand jenseits von Sein und Nicht-Sein.

In seiner „Ersten Predigt" sprach Buddha auch über seine Lehre vom „Mittleren Weg": Alle Menschen, die sich auf einer spirituellen Suche befinden, sollen ein Leben führen, das zwischen den Extremen Askese und Genusssucht liegt.

DAS DHARMA IN CHINA

Es heißt, dass der Han-Kaiser Mingdi (regierte 57–75 n. Chr.) von einer fliegenden goldenen Figur träumte und so die Ankunft des Buddhismus vorhersah. Mingdis Regierungszeit fiel zeitlich etwa mit der ältesten chinesischen Spur der neuen Religion zusammen, die über die Handelsrouten von Nordwestindien und Zentralasien in das Han-Reich gelangte (siehe S. 28). Nach dem Zusammenbruch der Han-Dynastie 220 n. Chr. begannen drei Jahrhunderte politischer Instabilität, in denen sich der Buddhismus als Erlösungsreligion etablierte und durch den Kontakt mit der chinesischen Kultur eigene Formen annahm.

In jener Zeit wurde Nordchina von Zentralasiaten regiert, die buddhistische Mönche als politische Berater und Ritualmeister beschäftigten. In Südchina zählten die Mönche zur gebildeten chinesischen Elite,

GUANYIN, GÖTTIN DER BARMHERZIGKEIT

Unter den buddhistischen Erlösern, die in China ab der Zeit des Zerfalls populär waren, wurde keine mehr verehrt als Guanyin, die Göttin der Barmherzigkeit. Guanyin („Hörerin der Rufe") ist der chinesische Name von *bodhisattva* Avalokiteshvara („der mit Mitgefühl herabblickt"), der in der ganzen buddhistischen Welt verehrt wird. In Südasien und Tibet wird Avalokiteshvara als Mann dargestellt, doch trug Guanyin in China ab dem 14. Jahrhundert nur noch weibliche Züge.

Guanyin wird häufig als schlanke Frau dargestellt, die ein fließendes weißes Gewand trägt und eine Vase mit dem Nektar der Erleuchtung sowie einen Weidenzweig zur Abwehr von Krankheiten hält. Manchmal hält sie ein Kind als Zeichen für Kindersegen.

Eine Bronzefigur von bodhisattva *Avalokiteshvara, die unter dem Namen Guanyin zu einer der populärsten und beliebtesten chinesischen Göttinnen wurde. Die Figur stammt aus der späten Yuan-Zeit.*

Guanyin hilft *buddha* Amitabha, die Seelen ins Reine Land zu führen. Manchmal wird die Göttin mit tausend Augen und Armen dargestellt. Das sind Symbole für ihre Fähigkeit, alle Gefahren zu sehen und allen Bedürftigen zu helfen, die ihren Namen anrufen.

Guanyins Geburtstag, Erleuchtung und Tod wurden mit Festen gefeiert, und der heilige Berg Putuo auf einer Insel vor der Küste der Provinz Zhejiang zählte zu den wichtigen Pilgerstätten, die der Göttin der Barmherzigkeit geweiht waren.

die vor den Invasionen im Norden geflohen war. Trotz zeitweiliger Verfolgung, die von den Daoisten und Konfuzianern unterstützt wurde, florierte der Buddhismus, und gegen Ende jener Periode hatte er Eingang in alle Klassen der chinesischen Gesellschaft gefunden. Die Klöster erlangten großen materiellen Reichtum und großes soziales Ansehen. Der Buddhismus galt als Religion, deren Lehren und Rituale sich grundlegend von den einheimischen Traditionen unterschieden. Der Buddhismus gab den Menschen gut entwickelte Vorstellungen von einem Leben nach dem Tod, gottähnliche Erlöser (siehe Kasten gegenüber), Andacht und Heilung, intellektuelle und philosophische Gedanken, Meditationstechniken und einen aktiven, engagierten Klerus. Er bot zudem eine sinnvolle Berufung außerhalb von Familie und Staat.

China wurde unter den Sui (581–618) und Tang (618–907) wieder vereinigt. Diese Periode gilt als Goldenes Zeitalter des Buddhismus. Unter den Sui war der Buddhismus als Staatsreligion Ausdruck für die neue ideologische Einheit Chinas. Die Tang-Herrscher behaupteten, von Laozi, dem großen daoistischen Weisen (siehe S. 90), abzustammen, doch unterstützten sie auch den Buddhismus, nun staatlich kontrolliert.

Konfuzianer und Daoisten bezeichneten die buddhistischen Mönche als nicht ergeben, antisozial und parasitär. Die Buddhisten konterten, dass die Mönche eine höhere Form der kindlichen Ergebenheit praktizierten und mit ihren Gebeten für die kaiserliche Familie, den Staat und die Ahnen zum Gemeinwohl beitrugen. Diese Behauptung untermauerte die buddhistische Erzählung von Mulian, der als Buddhist durch Gebete und Opfer so große Verdienste erwarb, dass er die Seelen seiner Mutter und anderer Menschen aus der Hölle retten konnte.

Unter den Tang wurden die Klöster unendlich reich, da sie Land, Getreide und Edelmetalle geschenkt bekamen. Zudem waren sie von der Grundsteuer befreit und wurden oft zur Umgehung der Steuern von Landbesitzern ausgenutzt, die weiter die Kontrolle über das Land behielten, das sie nominell dem Kloster „geschenkt" hatten. Das verursachte steigenden Unmut unter den konfuzianischen Beamten, der 845 n. Chr. in dem kaiserlichen Befehl gipfelte, mehr als 40.000 Tempel zu zerstören und 260.500 Mönche und Nonnen zu laisieren. Zwar war die Verfolgung nur von kurzer Dauer, doch verschwanden mehrere buddhistische Schulen für immer, und der Buddhismus wurde dauerhaft geschwächt.

Die chinesische Religion war (und ist) synkretistisch. In den Buddhismus flossen in der späten Kaiserzeit viele Elemente aus der Volksreligion und dem Sektierertum ein (siehe Randtext rechts). Dasselbe gilt auch für den Neokonfuzianismus und die Praktik des „ruhig Sitzens". Der Buddhismus wurde immer mehr säkularisiert, wie sich im Lesen der *sutras* (buddhistische Lehren), Singen von Buddhas Namen und der Verrichtung guter Werke zeigte.

Ein Banner von Buddha aus dem 8. Jahrhundert aus den buddhistischen Höhlen in Dunhuang an der Seidenstraße in der Provinz Gansu.

DER WEISSE LOTOS
Der Weiße Lotos und ähnliche Sekten zählten gegen Ende der Kaiserzeit zu den einflussreichsten religiösen Gruppierungen. Ursprünglich strebten die Anhänger nach dem Reinen Land von *buddha* Amitabha (siehe S. 109). Doch wurde die Sekte zu einer milleniaristischen Bewegung, in der buddhistische und eingeborene Ideen verschmolzen, die Rettung durch Maitreya (den *buddha* der Zukunft) und die Göttin Ewige Mutter versprachen. Der Weiße Lotos war nicht immer subversiv, doch zettelte im 14. Jahrhundert die Sekte Rote Turbane eine Revolte an. Andere Aufstände des Weißen Lotos erschütterten die Ming- und Qing-Dynastien von Zeit zu Zeit bis zum Ende des Kaiserreichs.

WEGE ZUR ERLEUCHTUNG

Die Sequenz des Ochsenhütens (Detail). Diese Serie von zehn Gemälden von dem japanischen Zen-Mönch Shubun aus dem 15. Jahrhundert beschreibt den Übergang von Unwissen zu Erleuchtung. Der Junge steht für die Person auf dem Weg zur Erleuchtung, und der Ochse repräsentiert die wahre Buddha-Natur jedes Einzelnen. Das Bild rechts trägt den Titel „Suche" und zeigt, dass Motivation nötig ist, um dem Weg des Buddhismus zu folgen. Das mittlere Bild, „Sehen der Spur" zeigt, wie der Mensch das Streben anderer sieht und denen folgt, die bereits den Weg beschritten haben. Das linke Bild, „Sehen des Ochsen" zeigt, dass man durch Meditation die wahre Realität oder seine Buddha-Natur erkennen kann.

Die ersten buddhistischen Schulen Chinas waren entweder einfache Kopien der indischen Schulen oder versuchten Ähnlichkeiten zwischen dem Buddhismus und den einheimischen chinesischen Lehren zu finden. Am erfolgreichsten waren jedoch die Schulen, die die „fremde" Religion an die chinesischen Gepflogenheiten anpassten und neue Praktiken und Schriften entwickelten.

Der Buddhismus kam als reiche, etablierte Religion mit vielen oft widersprüchlichen Schriften nach China. In den Lehren vieler chinesischer buddhistischer Schulen zeigen sich die Bemühungen, diese verschiedenen Schriften miteinander in Einklang zu bringen. Eine Strategie war, ein Schema der „gestaffelten Offenbarung" zu entwickeln, in dem jede *sutra* (ein Spruch, der Buddha zugeschrieben wird) dem Grad des spirituellen Fortschritts entsprechend eingeteilt wurde. Es hieß, dass die verschiedenen Stufen der *sutras* Zeichen für Buddhas Fähigkeit waren, die Menschen auf ihrer Entwicklungsstufe anzusprechen. Bei einer anderen Strategie waren Praxis und Erfahrung wichtiger als die Schriften.

Die chinesischen Buddhisten bemühten sich besonders, das Dharma, die Lehre Buddhas, unverändert zu übertragen, trotz der weiten Entfernung zwischen Buddha und den chinesischen Patriarchen. Verbindungslinien waren wichtig. Die Linie der Patriarchen des Chan-Buddhismus begann mit Bodhidharma, dem Ersten Patriarchen, der wiederum an 28. Stelle der direkten Linie der indischen Patriarchen lag, die bis auf Buddha zurückging.

In den Schulen wurde ein bestimmter Text oder eine Textgruppe studiert und interpretiert. Die Mönche konnten bei verschiedenen Meistern studieren, in einem Kloster lebten auch Anhänger verschiedener Schulen. Diese Unterschiede waren nur für die Kleriker von Bedeutung.

Die ersten wichtigen chinesischen Schulen des Buddhismus wurden fast unverändert von Indien übernommen. Die beiden bedeutendsten waren Drei Traktate (Sanlun), die von Kumarajiva (344–413) gegründet wurde, und Nur Geist (Faxiang), die Xuanzang (602–644) ins Leben rief. Diese Männer waren die bedeutendsten Übersetzer indischer Texte ins Chinesische (siehe S. 117). Die Schule Drei Traktate verfolgte die Lehren des Buddhismus der Mittleren Doktrin (Madhyamika), die besagte, dass es keinen Unterschied zwischen Sein und Nicht-Sein gibt. Tatsächlich existiert nur die Leere (*sunyata* in Sanskrit und *wu* auf Chinesisch). Die Schule Nur Geist (auch Yogacara oder Vijnanavada genannt) wurde von Xuanzang gegründet und lehrte, dass alle Dinge nur in den Gedanken des Betrachters existieren. Beide Schulen schätzten philosophische Diskussionen. Das stand im Widerspruch zu der Liebe der Chinesen zu klaren Lösungen und ihrer Überzeugung, dass ein kultivierter Mensch nicht stritt. Vielleicht war das der Grund, warum die beiden Schulen nach der Verfolgung zur Tang-Zeit im Jahr 845 an Einfluss verloren.

Die beiden beständigsten Schulen des chinesischen Buddhismus waren Chan (siehe Kasten unten) und Reines Land (Qingtu). Sie passten

CHAN-BUDDHISMUS

Der Chan-Buddhismus wurde im 6. Jahrhundert n. Chr. von dem indischen Patriarchen Bodhidharma gegründet. Er verband die buddhistische Meditation (*dhyana* auf Sanskrit, *chan* auf Chinesisch und *zen* auf Japanisch) und daoistische Konzepte wie die Intuition, die Unmöglichkeit, mit Worten tiefe Wahrheiten auszudrücken, und die Liebe zum Absurden und Unerwarteten.

Chan behauptete, dass seine Lehren ohne Worte oder Schrift übertragen wurden. Das ging darauf zurück, dass Buddha einst als Antwort auf eine Frage eine Blume pflückte und lächelte. Diese Lehre stellte die Intuition über den rationalen Diskurs und versuchte, den starren Geist durch Meditation, Rätsel (*gong'an*, siehe S. 117) und „Schocktaktiken" wie Anschreien der Adepten, um sie durch ein „Blitzerlebnis" zur Erleuchtung zu führen, anzuregen.

Der Chan-Buddhismus konzentriert sich auf gemeinsames Klosterleben und Gruppenmeditation. Der Meister überwacht den Fortschritt der Mönche. Diese Lehre beeinflusste die chinesische Kunst und Kalligrafie.

Ein Wandbild von Huineng (638–713), dem ungebildeten und unwissenden Holzknecht, der zum Sechsten Patriarchen des Chan-Buddhismus aufstieg.

DIE SCHULEN TIANTAI UND HUAYAN

Zwei chinesische Schulen versuchten, die buddhistischen Schriften in Einklang zu bringen, indem sie eine Hierarchie von immer erhabeneren und komplizierteren Texten schufen, die in einer bestimmten *sutra* gipfelten. Im Tiantai-Buddhismus, der von Zhiyi (538–597) gegründet und nach seinem Zentrum auf dem Berg Tiantai in der heutigen Provinz Zhejiang benannt wurde, war dieser Text die *Lotos Sutra (Saddharma Pundarikha Sutra).* Diese Sammlung von Predigten, allegorischen Schriften und Gedichten betonte, dass alle Menschen durch die unendliche Güte Buddhas gerettet werden könnten. Tiantai meinte, die *Lotos Sutra* enthalte die Essenz des Buddhismus und verbinde die unterschiedlichen Ansichten, die sich zu zentralen Fragen gebildet hatten. Eine davon war etwa, ob Erleuchtung durch Meditation und gute Werke oder durch tiefe philosophische Forschung möglich wäre.

Die Huayan-Schule ist nach dem Haupttext, der *Blumengirlandensutra (Avatamsaka Sutra,* auf Chinesisch *Huayan Jing)* benannt. Sie lehrte die Leere und gegenseitige Durchdringung aller Phänomene. Dieser hoch intellektuelle Ansatz, vollendet vom dritten Patriarchen Fazang (643–712), machte Huayan zur Lehre für nur Wenige.

Tiantai und Huayan verloren nach 845 n. Chr. an Bedeutung.

Ein chinesisches Manuskript der Lotossutra *aus Dunhuang (ca. 1000 n. Chr.). Sie wurde zur bekanntesten und einflussreichsten* sutra *im ostasiatischen Buddhismus.*

sich der chinesischen Kultur besonders gut an und wurden eigenständige chinesische Varianten des Buddhismus. Die Schule Reines Land hatte viel mehr Anhänger. Sie wurde auf das Gelöbnis von *buddha* Amitabha (Amituo Fo) gegründet, die zahllosen Verdienste, die er in Äonen der Selbstvervollkommnung erlangt hatte, zur Rettung jener zu verwenden, die ihn anriefen, damit sie in seinem Paradies, dem Reinen Land oder Westlichen Paradies (Sukhavati) wiedergeboren werden konnten. Die Gläubigen riefen den Namen Amitabhas an, bereuten ihre Sünden und verließen sich auf Amitabha, seinen Gehilfen Guanyin (siehe S. 110) als einfache und schmerzlose Möglichkeit ihrer Erlösung. Das Reine Land war nicht *Nirwana*, sondern ein Ort der Schönheit und des Segens jenseits von *samsara* (siehe S. 108–109), wo das buddhistische Gesetz ständig erläutert wurde. Hier würde sogar der ungebildetste Gläubige ideale Bedingungen vorfinden, um ins *Nirwana* einzugehen. Die Anhänger des Reinen Landes erzählten Geschichten von Menschen, die auf dem Totenbett Zeichen ihrer unmittelbaren Wiedergeburt im Reinen Land erlebt hatten – Musik oder süße Düfte vom Himmel, bunte Wolken und Visionen von Amitabhas Gefolge.

Meister der Schule Reines Land wie Tanluan (476–542) und Daochuo (562–645) betonten, dass es nötig wäre, Amitabhas Gunst durch gute Werke zu erlangen. Nur so könne man Erlösung in einer Zeit finden, da die Menschen degeneriert wären und sich die Welt in den „Letzten Tagen des Gesetzes" (*mofa*) befinde. Trotz der Ablehnung der Konfuzianer hatte der Reines-Land-Buddhismus im 12. Jahrhundert Anhänger in allen Gesellschaftsschichten. Im späten Kaiserreich fand man sogar in Chan-Klöstern Praktiken aus der Schule Reines Land.

Unter der Herrschaft der Mongolen (Yuan-Dynastie) und der Mandschu (Qing-Dynastie), die auch über Tibet regierten, gewann der tibetische Buddhismus an Bedeutung. Er wird auch als Lamaismus bezeichnet, da die *Lamas* (religiöse Lehrer) in den tibetischen Schulen eine wichtige Rolle spielen. Er ist eine Form des Mahayana-Buddhismus mit stark tantrischem Element einschließlich Ritualen aus tibetischer Magie, Exorzismus und Heilung. Zwar war diese Form des Buddhismus unter den Chinesen nie weit verbreitet, doch dominierten Tibeter den chinesischen Buddhismus, nachdem der Gründer der Yuan-Dynastie, Khubilai Khan, zum tibetischen Buddhismus konvertiert war. Unter der nachfolgenden Ming-Dynastie war Tibet zwar nicht Teil des chinesischen Reiches, doch blieb das Land tributpflichtig und der tibetische Buddhismus beeinflusste China weiter. Vor allem in Beijing wurden zahlreiche tibetische Klöster gebaut (siehe S. 221–222).

Die Qing-Herrscher waren ebenfalls Anhänger des tibetischen Buddhismus und bezeichneten sich sogar als Reinkarnationen des *bodhisattva* Manjushri, der in Tibet hoch verehrt wurde. 1720 wurde Tibet ein chinesisches Protektorat, und ab diesem Zeitpunkt blieben die Dalai Lamas, die Oberhäupter der tibetischen Theokratie, unter dem offiziellen Schutz der kaiserlichen Regierung.

Ein prächtiger Cloisonné-Email-Reliquienschrein für den Herrscher Qianlong (1736–1795). Er zeigt sino-tibetische Einflüsse in der buddhistischen Kunst, die unter den Yuan und Qing entstanden.

HEILIGE SCHRIFTEN

Im Buddhismus gibt es keine festgelegten Schriften und keinen einheitlichen Kanon, sondern regionale, sektiererische und linguistische Traditionen. Doch alle Buddhisten anerkennen die *Drei Körbe (Tripitaka)*. Die älteste Fassung dieser Texte ist in Pali geschrieben, einer eng mit dem Sanskrit verwandten Sprache. Die drei Teile oder „Körbe" bestehen aus *sutras*, Texten über klösterliche Disziplin und gelehrten Arbeiten. Die chinesischen buddhistischen Schriften umfassen beinahe 100.000 gedruckte Seiten und enthalten neben den *Drei Körben* Biografien bedeutender Mönche, Reiseberichte, Geschichten und Apologetik.

In China hatten die Schriften über chinesische Themen den nachhaltigsten Einfluss. Die *Vimalakirti Sutra* bezeichnet den demütigen Laien als idealen Kandidaten für die Erleuchtung. Das entspricht der traditionel-

Ein Ausschnitt aus einer Ausgabe des Jadebuchs des Prajnaparamita (Herzsutra) aus dem 19. Jahrhundert, in goldenen Schriftzeichen auf Jadetafeln geritzt.

XUANZANGS PILGERREISE NACH INDIEN

Zu den berühmtesten Figuren des chinesischen Buddhismus zählt Xuanzang (602–664). Er war Mönch, Gelehrter, Pilger, Übersetzer und Gründer der Schule Nur Geist (siehe S. 113). Mit 20 Jahren hatte er alle buddhistischen Texte studiert, die es in China gab, und 629 brach er zu einer Pilgerreise nach Indien auf, um mehr Schriften zu suchen. In Indien besuchte Xuanzang buddhistische Tempel, er lernte Sanskrit und studierte indische Philosophie und Wissenschaft. Er wurde bei seiner Rückkehr nach China 645 gefeiert und später von dem Tang-Herrscher Gaozong geehrt. Xuanzang verbrachte den Rest seines Lebens mit der Übersetzung der 75 buddhistischen *sutras*, die er mitgebracht hatte.

Bericht über die westlichen Reiche ist Xuanzangs Erzählung seiner langen, gefährlichen Reise. Die Chinesen waren fasziniert von anderen Kulturen, und die Abenteuer Xuanzangs wurden immer wieder erzählt und zu populären Stücken und Geschichtenzyklen verarbeitet. Besonders bekannt ist Wu Chengens respektloser Roman *Xiyou ji (Reise in den Westen)*, veröffentlicht 1596.

Diese Figur aus dem Roman Reise in den Westen *steht im buddhistischen Zentrum Bezeklik, Chinesisch-Turkestan. Sie erinnert an Xuanzangs Pilgerreise nach Indien.*

len chinesischen Konzentration auf das Familienleben, das mit dem buddhistischen Mönchtum in Widerspruch stand, da es nicht von kindlicher Ergebenheit zeugte, das Haus zu verlassen und sich weihen zu lassen. Die *Lotos Sutra* sprach die chinesische Vorliebe für die Synthese an, da sie die wichtigsten Elemente aus Tausenden Schriften enthielt (siehe S. 114). Besonders beliebt waren bei den meisten Chinesen Schriften über fromme Übungen wie die Schriften über das Reine Land von Amitabha (siehe S. 113–115) oder die Barmherzigkeit der Göttin Guanyin (siehe S. 110).

In China entstanden auch neue Schriftformen wie die Diskurse zwischen den Chan-Meistern und ihren Schülern. Diese „öffentlichen Fälle" (*gong'an*, Ursprung des *koan* des Zen) wurden zur Meditation verwendet und zeichneten sich durch anscheinend unmögliche Fragen aus wie „Wie sah dein Gesicht vor der Geburt deiner Eltern aus?" (siehe auch S. 113).

Auch die „wertvollen Schriftrollen" (*baojuan*) von verschiedenen Sekten waren wichtig. Sie bezogen ihre Einflüsse zwar aus allen chinesischen Religionen, waren aber oft stark buddhistisch geprägt. Sie lehrten, dass Maitreya kommen und Frieden, Wohlstand und Unsterblichkeit für die Gläubigen bringen würde (siehe S. 111).

ÜBERSETZUNG DES DHARMA

Bei der Übersetzung der Schriften aus dem Sanskrit und anderen indischen Sprachen gab es große Probleme. Die Übersetzer verwendeten existierende Begriffe für Fremdwörter, die womöglich wichtige Unterscheidungen verschwinden ließen, oder sie übertrugen die Fremdwörter phonetisch (etwa *man te le* für *mantra* und *pusa* für *bodhisattva*), auch wenn diese Begriffe oft ungehobelt und fremdartig klangen. Die berühmtesten Übersetzer waren Kumarajiva (344–413), ein Inder, dessen Werk an Eleganz und Genauigkeit bis heute unübertroffen ist (siehe auch S. 113), und Xuanzang (siehe Kasten oben).

KULT UND MÖNCHTUM

Eine vergoldete Bronzestatue von Buddha aus der Ming-Zeit. Hier ist er kurz nach seiner langen Meditation dargestellt, die zu seiner Erleuchtung führte. Die rechte Hand weist als Hinweis auf seine Verdienste zum Boden.

Das mönchische Leben der Entsagung stand im Zentrum der buddhistischen Lehre. Buddha selbst gab ein Beispiel mit seiner Suche nach Befreiung von Existenz und Leid. In China wurden Klöster von der Gesellschaft eher akzeptiert als die indische Tradition der wandernden Bettelmönche. Die klösterlichen Gemeinschaften finanzierten sich aus Ländereien, auf denen Bauern arbeiteten, oder aus den Mitgliedern der Gemeinschaft selbst. Die Klöster hatten sehr unterschiedliche Größe und finanzielle Mittel. Oft wurden sie zu Ehren wichtiger Figuren wie großer Lehrer oder himmlischer Wesen errichtet, die mit dem Gebiet verbunden waren, und entwickelten sich zu wichtigen Pilgerstätten.

Das Wachstum der Klöster ist ein Zeichen für die rasche Verbreitung des Buddhismus. In der Zeit des Zerfalls waren sie Rückzugsort vor den ständigen Kriegen und Aufständen. Ende des 5. Jahrhunderts n. Chr. gab es über 1.700 Klöster in Südchina, und mehr als 30.000 alleine im nördlichen Königreich Wei. In der Tang-Zeit entwickelten sich die Klöster zu reichen Landbesitzern und Handelsunternehmen. Zwar kamen zu jener Zeit die buddhistischen Institutionen unter kaiserliche Aufsicht, doch häuften sie großen Reichtum an und errichteten prächtige Gebäude.

Die Klöster wurden zu einem wichtigen Faktor in der chinesischen Wirtschaft. Durch Spenden von gläubigen Laien konnten sie oft riesige Überschüsse erwirtschaften. Sie verliehen Geld und Getreide gegen Zinsen, besaßen Mühlen und Ölpressen, um die landwirtschaftlichen Produkte der Bauern zu bearbeiten, und betrieben Badehäuser und Herbergen für Reisende.

Das Klosterleben wurde durch den buddhistischen Mönchskodex Vinaya reguliert, mit lokalen Abänderungen. Die Gemeinschaft wurde von einem Abt patriarchalisch regiert, der von den Nonnen und Mönchen gewählt und vom Staat bestätigt wurde, der auch die Einsetzung kontrollierte. Novizen fanden im Kloster einen Lehrer, bei dem sie studierten, bis sie schließlich die Gelübde ablegten. Da der Buddhismus Erlösung predigte, war er vor allem bei Frauen beliebt. Das erste buddhistische Frauenkloster wurde 312 n. Chr. gegründet, und die weibliche Klosterordnung blieb bis über die Kaiserzeit hinaus unverändert.

Von den verschiedenen Schulen entwickelte Chan die ausgeprägtesten Strukturen. Im 7. Jahrhundert hatten die Chan-Mönche das klösterliche Gemeinschaftsleben organisiert, mit den Schwerpunkten Meditation, manuelle Arbeit, Gruppendiskussionen und private Treffen mit dem Abt.

HEILIGE BERGE

Die heiligen Berge sind ein wichtiger Bereich der chinesischen Religion, und einige der wichtigsten sind buddhistische Pilgerstätten. Vier Berge, die mit je einem *bodhisattva* assoziiert werden, hatten besondere Bedeutung: Berg Wutai im Norden, Jiuhua im Süden, Emei im Westen und Putuo im Osten. Sie waren Manjushri (chinesisch Wenshu), Ksitigarbha (Dizang), Samantabhadra (Puxian) und Avalokiteshvara (Guanyin) geweiht. Die Pilger verehrten diese Gestalten in verschiedenen Klöstern, die zu ihren Ehren an den Berghängen errichtet wurden.

Von den vier Bergen hat Wutai die reichste Geschichte. Im 6. Jahrhundert n. Chr. standen über 200 Klöster auf seinen Hängen, und japanische Besucher berichteten im 9. Jahrhundert von riesigen Pilgerströmen. Das berühmteste Gebäude ist der Tempel des Südberges (Nanchansi), der aus dem 7. und 8. Jahrhundert stammt und der älteste bestehende Holzbau in China ist. Als Kultstätte für Manjushri, der im chinesischen und im tibetischen Buddhismus große Bedeutung hatte, war der Berg Wutai wohl die berühmteste asiatische Pilgerstätte außerhalb Indiens.

Eine buddhistische Nonne meditiert im Schnee beim Jinding-Tempel auf Berg Emei, Provinz Sichuan.

HARMONIE VON HIMMEL UND ERDE

DIE GROSSE DREIHEIT

BEREITS IM ALTERTUM TEILTEN DIE CHINESEN DIE WELT IN VERSCHIEDENE KATEGORIEN EIN. SO IST DAS UNIVERSUM EINE DREIHEIT VON „HIMMEL, ERDE UND MENSCH", UND DIE MATERIE BESTEHT AUS „FÜNF ELE-MENTEN". DA DIESE KATEGORIEN EINANDER ÜBERLAPPEN UND GEGENSEITIG DURCHDRINGEN, SCHLIESST DIE CHINESISCHE WELTSICHT DIE WIRKLICHKEIT EINES UNIVERSUMS IN STÄNDIGER VERÄNDERUNG UND ENTWICKLUNG MIT EIN.

Die Chinesen haben die Welt immer in Kategorien eingeteilt. Aber alle Kategorien leiten sich von nur drei Reichen ab, ausgedrückt in der Phrase *tian di ren* („Himmel, Erde, Mensch"). Eine der ältesten Erzählungen über die Anfänge der Kultur beschreibt, wie Fuxi (siehe S. 80) die menschliche Welt an das natürliche Universum anglich. Fuxi wollte „die Tugend der spirituellen Intelligenz durchdringen und die wahren Merkmale der 10.000 Wesen erkennen". Das bedeutet, dass die drei Reiche *tian di ren* verbunden sind, wenn die Menschen ihre Einheit erkennen. Konfuzius tat dies, wenn er seine Schüler dazu anhielt, die Dichtkunst zu studieren, um sich „die Namen der Vögel und Tiere, Pflanzen und Bäume besser zu merken". Da die Reiche der Erde und der Menschen verbunden waren, würde es seinen Schülern helfen, die Menschheit zu verstehen, wenn sie die Merkmale der Erde kannten.

Man kann leicht erkennen, welche Auswirkungen auf chinesische Geschichte, Mythologie, Philosophie und Religion diese große Verbindung zwischen Himmel, Erde und Menschheit hatte, die als „Große Dreiheit" bezeichnet wird. Etwas mehr als 500 Jahre vor Konfuzius' Geburt interpretierte man ein spektakuläres Zusammentreffen der fünf sichtbaren Planeten Merkur, Venus, Mars, Jupiter und Saturn als Zeichen für den Aufstieg einer neuen Dynastie, was mit dem Sturz der Shang durch die Zhou tatsächlich eintrat. Ähnliche Ereignisse sind in den Annalen der Dynastien (siehe S. 126–127) im Lauf der gesamten chinesischen Geschichte festgehalten. Das bisher letzte Ereignis, über das berichtet wird, war ein Erdbeben in der Nähe Beijings 1976, in dem Jahr, als Mao Zedong starb.

In der chinesischen Mythologie findet man eine Erklärung für einige dieser Naturphänomene. Eine Le-

Ein Bronze-Rauchgefäß mit Gold-Einlegearbeiten aus der Han-Zeit. Es stellt die Welt dar, wobei das Wasser im unteren Bereich fließt und die Berge zum Himmel reichen.

Ein Thronsaal in der Verbotenen Stadt, Beijing. Er repräsentiert einen Mikrokosmos. Die quadratische Plattform stellt die Erde dar, die gewölbte Decke mit dem himmlischen Drachen den Himmel. Dazwischen steht der Thron des Kaisers als Symbol für die Verbindung zwischen Himmel, Erde und Menschheit.

DER WEG DES KÖNIGS

Dong Zhongshu (ca. 179–104 v. Chr.) war eine Zeit lang der einflussreichste Minister des Han-Herrschers Wudi (regierte 141–87 v. Chr.). Dong war unter anderem für die Einführung des Konfuzianismus als Staatsreligion verantwortlich. In einem Aufsatz mit dem Titel *Wie der Weg des Königs die Dreiheit vereint* versuchte er, in dem Schriftzeichen für „König" (siehe unten) eine etymologische Erklärung dafür zu geben, wie der Herrscher Himmel, Erde und Menschheit vereint: „Diejenigen, die im Altertum die Schrift entwickelten, zogen drei Linien, die sie in der Mitte verbanden. Dieses Zeichen nannten sie ‚König'. Die drei Linien sind Himmel, Erde und Menschheit, und der Strich in der Mitte vereint das Prinzip aller drei."

gende erzählt, wie im Altertum ein Minister namens Gong Gong bei dem Versuch scheiterte, den legitimen Herrscher zu stürzen. Gong Gong schlug voller Zorn gegen einen der vier Berge, die Himmel und Erde getrennt hielten. Der Berg stürzte ein, und der Himmel rutschte nach Nordwesten hinab, während die Erde nach Südosten hinabglitt. Deshalb ziehen Sonne, Mond und Sterne ihre Bahn über den Himmel von Osten nach Westen, und deshalb fließen die Flüsse Chinas von Westen nach Osten. Dieses Ereignis beeinflusst auch menschliche Institutionen: In einer Fassung bezeichnet es den Beginn der Zeit; in einer anderen die Legitimität der Herrschaft. Dies war im Altertum von genau so großer Bedeutung wie heute.

YIN UND YANG
UND DIE FÜNF ELEMENTE

Das „Ei des Chaos" steht für die gegensätzlichen, doch einander ergänzenden Kräfte Yin *und* Yang. *Sie fließen ineinander und enthalten jeweils die Essenz des anderen.*

Im Westen am bekanntesten ist wohl die Idee von *Yin* und *Yang*, den gegensätzlichen, doch einander erfordernden Aspekten allen Seins. Die Begriffe bedeuten ursprünglich „schattig" und „sonnig", doch wurde ihre Bedeutung in der philosophischen Dimension ausgeweitet. Heute zählen dazu auch gegensätzliche Paare wie dunkel und hell, nass und trocken, weiblich und männlich, schwach und stark, tot und lebendig (aber nicht unbedingt schlecht und gut). Die ältesten schriftlichen Aufzeichnungen über *Yin* und *Yang* stammen erst aus dem 5. Jahrhundert v. Chr., doch gibt es Hinweise darauf, dass ein ähnliches Prinzip der Dualität bereits im 5. Jahrtausend v. Chr. bekannt war. In einem neolithischen Grab, das 1988 bei Puyang in der Provinz Henan entdeckt wurde, fand man einen Leichnam, der zwischen zwei aus Muschelschalen geschnitzten Tierfiguren gebettet war. Die Tiere stellen einen Drachen und einen Tiger dar, Vorläufer des Blauen Drachen und des Weißen Tigers, den mythischen Verkörperungen von *Yang* und *Yin*.

Der Blaue Drache war nicht nur ein mythisches Wesen. Er war im Nachthimmel als Sternenkonstellation zu sehen. In der Zeit, als die chi-

DIE FÜNF ELEMENTE: TABELLE DER ZUORDNUNGEN

	HOLZ	FEUER	ERDE	METALL	WASSER
JAHRESZEIT	Frühling	Sommer	–	Herbst	Winter
RICHTUNG	Osten	Süden	Mitte	Westen	Norden
GESCHMACK	sauer	bitter	süß	herb	salzig
GERUCH	nach Ziege	stechend	wohlriechend	ranzig	verfault
ZAHL	Acht	Sieben	Fünf	Neun	Sechs
PLANET	Jupiter	Mars	Saturn	Venus	Merkur
WETTER	Wind	Hitze	Donner	Kälte	Regen
FARBE	grün	rot	gelb	weiß	schwarz
TIER	Fische	Vögel	Mensch	Säugetiere	Insekten
GETREIDE	Weizen	Bohnen	Rispenhirse	Hanf	Hirse
ORGAN	Milz	Lunge	Herz	Niere	Niere
KÖRPERTEIL	Muskeln	Venen	Fleisch	Haut/Haar	Leber
SINN	Augen	Zunge	Mund	Nase	Ohren
GEFÜHL	Zorn	Freude	Verlangen	Sorgen	Furcht

nesische Mythologie eingeteilt wurde, erschien der Drache im März auf dem Nachthimmel. Vielleicht wurde er deshalb mit dem Frühling und dem Osten assoziiert. Der Tiger stand für den Herbst und den Westen. Schließlich kamen der Rote Vogel (Sommer/Süden) und die Schwarze Schildkröte (Winter/Norden) hinzu.

Als die Idee von *Yin* und *Yang* auf alles Sein ausgeweitet wurde, kam es zu einer weiteren Entwicklung, die noch größere Auswirkungen auf das chinesische Weltbild hatte. Die frühere Einteilung der Welt in vier Bereiche – Blauer Drache, Weißer Tiger, Roter Vogel und Schwarze Schildkröte; Osten, Westen, Süden und Norden; Frühling, Sommer, Herbst und Winter – wurde Anfang des 3. Jahrhunderts v. Chr. von einer Einteilung in fünf Bereiche abgelöst. Grund für diese Veränderung war wohl, dass man eine „Mitte" zu den vier Haupthimmelsrichtungen hinzufügte, doch sprach man bald von fünf „Elementen" oder „Phasen" (*wu xing*): Holz, Feuer, Erde, Metall und Wasser. Diese Elemente sah man nicht als träge Substanzen, sondern als sich ständig erneuernde Energie, die in allen Dingen enthalten war. Im Lauf der Zeit wurden sämtliche Aspekte des Lebens einem dieser Fünf Elemente zugeordnet. Die Tabelle der Zuordnungen, die noch beträchtlich vergrößert werden könnte, zeigt nur einige Wechselbeziehungen auf (siehe Kasten gegenüber).

Die Vorstellung von Yin *und* Yang *und den Fünf Elementen waren die Grundlage für einige der profundesten metaphysischen Theorien Chinas. Sie hatten auch Einfluss auf Religion und Philosophie in angrenzenden Kulturen. Hier ist das* Yin-Yang-*Symbol (siehe Abb. gegenüber) auf eine Tür eines Buddhistenklosters in Sera in Tibet gemalt.*

AUFZEICHNEN DES HIMMELS

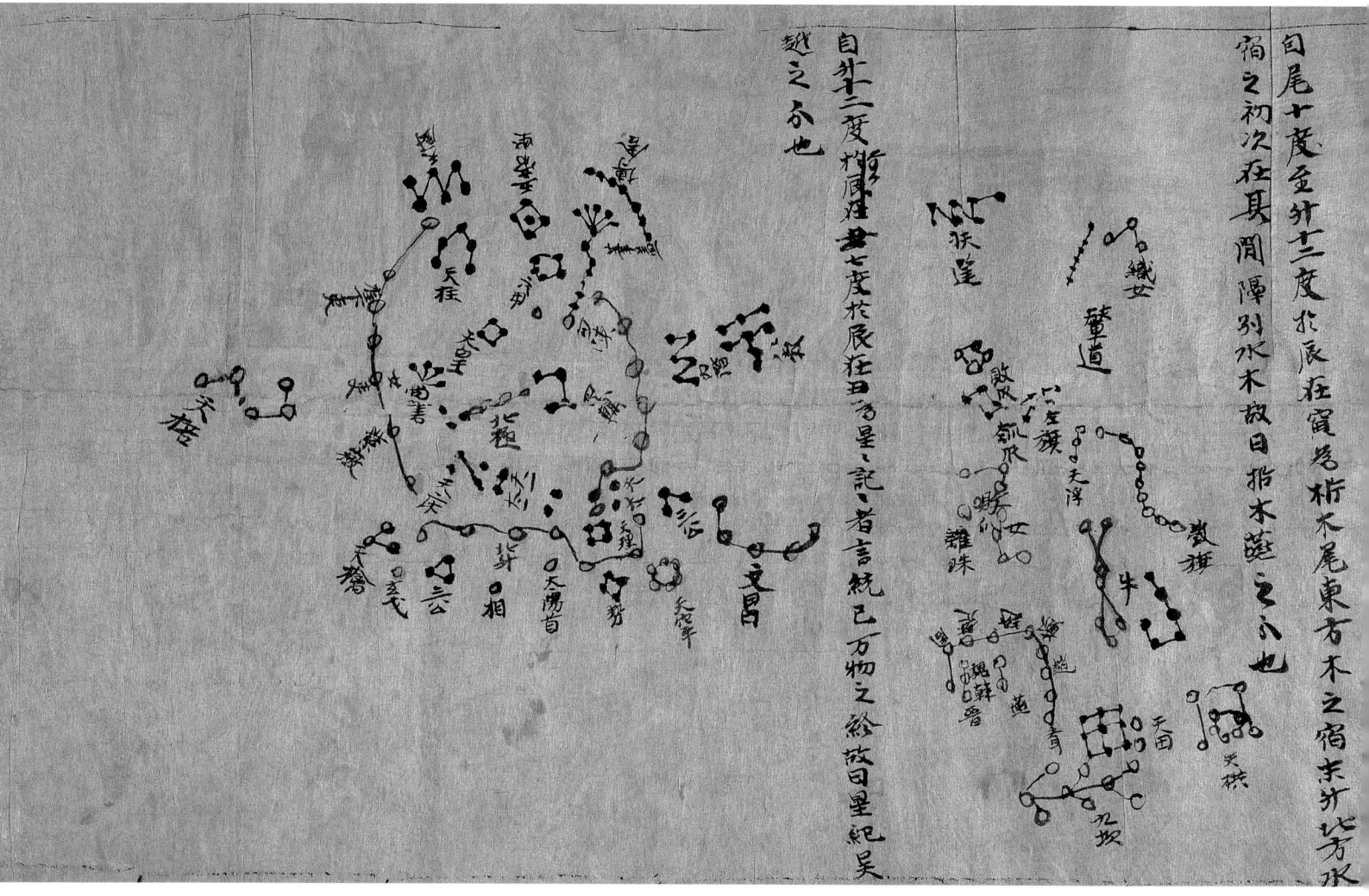

Diese Sternenkarte (ca. 940 n. Chr.) zeigt Konstellationen wie den Großen Wagen (Bären). In den letzten Jahrhunderten v. Chr., als offizielle Aufzeichnungen zur Routine wurden, erstellten die chinesischen Astronomen-Schriftgelehrten die vollständigste Liste ungewöhnlicher Himmelsphänomene aller Kulturen, einschließlich Mond- und Sonnenfinsternisse, Kometen, Supernovas und sogar Sonnenflecken.

Die Himmelskörper hatten großen Einfluss auf das Leben der alten Chinesen und spielten in der politischen Geschichte, in Mythologie und Religion Chinas eine wichtige Rolle. Seit der Zeit der ersten schriftlichen Aufzeichnungen bis zu Chinas erstem Zusammentreffen mit dem Westen war es von großer Bedeutung, den Himmel zu verstehen. Zwar waren Abweichungen von der himmlischen Norm wichtig (und wurden fast immer als Omen gedeutet), doch beobachteten die Astronomen auch den gewöhnlichen Himmel: die Positionen und die Bewegungen der Sterne (*hengxing*, „Fixstern") und Planeten (*xingxing*, „beweglicher Stern").

Die ersten chinesischen Vorstellungen des Himmels, die dem Kulturhelden Fuxi zugeschrieben werden, heißen *gai tian* („bedeckt den Himmel") und *hun tian* („umfasst den Himmel"). Die *gai-tian*-Theorie ist einfacher und zeigt den Himmel als Hemisphäre über einer quadratischen Erde, der sich wie ein Mühlstein bewegt. Die Erde war fix. Sie trieb über wässrigen Tiefen, wohin auch das Wasser der Erde abfloss. Die *hun-tian* Theorie entstand nach der *gai-tian*-Theorie, war aber um 350 v. Chr. bereits bekannt. Sie beschrieb den Himmel als Sphäre um die Erde.

Während die Griechen die Positionen der Sterne entlang der Ekliptik (dem Weg der Sonne um die Erde) bestimmten, teilten die chinesischen Astronomen den Himmel nach dem Himmelsäquator (der Linie des Erdäquators, die auf den Himmel übertragen wird) ein. Die Sphäre wird in *xiu* („Äquatorsterngruppen" oder „Häuser") unterteilt. Nach Joseph Needham war die Himmelssphäre wie eine Orange in Segmente geteilt. Ab dem 4. Jahrhundert v. Chr. (siehe Kasten unten) waren 28 Segmente bekannt, die mit je einem bestimmten Stern assoziiert wurden (siehe Abb. S. 127). Die Zahl der *xiu* scheint vom Weg des Mondes abgeleitet zu sein, der jede Nacht des Mondmonats in einem „Haus" stehen blieb.

Die 28 *xiu* waren für die chinesische Astronomie zwar grundlegend, doch wussten die Chinesen noch über andere Phänomene Bescheid. In den frühesten Sternkarten aus dem 4. oder 3. Jahrhundert v. Chr. sind 1.464 Sterne enthalten, die in 284 Sterngruppen oder Konstellationen unterteilt sind. Die Kataloge nennen von jeder Sterngruppe Name, Zahl der Sterne, Position im Vergleich zu anderen Sterngruppen und die Lage des Hauptsterns, die westliche Astronomen als Rektaszension (Länge) und Deklination (Breite) bezeichnen.

Ein Teil des berühmten Observatoriums von Nanjing, das ursprünglich 1270 von dem Astronomen Guo Shoujing in Linfen in der Provinz Shanxi gebaut wurde, aber unter den Ming in die südliche Hauptstadt Nanjing übersiedelt wurde. Zwar sind die wunderbaren Bronzeinstrumente erhalten, doch wurde beim Transport die genaue Ausrichtung zerstört, so dass sie nicht mehr verwendet werden konnten.

DAS GRAB DES MARKGRAFEN YI VON ZENG

1978 wurde in Suixian in der Provinz Hubei das Grab des Markgrafen Yi von Zeng, einem kleinen Staat der Östlichen Zhou-Zeit, entdeckt. Es ist dies das älteste Grab eines Herrschers, das bisher in China gefunden wurde. Es ist so reich ausgestattet, wie man das von einem Herrschergrab erwarten kann. Unter den Grabbeigaben war eine Kleidertruhe aus Lack, die zwar geringen materiellen Wert besitzt, aber von außerordentlicher astronomischer Bedeutung ist. Auf die Truhe ist der Große Wagen aufgemalt und darum herum sind die Namen der 28 *xiu* oder Häuser (siehe Haupttext) geschrieben, die älteste komplette Aufzeichnung der Häuser.

Unter dem Namen des Hauses *Gang* (Hals) steht „*jiayin* dritter Tag des fünften Monats". *Jiayin* ist ein Tag im chinesischen 60-Tage-Zyklus (siehe S. 134), und auf *jiayin* fiel der dritte Tag das fünften Monats im Jahr 433 v. Chr. Andere Beigaben lassen darauf schließen, dass Markgraf Yi in diesem Jahr starb. Es ist daher möglich, dass das Diagramm auf der Kleidertruhe den Nachthimmel zum Zeitpunkt von Yis Tod zeigt.

DEUTEN DES HIMMELS

König Wu, der Gründer der Zhou-Dynastie, dessen Aufstieg von himmlischen Vorzeichen angekündigt wurde.

Vor der Moderne machte man in China wie im Westen keinen Unterschied zwischen Astronomie und Astrologie. Die Annahme, dass man das Universum verstehen könne, war für die traditionelle chinesische Sicht der Welt von großer Bedeutung. Das Firmament konnte man somit besonders gut verstehen (*tian*, das „Firmament", wird häufig auch als „Himmel" übersetzt und steht für eine göttliche Kraft, die die Herrschaft über Ereignisse hatte). Der Himmel drückte sich besonders durch die Veränderungen aus, die auf ihm stattfanden. Im Lauf der gesamten Geschichte bemühten sich die Chinesen aller Schichten und Klassen, diese Veränderungen zu interpretieren.

Das Aufzeichnen des Himmels war nicht nur den Gelehrten vorbehalten. Es war klar zu sehen, dass sich das Firmament veränderte. Die Position der Sterne zueinander war fix, doch Sonne, Mond und Planeten bewegten sich zwischen ihnen in regelmäßigen Intervallen. Allerdings gab es Abweichungen: Der Weg von Mond und Sonne konnte sich überschneiden, so dass einer den anderen „aß" (es also zu einer Eklipse kam); und die Planeten änderten durch die Bewegung nicht nur ihre Position zu den Sternen, sondern auch zueinander. Es gab Kometen und Meteore, über die die chinesischen Astronomen die längsten und vollständigsten

DIE ASTROLOGISCHEN BÜCHER VON MAWANGDUI

1973 entdeckten Archäologen in der Ausgrabungsstätte von Mawangdui in Changsha, Hunan, das Grab des Sohnes des Gouverneurs Li Cang. Der Sohn starb 168 v. Chr. und wurde mit einer Bibliothek begraben, zu der zwei astrologische Almanache zählten: *Vorhersagen zu den Fünf Planeten* und *Verschiedene Vorhersagen zu Astronomie und Meterologie*. Das erste Werk verbindet die fünf sichtbaren Planeten mit den Fünf Elementen (siehe S. 122–123) und enthält Omen für jeden Planeten sowie Aufzeichnungen zur Planetenposition zwischen 246 und 177 v. Chr. Der zweite Text beschreibt Phänomene wie Wolken, Halos, Regenbogen und Kometen.

Ein Detail aus den Verschiedenen Vorhersagen. *Unter jeder Zeichnung findet sich der Name des himmlischen Phänomens und manchmal seine astrologische Bedeutung.*

Aufzeichnungen der Welt führten. Die Sterne konnten ihre Farbe ändern oder „wackeln", Supernovas entstanden plötzlich. Schließlich gab es noch andere Himmelsaktivitäten, die der Erde viel näher waren, wie Wolken, Regen, Donner, Blitz, Regenbogen und andere atmosphärische Erscheinungen – die Chinesen unterschieden nicht zwischen Meterologie, Astrologie und Astronomie.

Einzigartige Erscheinungen am Himmel wurden mit außergewöhnlichen Ereignissen auf der Erde verbunden. Besonders zu politisch ereignisreichen Zeiten wie dem Fall einer Dynastie sah man himmlische Zeichen. Eines der frühsten derartigen Phänomene erschien am 28. Mai 1059 v. Chr. Damals kam es zu einer ungewöhnlichen Konjunktion der sichtbaren Planeten Merkur, Venus, Mars, Jupiter und Saturn. Innerhalb von 15 Jahren stürzte König Ji Fa von Zhou den Shang-König und gründete die Zhou-Dynastie. Ji Fa ist besser als König Wu

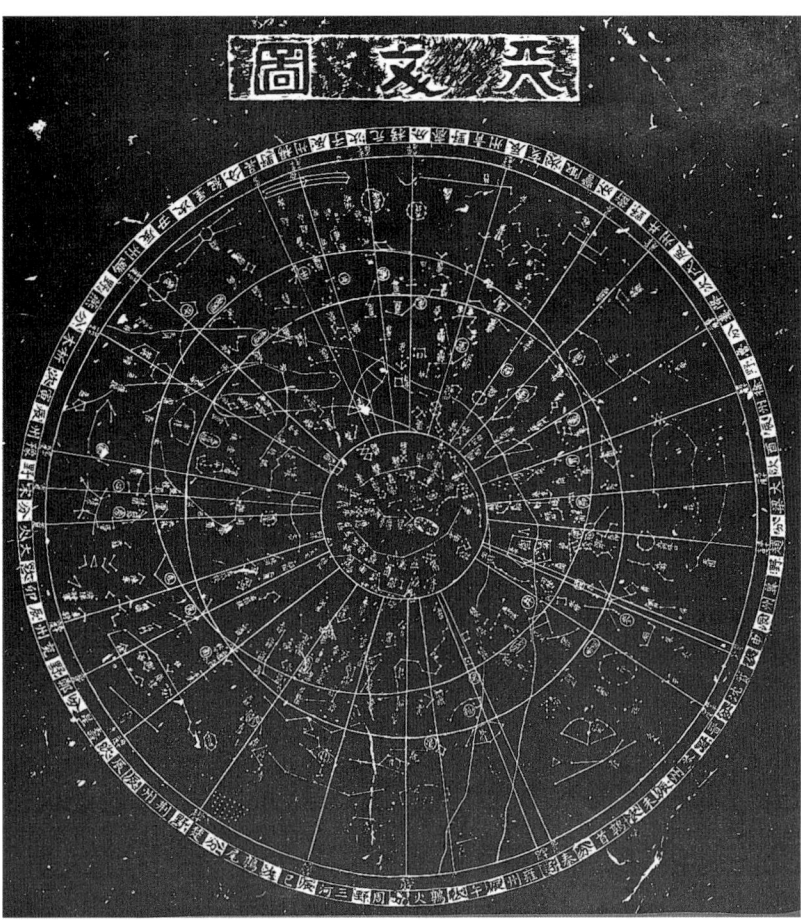

Ein Reiberdruck einer chinesischen Planisphäre oder Himmelskarte, die 1247 n. Chr. in Suzhou in Stein graviert wurde. Sie zeigt rund 1.400 Sterne und die Teilung des Nachthimmels in 28 „Häuser" (xiu, *siehe S. 125).*

bekannt und gilt noch heute als einer von Chinas größten Kulturhelden. Eine weitere Konjunktion der fünf Planeten am 29. Mai 205 v. Chr. war mit dem Fall der Qin- und dem Aufstieg der Han-Dynastie verbunden. Die *shi* (Astronomen) folgerten aus diesen beiden Ereignissen, dass ähnliche Planetenkonjunktionen eine ähnliche Bedeutung haben würden.

Auch von anderen himmlischen Phänomenen erkannte man ihre Bedeutung und veröffentlichte diese in systematischen Sammlungen (siehe Kasten gegenüber). Einer dieser historischen „Präzedenzfälle" ereignete sich 620 n. Chr., zwei Jahre nach der formalen Einsetzung der Tang-Dynastie, aber bevor andere Anwärter unterdrückt worden waren. Am 29. November fiel ein Meteor auf die Stadt Luoyang. Hofastrologen erklärten dem Tang-Herrscher Gaozu, dass der fallende Stern den Tod eines Schurken in der Stadt ankündigte, auf die er stürzte. Luoyang war der Stützpunkt von Gaozus Rivalen Wang Shichong, der 621 tatsächlich von Gaozus Truppen besiegt und getötet wurde.

Chinesische Bücher aller Art, geschichtliche wie auch okkulte Quellen, sind voll von diesen Erzählungen. Sie basierten auf dem Glauben, dass Himmel, Erde und Menschheit eine Einheit bildeten und daß jedes Ereignis in einem Reich Einfluss auf die anderen Reiche haben müsste.

AUFZEICHNEN DER ERDE

Eine Seidenkarte, die im Grab 3 in Mawangdui (168 v. Chr.) entdeckt wurde. Sie stellt wahrscheinlich den Südteil des alten Staates Changsha dar und zeigt etwa Flüsse und Militärstützpunkte.

DIE KARTEN VON FANGMATAN

Die ältesten chinesischen Karten wurden 1986 in Fangmatan, Provinz Gansu, im Grab eines Beamten aus der Qin-Dynastie gefunden, der vermutlich 239 v. Chr. starb. Die sieben Karten, mit Tusche auf vier Holzbretter gemalt, zeigen den alten Verwaltungsbezirk, in dem das Grab lag, mit Städten, Militärlagern, Flüssen, Bergpässen, Transportkontrollpunkten und Wäldern. Wie viele chinesische Karten sind sie mit Süden nach oben orientiert, und mit Norden nach unten. In der chinesischen Kosmologie steht der Süden für Sommer und Sonne und liegt daher oben. Der Norden wird mit Winter und Wasser assoziiert und befindet sich daher unten.

Das Interesse der Bewohner des Westens an China beschränkt sich meist auf universelle Themen wie Philosophie und Metaphysik. Konzentriert man sich bei der Verbindung von Himmel, Erde und Menschheit, die in diesem Kapitel behandelt wird, nur auf Himmel und Menschheit, so bedeutet das keinesfalls, dass die Erde unwichtig war. Die Erde war mehr als nur der Grund für alle Tätigkeiten; sie war lebendig, voller Kräfte und Bedeutungen.

Die ältesten Hinweise auf geografische Vorstellungen in China sind die Orakelknochen der Shang-Zeit (siehe S. 132), in denen *si fang* („vier Viertel") genannt werden. Das bezieht sich auf die vier Haupthimmelsrichtungen. Auch von anderen Aspekten der Erde wie den Winden gab es vier Ausformungen, und es liegt vielleicht nur an der geringen Zahl der schriftlichen Quellen aus jener Zeit, dass die Gelehrten nicht von einer Vierteiligkeit der gesamten Welt sprechen. Auf alle Fälle gab es ab der Zhou-Zeit ein Bestreben, die Erde einzuteilen.

Mehrere Texte aus der Zeit zwischen dem 5. und dem 3. Jahrhundert v. Chr. versuchen vor allem die Regionen der Erde einzuteilen. Das bekannteste Werk ist wohl das Kapitel „Yu gong" oder „Tribut an Yu" im *Shu Jing (Buch der Urkunden)*. Dieses früheste geografische Werk Chinas unterteilt das Reich nach natürlichen Merkmalen in neun Regionen. Später wurden die neun Regionen schematischer in einem Raster organisiert. Das *Buch der Riten*, einer der konfuzianischen Klassiker, berichtet: „Innerhalb der vier Meere liegen neun Regionen mit je 1.000 *li* zum Quadrat (etwa 550 Quadratkilometer)".

Die Umwandlung der vierteiligen Ordnung in ein neunteiliges System aus den vier Haupthimmelsrichtungen (Norden, Osten, Süden, Westen), den vier Nebenhimmelsrichtungen (Nordosten, Südosten, Südwesten, Nordwesten) und der Mitte ist eine der interessantesten Veränderungen in der chinesischen Kulturgeschichte. Es stand im Zentrum der chinesischen Staatskunst in Form der *Ming tang* (Halle des Lichts), einem der wichtigsten Ritualplätze in der kaiserlichen Hauptstadt (und dem Vorläufer des *Tian tan* oder „Himmelsaltars", der noch heute in Beijing steht). Die Halle des Lichts hatte Kreuzform, wobei vier äußere Kammern eine zentrale Halle umschlossen. Der Herrscher musste in Übereinstimmung mit den vier Jahreszeiten von einer Kammer in die

nächste vorrücken und zu bestimmten Tagen in das Zentrum zurück-kehren. Auf diese Weise konnte er über Raum und Zeit bestimmen.

Eine königliche Prozession steht auch hinter dem ersten Hinweis auf eine Landkarte. Eine Bronzeinschrift aus der Westlichen Zhou-Zeit be-schreibt, wie König Kang (regierte 1005–978 v. Chr.) vor einer Prozession die Karten seiner beiden Vorgänger, der Könige Wu (regierte 1049–1043 v. Chr.) und Cheng (regierte 1042–1006 v. Chr.), studierte. Spätere Bronzein-schriften aus der Westlichen Zhou-Zeit beschreiben andere Karten und lassen auf eine Kartenkammer im Palast schließen.

Es überrascht nicht, dass es für Karten praktischen Bedarf gab. Tat-sächlich scheinen einige der ältesten Karten für militärische Zwecke genutzt worden zu sein (siehe Randtext gegenüber), und meist werden Karten in späteren Zeiten in militärischen Abhandlungen genannt.

Die Decke des Himmelstempels in Beijing, dem bedeutendsten abgeschlossenen Ritualraum im kaiserlichen China. Abgeleitet von der alten Halle des Lichts (siehe Haupttext) steht der quadratische Grundriss für die Erde, das runde Deckengewölbe für den Himmel. Der Kaiser bewegte sich in diesem Raum, wenn er seine Opfer darbrachte (siehe S. 88).

FENG SHUI

Feng shui, wörtlich „Wind und Wasser", ist die Kunst der Geomantik oder die Interpretation der Erde durch Auswahl günstiger Orte für menschliche Gebäude. Es ist im Westen besonders beliebt, vielleicht auch, weil manche Aspekte, die alle *Feng-shui*-Schulen vertreten, auf Intuition beruhen. Es ist nicht schwierig, den richtigen Ort oder „Drachenbau" für ein Haus zu finden. Er muss hinten und auf den Seiten von Bergen geschützt sein und sich nach Süden (der Vorderseite) öffnen. Vor dem Haus sollte sich ein Bach schlängeln. *Feng shui* ist nichts anderes als ein weiterer Ausdruck der Einheit zwischen Himmel, Erde und Menschheit, bei dem die Erde ähnlich wie der Himmel gedeutet wird.

Die Anfänge von *feng shui* liegen weit zurück. Es ist möglich, dass einige geomantische Überlegungen bei der Auswahl von Anyang als Ort für die letzte Hauptstadt des Shang-Reiches eine Rolle spielten. Zumindest gilt dies für die Königsgräber nördlich der königlichen Stadt. Die Teilung der Gräber in eine östliche und eine westliche Gruppe kann Zeichen für soziale Unterschiede unter den Königen sein, die nichts mit Geomantik zu tun haben, doch die nord-südliche Ausrichtung der Gräber zeigt, dass ihre Lage genau gewählt wurde: Sie sind alle zum astronomischen Norden hin ausgerichtet, der sechs Grad vom magnetischen Norden abweicht.

Die nachweislich erste geplante Stadt entstand zu Beginn der Zhou-Zeit. Die Zhou, deren Machtbasis sich im westlichen Wei-Tal in der heutigen Provinz Shaanxi befand, wollten im Zentrum der neu eroberten Gebiete eine neue Hauptstadt errichten. Sie wählten eine Gegend, die dem Gründer der Dynastie, König Wu (siehe S. 126) im Traum erschienen war. Danach ließen sie den Großen Beschützer Shao Gong Shi den Ort am Zusammenfluss der Flüsse Luo, Jian und Chan in der heutigen nördlichen Provinz Henan südlich des Gelben Flusses überprüfen. Das *Buch der Urkunden* beschreibt, wie der Große Beschützer die

Eine moderne Kopie eines alten Geomantikkompasses. Feng-shui-Experten benötigten eine fundierte Ausbildung in fast allen Arten der chinesischen Weissagung sowie ein allgemeines Verständnis für den Aufbau des Universums.

RESPEKTIERE DEN DRACHEN: *FENG-SHUI*-SCHULEN

Erst mit Beginn der Song-Zeit wurde es möglich, einige der Theorien auszu-
machen, die Grundlage für die chinesische Geomantik bilden. Damals entstanden zwei Schulen: die Kompassschule (oder Richtungs- und Lageschule)
und die Formschule (oder Form- und Figurenschule).

Wie der Name besagt, konzentrierte sich die Kompassschule auf den geomantischen Kompass (siehe Haupttext). Anhänger der Formschule waren den
Erdkräften stärker verbunden. Sie untersuchten die Landschaft, vor allem die
Formen der Hügel und Flüsse, um die Erdströme zu finden, die sie als
Drachenvenen bezeichneten. Sie rieten ihren Klienten davon ab, diese Venen
zu verletzen oder zu tief in die Erde zu graben. Vor allem in Südchina wurden
daher die Gebäude in die Landschaft eingebettet, anstatt sie zu beherrschen,
und man zog kurvige Linien starren Winkeln vor. In der flachen Ebene Nordchinas war es schwieriger, diese Theorien in die Praxis umzusetzen.

Ein Grab in Südchina nahe Hongkong. Nach den Feng-shui-*Prinzipien
angelegt, liegt es ideal mit Blick ins Tal und einem sanften Hügel dahinter.*

Stadt Luo (heute Luoyang) nach den Eingebungen plante, die er vor Ort
erhielt. Diese Beschreibung seiner Taten im konfuzianischen Kanon hat
den Großen Beschützer zum Schutzpatron der Geomantiker gemacht.

In der Han-Zeit war die Geomantik so populär, dass sie der bekannte Skeptiker Wang Chong (27–ca. 97 n. Chr.) als „Volksglauben"
abtat. In jener Zeit umfasste die kaiserliche Bibliothek Kopien von geomantischen Abhandlungen, genannt *kan yu*, die Joseph Needham als
„Baldachin des Himmels und Triumphwagen der Erde" übersetzte und
die die Einheit von Himmel und Erde bekräftigen.

Aus derselben Zeit stammen mehrere Exemplare des *shi pan*
(„Weissagungsbrett"), das aus zwei Teilen bestand: einem quadratischen
Standbrett als Symbol für die Erde und einem runden, drehenden Brett
mit astronomischen Zeichen. Wenn dieses Weissagungsbrett auch für
Astrologen größere Bedeutung gehabt haben dürfte als für Geomantiker,
so war es doch der Vorläufer des späteren geomantischen Kompasses
(*luo pan*). Dieses Instrument hatte eine Magnetnadel in der Mitte, um die
konzentrische Ringe mit Hinweisen zu Astronomie, Kalender und Raum
angeordnet waren (siehe Abb. gegenüber). Dazu zählten die 28 Mondhäuser (siehe S. 125), die Fünf Elemente (siehe S. 122–123) und das *Yi
Jing* (siehe S. 133).

WEISSAGUNG

Eine Schildkrötenschale, die in der Shang-Zeit zur Weissagung verwendet wurde. Dieser „Orakelknochen" wurde in Anyang, der alten Hauptstadt der Shang, in der heutigen Provinz Henan ausgegraben. Die ältesten Orakelknochen stammen aus der Zeit des Shang-Königs Wu Ding (regierte ca. 1215–1190 v. Chr.). Diese Form der Weissagung war bis in die Han-Zeit gebräuchlich und wird in allen klassischen chinesischen Texten erwähnt.

Die Weissagung, also der Versuch, Omen zu interpretieren und so die Zukunft vorherzusagen, war eines der wichtigsten Wissensgebiete im alten China. Die älteste chinesische Bibliographie, mit der die Bücher in der kaiserlichen Bibliothek der Han-Dynastie geordnet wurden, nennt Werke über Weissagung unter dem Oberbegriff „Zahl und Fähigkeit", der wiederum in sechs Untergruppen unterteilt ist: „Astronomie–Astrologie", „Kalender", „Die Fünf Elemente", „Schafgarbe und Schildkrötenschale", „Verschiedene Vorhersagen" und „Topographie" (Geomantik oder *Feng shui*). Vier dieser Unterkategorien werden an anderer Stelle in diesem Kapitel behandelt. Von den anderen beiden sind Schildkrötenschale und Schafgarbenweissagung am bedeutsamsten.

1899 erschienen in den Apotheken von Beijing erstmals „Drachenknochen" (ein Stoff aus der chinesischen Medizin) mit eingeritzten Schriftzeichen. Wang Yirong (1845–1900), ein Experte für alte Schriften, erkannte darin eine ältere Schrift als die Zeichen auf den Bronzegefäßen, die bis dahin als älteste Schrift in China gegolten hatten. Man fand heraus, dass die Knochen (eigentlich Brustpanzer von Schildkröten und Schulterblätter von Ochsen) aus der Stadt Anyang in der Provinz Henan kamen, wo die letzte Hauptstadt der Shang-Dynastie bestanden hatte. Somit war klar, dass die Knochen über 3.000 Jahre alt waren.

Durch Vergleiche mit jüngeren chinesischen Schriftzeichen konnten die Forscher schließlich mehrere tausend Schriftzeichen auf den Knochen identifizieren. Es zeigte sich, dass die Inschriften Aufzeichnungen von Weissagungen für die Shang-Könige waren. Deshalb heißen diese Knochen heute meist „Orakelknochen". Sie zeigen auch Reste des Vorgangs: Die Knochen wurden gebrannt, indem man glühend heiße Späne in spezielle Vorrichtungen auf dem Knochen steckte, bis die Oberfläche sprang. Die Sprünge wurden von Wahrsagern interpretiert und Weissagung und Ergebnis auf dem Knochen niedergeschrieben.

Die Weissagung mit den „Orakelknochen" durchdrang alle Aspekte der Regierung. Natürlich war sie bei allen Staatsereignissen wie Opfern (auch Menschenopfer) für die Ahnen, Kriegen, Ernten usw. besonders wichtig. Doch wurden auch Ereignisse im Leben des Königs hinterfragt. Wenn er Zahnschmerzen hatte, ließ er herausfinden, welcher seiner Ahnen ihm die Schmerzen verursachte (siehe auch S. 148).

Allmählich entstanden andere Formen der Weissagung etwa durch die Schafgarbe, eine Pflanze mit langen, dünnen Stängeln, die nummerisch sortiert wurden. Die Weissagung durch Schafgarbe ist mit dem Text des *Yi Jing* (siehe Kasten gegenüber) verbunden.

DAS *YI JING*

Das *Yi Jing* oder *Buch der Wandlungen* zählt zu den bekanntesten altchinesischen Texten. Es baut auf den „acht Trigrammen" und den „64 Hexagrammen" auf. Diese Symbole (*gua*) bestehen aus drei bzw. sechs durchgehenden oder durchbrochenen Linien (siehe Abb.), die man durch Zählen von Schafgarbenhalmen erhielt. Zu jeder Linie jedes Hexagramms gibt es im *Yi Jing* einen kryptischen Spruch, der interpretiert werden kann und Basis für die Weissagung ist.

Das *Yi Jing* stammt aus dem 1. Jahrtausend v. Chr. Die ersten Texte wurden um 800 v. Chr. verfasst. Sie waren wohl ein einfaches Handbuch über die Weissagung mit Schafgarben. In der Östlichen Zhou-Zeit aber wurde das *Yi Jing* und vor allem das *Da Zhuan* (Großer Kommentar) aus der Zeit um 300 v. Chr. zu einem wichtigen Quell der Weisheit. Dieses Werk bietet den philosophischen Hintergrund zum *Yi Jing* und meint, dass Veränderungen in den Hexagrammen und Linien Zeichen für die Veränderlichkeit der Welt sind. Anders als andere Bücher, deren Texte auf die Seiten fixiert sind, wird das *Yi Jing* durch die Weissagung lebendig und verändert sich bei jedem neuerlichen Lesen.

Das Amulett aus der späten Qin-Zeit und die Hongkonger Löwenmaske zeigen die acht Trigramme und Yin-Yang.

DER KALENDER

Die Wahrsager der Shang-Dynastie, die aus Orakelknochen weissagten (siehe S. 132–133), nannten genau den Tag, oft auch den Monat und manchmal das Jahr ihrer Prophezeiung. Der Zeit kam in der chinesischen Geschichte eine große Bedeutung zu. Eine der ersten Aufgaben jeder neuen Dynastie war es, den Kalender zu regulieren: Wenn die Zeit in Unordnung geriet, hatte das furchtbare Folgen.

Die Orakelknochen beweisen, dass die Chinesen zur Shang-Zeit bereits das Grundkonzept der Zeit ausgearbeitet hatten. Die kleinste Einheit war (zumindest für die Aufzeichnungen) der Tag, der wahrscheinlich von Mitternacht bis Mitternacht ging. Die Tage waren in einen 60-teiligen Zyklus eingeteilt, wobei zehn *tiangan* ("Himmelsstämme") mit zwölf *dizhi* ("Erdästen") verbunden wurden. Von den 120 Tagen wurden nur 60 verwendet. (Später wurden auch aufeinander folgende Jahre in einem Zyklus von 60 nummeriert.)

Die zehn *tiangan* scheinen von den zehn Sonnen abgeleitet zu sein, die in der chinesischen Mythologie von Osten nach Westen über den Tageshimmel zogen: Während eine Sonne am Himmel stand, kehrte die Sonne, die ihren Weg beendet hatte, durch die wässrigen Tiefen unter der Erde zum Fusang-Baum jenseits des östlichen Horizonts zurück, wo die anderen acht Sonnen auf ihren Rundlauf warteten (wie oben rechts auf der Seidenfahne von Mawangdui abgebildet, siehe S. 141). Die zwölf *dizhi* entsprechen den zwölf Monden, die in einem Jahr erscheinen. Damit bezeichnete man später die Monate des Jahres.

Der 60-tägige Zyklus war in sechs "Wochen" zu zehn Tagen unterteilt. Später gab es auch sieben- oder achttägige Zeiteinheiten, bestimmt nach den Mondphasen, doch ersetzten sie nie die Zehn-Tage-Woche. Der Mond war die Grundlage eines Monats (das Wort *yue* bedeutet "Mond" und "Monat"). Es gab abwechselnd "lange" Monate mit 30 Tagen

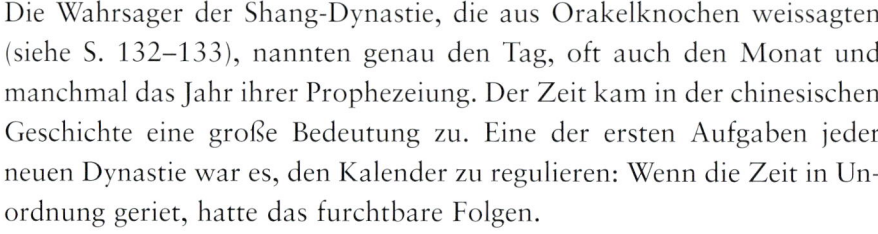

Ein chinesischer Drache, gestickt auf eine Seidenrobe der späten Kaiserzeit. Darüber eine Darstellung des Mondes. Der „Hase im Mond" (er entspricht dem „Mann im Mond" des Westens) bereitet das Elixir der Unsterblichkeit.

und „kurze" Monate mit 29 Tagen, um dem Mondzyklus von durchschnittlich 29,53 Tagen gerecht zu werden. Da das Jahr mit dieser Methode nur 354 Tage lang war, musste man etwa alle drei Jahre einen zusätzlichen Monat einschieben, um das Mondjahr an das Sonnenjahr anzugleichen. Deshalb schwankt das chinesische Neujahr zwischen Ende Januar und Ende Februar des westlichen Kalenders.

Während die Mechanik des chinesischen Kalenders ziemlich einfach ist, kann die Bedeutung der Zeit im Weltbild des alten China gar nicht genug betont werden. In der Shang-Zeit erhielten die Ahnen nach ihrem Tod Namen nach den Tagen, an denen ihnen geopfert wurde. In derselben Epoche dachte man bereits, dass manche Tage Glück, andere Unglück bringen würden. Das erklärt, warum die Ahnen nie den Namen mancher Tage erhielten und warum nur an bestimmten Tagen gejagt wurde. In späteren Zeiten gaben Almanache an, was von bestimmten Aktivitäten an speziellen Tagen zu erwarten war (siehe Kasten unten).

ALMANACHE

Almanache oder *ri shu* („Tagesbücher") gehören in China praktisch zum Alltag. Sie zählen zu den ersten Büchern, die in diesem Land gedruckt wurden. Bis heute sind Almanache der verbreitetste Buchtyp in ganz China.

Man fand in Gräbern in ganz China alte Tagesbücher. Das älteste entdeckte man 1942 in Changsha. Es stammt aus der Zeit um 300 v. Chr. Verschiedene alte Texte beschreiben die Arbeit der „Tagesmänner". Diese Experten legten fest, welche Tage günstig waren und welche Unglück brachten. Hier ist ein Ausschnitt aus dem Kapitel über „Bekleidung" aus einem Almanch, der im 3. Jahrhundert v. Chr. in Shiuhudi in der Provinz Hubei verfasst wurde: „Wenn man Kleider an *dingchou* (Tag 14 des chinesischen 60-tägigen Zyklus) schneidert, verführen sie andere; an *dinghai* (Tag 24) sprechen sie die Geister an; an *dingsi* (Tag 54) sind sie bequem zu tragen; und an *guiyou* (Tag 10) gibt es viele Kleider. Trage nie neue Kleider an *jiwei* (Tag 56) des neunten Monats, und wenn man (an diesem Tag) die Hände bedeckt, wird man sicher sterben."

Teil eines modernen Neujahrsalmanachs. Noch heute sind Almanache in China weit verbreitet.

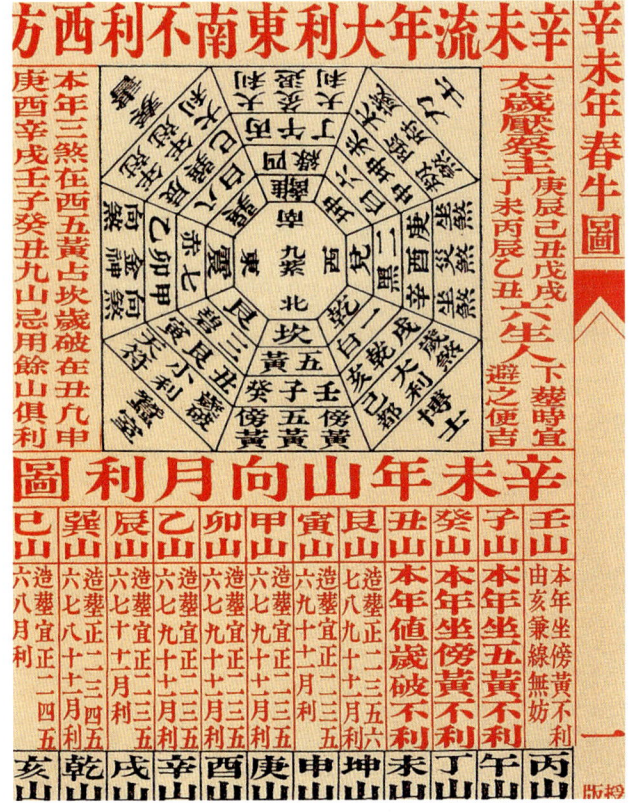

DAS REICH DER GEISTER UND SEELEN

DIE WELT DER GEISTER

IM ALTEN CHINA ENDETE DAS LEBEN NICHT MIT DEM TOD. MAN DACHTE, DASS DIE MENSCHEN AUF VERSCHIEDENE ART WEITERLEBTEN. DIEJENIGEN, DIE BEISPIELHAFT GELEBT HATTEN, WURDEN ZU SEELEN (*SHEN*), WÄHREND SICH DIEJENIGEN, DEREN LEBEN WENIGER EHRENHAFT VERLAUFEN WAR, IN GEISTER (*GUI*) VERWANDELTEN. GEISTER UND SEELEN HATTEN EINFLUSS AUF DIE MENSCHEN, UND DIE MENSCHEN VERSUCHTEN ALLES, UM DIE GEISTER UND SEELEN GÜNSTIG ZU STIMMEN.

Ein Türgott bewacht den Eingang eines Tempels der chinesischen Gemeinschaft in Penang, Malaysia.

Viele Europäer lernten die Chinesen als rationelles Volk kennen (schließlich soll Konfuzius nichts über Geister und Seelen gesagt haben), doch wird jeder, der China wirklich kennt, der Charakterisierung des chinesischen Volkes durch den großen französischen Sinologen Marcel Granet (1884–1940) zustimmen: „Sie fühlten die Präsenz einer schützenden Kraft, deren Heiligkeit überall der Landschaft entsprang; diese segensreichen Kräfte versuchten sie mit allen Mitteln einzufangen." Seelen (*shen*) waren allgegenwärtig, und auch am Firmament strahlten unzählige Seelen: Jeder Stern hatte Identität und besaß Kraft; der Himmel selbst war die bedeutendste Seele. Auch die Erde war beseelt. Jeder Berg und Fluss war von einem Geist erfüllt, und jedes Tier und jede Pflanze konnte ein religiöses Wesen sein. Auch die Menschen (zumindest einige von ihnen) konnten tatsächlich Geister sein. Um in das Reich der Seelen einzutreten, mussten sie das Leben der Sterblichen hinter sich lassen. Das war aber nicht immer der Fall. Vor allem in den späteren Epochen konnten die Lebenden Verbindung mit der Geisterwelt aufnehmen, indem sie den Körperorganen Miniaturgeister zuschrieben.

Die ältesten schriftlichen Überlieferungen, die Orakelknochen der Shang-Zeit (siehe S. 132–133) berichten, dass allen heiligen Wesen Opfer dargebracht wurden, vor allem aber den Ahnen. Es überrascht, dass dem obersten Gott der Shang, Shang Di, nie geopfert wurde. Offensichtlich konnte man ihn nur durch Mittler im Reich der Geister erreichen. Es scheint auch, dass zu jener Zeit eine Gegenreligion entstand: Die Religion der Zhou mit dem obersten Gott Tian (Himmel). Spätere Berichte erzählen, dass ein Shang-König einen Lederbeutel mit Blut füllte und einen Pfeil darauf abschoss, um dann zu behaupten, den Himmel getötet zu haben. Allerdings versagte die Magie: Die Zhou stürzten die Shang, und der Himmel wurde der höchste Gott aller Wesen.

Der Himmel wurde zwar nicht personifiziert, doch entwickelte er sich zu einem Individuum mit eigenem Willen. Er wurde nicht nur der höchste Gott, sondern auch das Reich fast aller anderen Götter und Geister. Einige davon sah man sehr leicht. Tai Yi (der Große), der Kriegs-

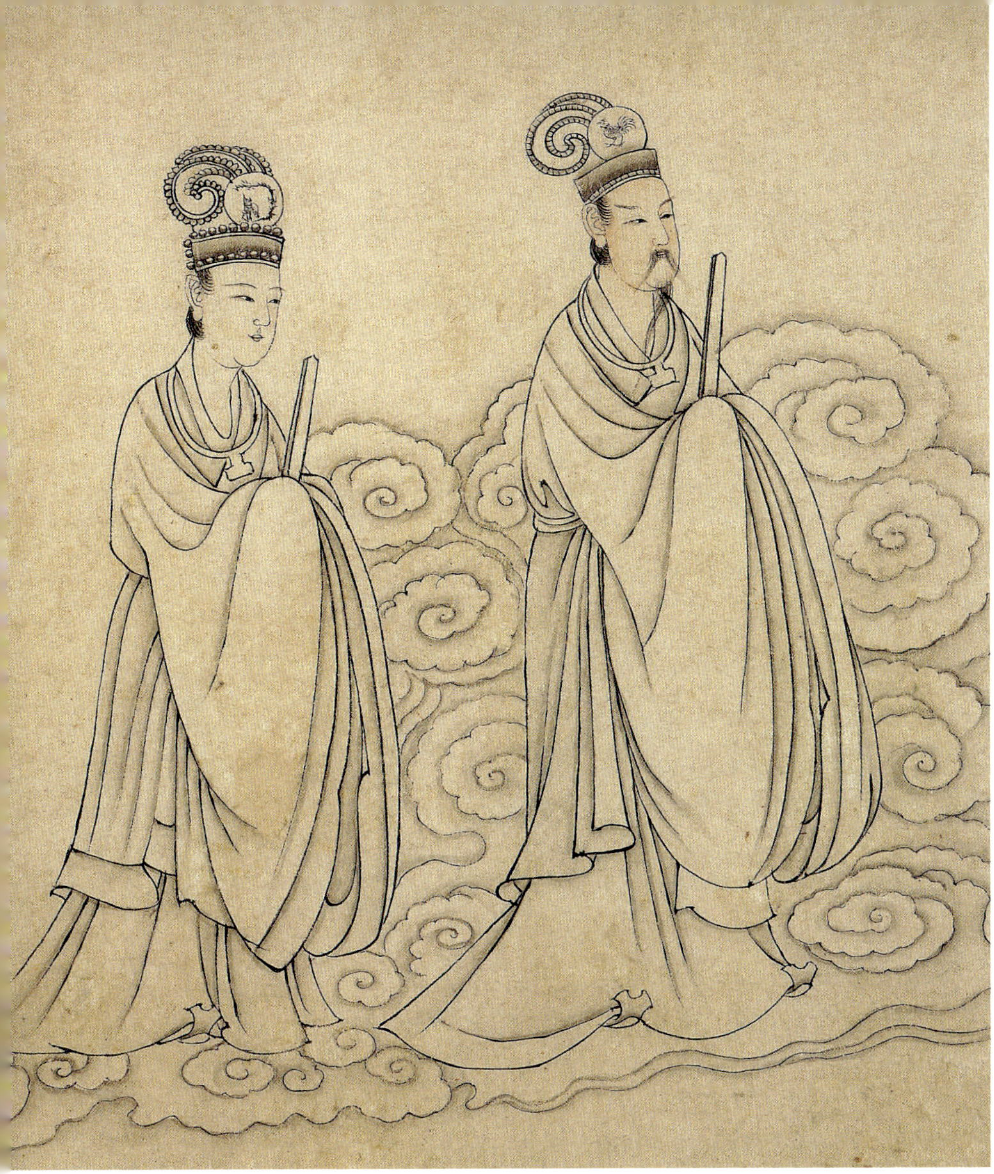

Mond (links) und Sonne (rechts) sind in dieser Schriftrolle aus dem 11. Jahrhundert als weiblicher und als männlicher Gott dargestellt. Der Kopfschmuck der Göttin enthält das Bild eines Hasen, der laut Überlieferung auf dem Mond lebt und das Elixier der Unsterblichkeit mahlt (siehe auch S. 134). Das Vogelbild am Kopfschmuck ihres Begleiters stellt die Sonne dar.

gott der Han-Dynastie, wurde manchmal als Geist mit geöffneten Beinen, manchmal als Speer dargestellt. Dieses Bild rührte vom Schriftzeichen seines Namens, das einem Speer glich, und seinem Sternbild am Nachthimmel her. Hier bildete er eine dreieckige Sternengruppe genau über dem Großen Wagen (Bären). Im Lauf der Zeit wurde das Firmament immer detaillierter aufgezeichnet, und auch die Diagramme des Pantheons wurden immer genauer: In späteren daoistischen Werken sind 36.000 verschiedene Gottheiten in eine komplizierte Hierarchie eingebunden.

Geister lebten auch im menschlichen Körper. In sehr bildreicher Sprache beschreibt das *Huangting Jing*, das *Buch des Gelben Hofes*, das zu den ältesten und wichtigsten Schriften des Daoismus zählt, wie diese Geister gepflegt werden können, damit der Mensch seinem sterblichen Körper endgültig entfliehen kann. In dem Text werden die Körpergeister als eigener Mikrokosmos im Geisterreich des Universums dargestellt. Der Körper wird als „himmlischer Hof" und „Erdengrenze" (die Bereiche zwischen den Augenbrauen und den Füßen) sowie als „göttliche Terrasse" (das Herz) bezeichnet.

Der Gott Tai Yi (oben mit geöffneten Beinen) in einer Abbildung aus dem Diagramm zur Abwehr der Waffen. *Dieser Text wurde 1973 in Mawangdui in der Provinz Hunan entdeckt. Andere Götter, darunter der Regenmeister und der Herr des Donners, helfen Tai Yi.*

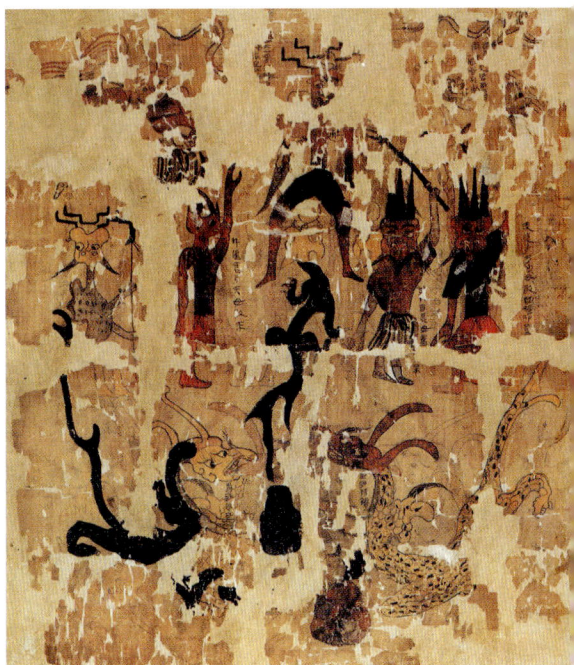

WANDERNDE SEELEN

Früher glaubten praktisch alle Chinesen an Geister und Seelen. Einige fanden ihren Platz im Himmel (siehe S. 136–137), andere wiederum wurden als „Wesen, die keinen Platz zur Wiederkehr haben" bezeichnet. Die Geister lebten meist kürzer als die Seelen, die zwar unsterblich waren, aber nur eine Zeit lang nach dem Tod ihres sterblichen Körpers für Unruhe sorgen konnten.

Die älteste chinesische Erzählung über Geister berichtet von Bo You, einem Edelmann aus dem Staate Zheng in der Östlichen Zhou-Zeit, der 543 v. Chr. durch eine Verschwörung unter den Anführern Si Dai und Gongsun Duan getötet wurde. Acht Jahre später starben Si Dai und Gongsun Duan, und im gesamten Staat ging die Angst um, dass Bo Yous Geist zurückgekehrt sei. Der Held dieser Geschichte, Zi Chan, bereitete der Panik ein Ende, indem er Bo Yous Sohn beförderte und ihm die Aufgabe erteilte, das Grab seines Vaters zu pflegen. Zi Chan erklärte: „Wenn

Diese Abbildung zu einem buddhistischen Text aus der Tang-Zeit zeigt Sünder, die vor einem Beamten der Unterwelt bestraft werden. Nach den buddhistischen und den daoistischen Vorstellungen vom Leben nach dem Tod ist jeder Mensch eine Zeitlang ein Geist, der in das Fegefeuer kommt, um für die Sünden auf der Erde zu büßen. Zur Überwachung der Geister gab es in der Unterwelt einen Beamtenapparat, der der irdischen Bürokratie entsprach.

die Geister einen Ort haben, an den sie zurückkehren können, machen sie nichts Böses. Ich habe ihm diesen Ort gegeben."

Zi Chan beschrieb dann die menschliche Seele zum ersten Mal. Er sagt, dass das Leben im Mutterleib mit einer „Mondseele" (*po*) beginnt. Bei der Geburt erhält der Mensch wohl mit dem ersten Atemzug durch das *qi* eine „Wolkenseele" (*hun*). Wenn man diese Seelen gut nährt, werden sie stark und können „spirituelle Intelligenz" erlangen, über die die Unsterblichen verfügen. Stirbt ein Mensch eines gewaltsamen Todes, bleiben beide Seelen von anderen abhängig, und wenn sie nicht gepflegt werden, können sie Probleme verursachen. Je bedeutender ein Mensch war, desto mehr Schwierigkeiten konnte seine Seele verursachen.

Zu den wichtigsten chinesischen Begräbnisritualen zählte „Anrufen der Wolkenseele", das kurz vor dem Begräbnis durchgeführt wurde. Man dachte, dass *hun* beim Tod wegschwebte und an ihren Platz im Himmel zurückkehrte. Deshalb versuchte man, *hun* wieder in den Körper zu holen, damit sie nicht ziellos umherirrte, sondern durch Opfer im Grab genährt wurde. Nach dem erfolgreichen Ritual steckte man einen Jadestöpsel in den Mund des Toten, damit *hun* nicht mehr fliehen konnte.

GEISTERGESCHICHTEN

Die Geistererzählung ist eine der populärsten Literaturformen der chinesischen Geschichte. 1986 entdeckten Archäologen in Fangmatan, Provinz Gansu, in einem Grab die bisher älteste Geistergeschichte. Sie ist in Form eines offiziellen Berichts verfasst und behandelt einen Fall, der sich 300 v. Chr. zutrug. Ein Mann namens Dan beging Selbstmord, nachdem er einen Nachbarn erstochen hatte. Die Dorfbewohner begruben Dan, doch bat drei Jahre später der Dorfälteste die Götter, Dan wieder ins Leben zu holen, da er vor seiner Zeit gestorben war. Die Götter schickten einen weißen Hund, der Dan ausgrub. Er hatte eine Narbe an der Kehle und seine vier Gliedmaßen waren „nicht zu gebrauchen".

Dämonen kämpfen gegeneinander auf diesem Bild auf dem Holzsarg der Marquise von Dai (starb um 166 v. Chr.), 1972 in Mawangdui in Changsha, Provinz Hunan, entdeckt.

Dan beschrieb das Reich der Toten und gab den Lebenden Ratschläge: „Die Toten wollen nicht viele Kleider. Die Leute denken, dass in weißes Gras gewickelte Opfergaben günstig stimmen, doch die Geister sind jedem Opfer geneigt, egal wie es verpackt ist. Wer opfert, sollte aber nicht spucken, denn dann fliehen die Geister voller Angst."

TOD UND BEGRÄBNIS

**ZHUANGZI UND
DAS SCHICKSAL**

Der große daoistische Philosoph
Zhuangzi (ca. 365–285 v. Chr.),
dessen gleichnamiges Buch heute zu
den großen Schätzen der chinesischen
Philosophie und Literatur zählt, wurde
von einem Freund gerügt, als er gleich
nach dem Tod seiner Frau sang.
Zhuangzi meinte, dass er bei ihrem
Tod getrauert habe, doch dass er es
sich dann besser überlegt habe. Er
erkannte, dass „in all dem Wunder
und Mysterium eine Veränderung statt-
gefunden hatte und dass sie plötzlich
eine Seele hatte. Noch eine Veränderung und sie ward geboren. Wieder
eine Veränderung und nun ist sie tot.
Es ist wie mit dem Ablauf der vier
Jahreszeiten … Würde ich um sie
trauern und weinen, zeigte das nur,
dass ich nichts vom Schicksal
verstanden habe."

Ob zum Geist oder zur Seele bestimmt, alle Menschen teilen das Schicksal des Todes. Die Einstellung zum Tod war sehr unterschiedlich. In
einem Brief an einen zum Tod verurteilten Bekannten verteidigte der kaiserliche Astronom und Historiker Sima Qian (ca. 145–86 v. Chr.) seine
eigene Entscheidung, die Schande der Kastration anstatt der Ehre des
Selbstmords gewählt zu haben, als er einige Jahre davor verurteilt worden war. Er meinte, dass „einige Tode schwerer wiegen [also bedeutender sind] als Berg Tai, während andere Tode leichter sind als eine
Gänsefeder". Laut Sima war der Selbstmord eines reinen Historikers
trivial. Zudem konnte er, da er, wenn auch verstümmelt, weiterlebte,
seine *Aufzeichnungen des Historikers (Shi Ji)*, die erste große Geschichte
Chinas, fertigstellen.

Der daoistische Mystiker Zhuangzi konnte über den Tod einfach
hinweg gehen (siehe Randtext links). Nur wenige Menschen traten dem
Tod vor allem eines geliebten Menschen so gelassen entgegen. Der
Shang-König Wu Ding (regierte ca. 1215–1190 v. Chr.) ließ das Grab
seiner Lieblingsfrau Fu Hao unermesslich reich ausstatten.
Das Grab wurde 1976 in Anyang in der Provinz Henan
gefunden. Es enthielt über 440 Bronzefiguren, 590
Jadeschnitzereien, beinahe 7.000 Kaurimuscheln und
unter anderem (siehe S. 24) 16 Menschenopfer. Zum
Glück wurde das Grab von den Grundmauern des
Tempels geschützt, den Wu Ding darüber errich-
ten ließ. Viele andere Gräber wie das
von Wu Ding selbst und den anderen
Shang-Königen, die in Anyang regierten, blieben nicht so lange unberührt.

Die Grabräuberei führte bereits
zur Zeit Konfuzius' zu einer Debatte, die
bis zum Ende der Han-Dynastie und darüber
hinaus geführt wurde: Welches Begräbnis war
das Beste? Diese Frage war besonders für die
Anhänger Konfuzius' von großer Bedeutung,
da viele als Leichenbestatter tätig gewesen
sein dürften. Wenn man ernsthaft um einen
geliebten Menschen trauert, ist es emotional
undenkbar, den Leichnam einfach in eine
Grube zu werfen. Es war Aufgabe eines ergebenen Sohnes, die Toten ordentlich zu bestat-

Zwei qitou *(Schutzgeister)
aus glasiertem Ton aus
der Tang-Zeit. Solche
grimmigen Figuren
wurden zur Abwehr
böser Einflüsse in
Gräber gelegt.*

ten. Das Grab durfte weder so flach sein, dass Tiere den Leichnam ausgraben konnten, noch so tief, dass Wasser in das Grab eindringen konnte. Andererseits wäre es eine Einladung an Grabräuber, zu viele Schätze mit dem Leichnam zu bestatten. Bereits in der Mitte des 3. Jahrhunderts v. Chr. kritisierte die *Lüshi chunqiu*, eine Enzyklopädie, die für einen Premierminister des Staates Qin erstellt wurde, die prächtigen Begräbnisse jener Zeit: „Extravaganz gilt als großartig, Einfachheit als unwürdig. [Die Menschen] überlegen nicht, was den Toten helfen könnte, sondern nur, was die Lebenden gutheißen oder ablehnen. Das sind nicht die Gefühle liebender Eltern oder eines ergebenen Kindes."

Der Text beschreibt weiter, wie die Gräber jener Zeit ausgestattet waren: „Mit zunehmender Größe der Staaten und wachsendem Reichtum der Familien wurden auch die Begräbnisse pompöser. In den Mund des Leichnams wird eine Perle gesteckt, den Körper bedeckt ein Totengewand aus Jade wie die Schuppen einen Fisch, und in das Grab werden Bambusdokumente, Schmuckstücke und Wertgegenstände, Bronzekelche, Dreibeine, Töpfe und Becken, Pferdewagen, Kleider und Decken sowie Hellebarden und Schwerter gelegt. Jedes Utensil, das die Lebenden für die Ernährung brauchen, findet man auch im Grab." Das reichte aber nicht für das Grab von Qin Shihuangdi, den Ersten Kaiser (regierte 221–210 v. Chr.), aus dessen Regierungszeit die *Lüshi chunqiu* stammt. Sein Grab sollte das perfekte Modell des Universums sein und nicht nur Gegenstände enthalten, sondern auch Flüsse und Meere aus Quecksilber. Auf die Decke wurde das Firmament gemalt, auf den Boden alle Erdphänomene.

Die großartige Terrakotta-Armee, die in der Nähe des Grabes gefunden wurde (siehe S. 187), macht nur einen kleinen Teil der Grabstätte aus. Das Grab selbst wurde noch nicht freigelegt, obwohl es in der Antike mindestens zweimal ausgeraubt wurde. Archäologen haben eifrig in ganz China Gräber aus allen Perioden und allen Bevölkerungsschichten geöffnet. Ihre Entdeckungen haben unser Verständnis von Leben und Sterben im Altertum verändert (siehe auch S. 60).

Eine Begräbnisfahne aus Seide aus dem Grab der Marquise von Dai in Mawangdui (siehe S. 139). Es zeigt die Marquise im hohen Alter (Mitte), im Tod (unten) und auferstanden als junge Frau (oben).

DEN AHNEN DIENEN

LUXUSGESETZE

In der Östlichen Zhou-Zeit wurden derart prächtige Ritualgefäße in die Gräber gelegt, dass man Gesetze erließ, die die Ausgaben von Privatpersonen für ihre Ahnen begrenzten. Diese „Luxusgesetze" besagten, dass Königen neun Töpfe und acht Terrinen beigegeben werden konnten; Markgrafen sieben Töpfe und sechs Terrinen; hohen Beamten fünf Töpfe und vier Terrinen und Angehörigen der Gentry drei Töpfe und zwei Terrinen. Archäologische Funde weisen auf ein derartiges System hin, und Archäologen bestimmen oft nach der Anzahl der Gefäße in einem Grab den Status ihres Eigentümers. Allerdings zeigt sich auch manchmal, dass mehr Gefäße beigegeben wurden als offiziell erlaubt war.

Mit Tod und Begräbnis waren die Pflichten der Lebenden gegenüber den Toten nicht erfüllt, da die Toten weiter existierten und Pflege brauchten. Einige Dinge wurden bereits mit den Toten bestattet, doch musste man ihnen auch in den Ahnentempeln opfern. Bereits in den Inschriften auf den Orakelknochen aus der Shang-Zeit (siehe S. 132–133) gibt es zahlreiche Weissagungen, die klären sollten, ob Ochsen-, Schweine- oder gar Menschenopfer am günstigsten wären. Gegen Ende dieser Dynastie gab es fünf Arten von Opfer für die königlichen Vorfahren, die alle 360 Tage des Jahres füllten.

Die nachfolgende Zhou-Dynastie entwickelte ein Opfersystem für die Ahnen, mit dem die Beziehung zwischen den Lebenden und den Toten für die gesamte Kaiserzeit geregelt war. Um die Mitte der Westlichen Zhou-Zeit gab es eine radikale Neuorganisation der Gesellschaft. Die Regierung, früher patriarchalisch aufgebaut, war nun bürokratisch organisiert. Die Familien, die einst eng gefasst waren, wurden nun zu Linien und Nebenlinien erweitert. Dank jüngster archäologischer Funde sind heute andere Auswirkungen dieses sozialen Wandels bekannt. Zu Beginn der Westlichen Zhou-Zeit waren die Gefäße, mit denen den Ahnen in den Gräbern Opfer dargebracht wurden, relativ klein. In der Mitte der Dynastie (um 900 v. Chr.) stellte man weitaus prächtigere Gefäße her, die in den Ahnentempeln aufbewahrt wurden, und noch

MENSCHENOPFER

Die Inschriften auf den Orakelknochen aus der Shang-Zeit und archäologische Ausgrabungen in Anyang, der Hauptstadt der Shang, weisen auf Menschenopfer hin. Das überraschte die Gelehrten nicht, denn in den alten Texten wurden Menschenopfer erwähnt, und Konfuzius beklagte, dass Tonfiguren anstatt Menschen bei den Begräbnissen beigegeben wurden. (Konfuzius meinte, dass zwar kein Blut floss, diese Praktik aber doch darauf schließen ließ, dass die Menschen keinen Wert hatten.)

Konfuzius lebte einige Zeit nach dem Tod von Herzog Mu aus dem Staat Qin 621 v. Chr. Mit Mu wurden angeblich 177 Menschen begraben, von denen drei Adelige aus dem Qin-Reich waren, die in einem Gedicht

im *Buch der Lieder (Shi Jing)* besungen wurden. 1977 fanden Archäologen in Fengxiang in der Provinz Shaanxi ein riesiges Grab (300 m lang und 24 m breit), das 166 Menschenopfer enthielt. Sie dachten, dass sie im Zentrum des alten Qin-Staates Mus letzte Ruhestätte gefunden hätten.

Weitere Untersuchungen ergaben aber, dass es sich bei dem Grab um die Ruhestätte von Mus Ururenkel Herzog Jing (regierte 576–537 v. Chr.) handelte. Als Jing starb, war Konfuzius 15 Jahre alt. Vielleicht war Konfuzius gegen die Tonfiguren als Grabbeigaben, weil zu seiner Zeit sogar noch Menschenopfer weit verbreitet waren.

Ein Herr der Unterwelt, wo ein Register aller lebenden und toten Menschen aufbewahrt wird. Diese Aufnahme wurde beim jährlichen Tin-Hau-Fest in Hongkong gemacht. Tin Hau ist der kantonesische Name der Göttin Tian Hou (siehe S. 102).

Dieser seltsame Vogel mit Geweih wurde im 5. Jahrhundert v. Chr. mit dem Markgrafen Yi von Zeng in Leigudun, Provinz Hubei, bestattet. Er ist 1,5 Meter hoch und stand neben dem Sarg, den er wohl beschützen sollte (siehe auch S. 207).

später mussten Anzahl und Art der Gefäße für die Ahnen gesetzlich geregelt werden (siehe Randtext gegenüber).

Um die Zeit Konfuzius' (551–479 v. Chr.) hatten die gesellschaftlichen Aktivitäten in China bereits eine philosophische Grundlage, und der Ahnenkult war hier sicher keine Ausnahme. Konfuzius meinte, dass die Ahnenrituale eine Bedeutung haben mussten und nicht nur Angeberei sein durften. Die Gefühle der Angehörigen würden die Wirksamkeit der Rituale bestimmen. Er sprach auch über das wichtigste Ritual, das die gesamte Kaiserzeit lang aufrecht blieb: Ein Sohn musste drei volle Jahre den Tod seiner Eltern betrauern. In dieser Trauerzeit musste er sich völlig aus dem Gesellschaftsleben zurückziehen. Die Dauer von drei Jahren galt sogar in der Antike als übertrieben, doch hielten sie die Konfuzianer aus emotionalen Gründen für unerlässlich.

UMWANDLUNGSKÜNSTE

Wenn man bedenkt, dass in der chinesischen Weltsicht Himmel, Erde und Menschheit eng verbunden waren, dass jedes dieser drei Reiche nur eine andere Dimension der beiden anderen war (siehe S. 120–121) und dass der menschliche Körper eine Miniaturausgabe dieses Makrokosmos war, so wird verständlich, dass die Alchemie (der Versuch, Gewöhnliches in Wertvolles zu verwandeln) in China eine lange Tradition hat. Während Alchemisten in anderen Teilen der Welt Gold aus wertlosem Metall gewinnen wollten, verfolgten sie in China öfter spirituelle Ziele. Es stimmt, dass auch die ersten chinesischen Alchemisten Gold gewinnen wollten, doch strebten sie nicht nach Reichtum, sondern nach Unsterblichkeit. Gold galt als das unvergängliche Metall der Natur, und man dachte, dass der menschliche Körper unvergänglich würde, wenn man genug Gold aß. Das war die „äußere Alchemie" (*wai dan*). Die „innere Alchemie" (*nei dan*) strebte nach Unsterblichkeit, indem sie die Elemente im Körper veränderte. Die innere Alchemie war fester Bestandteil vieler Meditationslehren und war auch mit Theorie und Praxis der chinesischen Medizin (siehe S. 158–161) eng verwandt.

Bei einem der ersten Hinweise auf Alchemie wird auch der Erste Kaiser, Qin Shihuangdi, genannt, der ganz China 221 v. Chr. vereinte. Er versuchte alles, um den Tod zu vermeiden. Ein polemischer konfuzianischer Text aus der nachfolgenden Han-Zeit meint, dass zur Zeit des Ersten Kaisers die Menschen im ganzen Reich „Pflug und Hacke weglegten und sich darum stritten, zum Thema Unsterbliche und Magie gehört zu werden. Sie behaupteten, dass die Unsterblichen Gold gegessen und Perlen getrunken hätten, damit ihr Leben so lange wie Himmel und Erde dauern würde."

Die älteste bestehende alchemistische Abhandlung aus China ist *Can tong qi*. Der Titel ist nicht sehr klar, kann aber etwas wie *Zusammenfassung der drei Beziehungen* bedeuten. Das Werk wird Wei Boyang zugeschrieben, der im 2. Jahrhundert n. Chr. gelebt haben soll. Die „drei Beziehungen" im Titel

Ein Porträt des Ersten Kaisers, Qin Shihuangdi, (regierte 221–210 v. Chr.) aus der Ming-Zeit. Qin Shihuangdi war der erste Kaiser, der die Alchemie förderte.

秦始皇

dürften die drei Hauptkapitel des Textes betreffen: *Zhou Yi* oder *Wandlungen der Zhou* (also das *Buch der Wandlungen* oder *Yi Jing*), äußere Alchemie und innere Alchemie. Das *Can tong qi* wurde bisher noch nicht erfolgreich übersetzt und kann es vielleicht nie werden, weil Theorie und Praxis des Textes völlig verwoben sind: Laut Theorie liegen diesen drei verschiedenen Bereichen dieselben Prinzipien zugrunde und sie „beziehen sich" aufeinander. Das spiegelt sich in der bilderreichen und rätselhaften Sprache wieder, die das *Can tong qi* zu einem der großen Rätsel der Weltliteratur machen.

Die letzten Jahre brachten erneutes Studium der Alchemie in China. Den größten Teil des 20. Jahrhunderts wurde Alchemie und vor allem äußere Alchemie in China als Aberglaube abgetan. Nachdem aber westliche Religions- und Wissenschaftshistoriker ihr Interesse bekundeten, gilt sie heute als wichtiger Seitenzweig der Wissenschaft und ihrer Methode.

ZINNOBER

Obwohl die Konfuzianer den Ersten Kaiser und seine Vorliebe für die Alchemie (siehe Haupttext) ablehnten, war es anscheinend doch die gesamte Han-Zeit üblich, Gold bzw. umgewandeltes Gold zu essen. Allerdings arbeiteten die meisten Alchemisten damals mit Zinnober, was oft tödliche Auswirkungen hatte. Zinnober (Quecksilbersulfid) ist ein Quecksilbererz von tiefroter Farbe. Wird es erhitzt, entsteht flüssiges Quecksilber. Durch weiteres Erhitzen und die Verbindung zwischen Quecksilber und Schwefel entsteht wieder Zinnober (eine zyklische Umwandlung, die die chinesischen Alchemisten besonders faszinierte). Quecksilber wurde mit anderen Metallen (vor allem Gold und Blei) zu Elixieren verbunden, die man trinken konnte.

Zwar war Zinnober selbst nicht giftig und wird auch heute noch in der chinesischen Medizin verwendet, doch konnten vor allem die Quecksilberverbindungen mit Blei tödlich sein, wenn man sie schluckte. Erzählungen zufolge starben einige Herrscher und andere Anhänger des Unsterblichkeitskults nach alchemistischen Versuchen. Vielleicht führte das zur Entwicklung der inneren Alchemie, auch wenn diese Art von Tod nicht unbedingt als Versagen der Alchemie galt. Einige Alchemisten erklärten diese Todesfälle als „Loslösen aus dem Körper", bei dem sich die Seele oder die Seelen (siehe S. 138–139) aus dem sterblichen Körper lösen und unsterblich werden konnten, indem sie sich ihren Platz unter den anderen Unsterblichen suchten.

Dieses Zinnoberlack-Tafelbild aus dem 18. Jahrhundert zeigt Gelehrte beim Schachspiel unter einer Pinie, während ihr Gehilfe zusieht.

Teil III

SCHÖPFUNG UND ENTDECKUNG

Eines der nützlichsten Navigationsmittel war der magnetische Kompass, der in China in den ersten nachchristlichen Jahrhunderten erfunden wurde. Dieses Beispiel aus der späten Kaiserzeit ist Teil einer tragbaren Sonnenuhr mit Kompass.

GEGENÜBER: *Die Pagode des Tempels der zehntausend Buddhas in Hongkong. Die Pagode hat nur wenig Ähnlichkeit mit dem alten indischen Stupa, dem sie nachgebaut wurde. Heute ist sie ein rein chinesischer Beitrag zur buddhistischen Architektur (siehe S. 222–223).*

Chinesische Patienten zeigten oft auf einer Diagnosepuppe wie dieser elfenbeinernen Frauenfigur (ca. 1800), welcher Körperteil ihnen Unwohlsein oder Schmerzen bereitete. So vermieden sie es, sich vor dem Arzt ausziehen zu müssen.

HEILUNG UND MEDIZIN

DIE QUELLEN DER MEDIZINISCHEN TRADITION

Zahllose Gelehrte haben sich im Lauf der Jahrhunderte dem Studium des medizinischen Kanons verschrieben. Neue archäologische Funde und Untersuchungen der Krankengeschichten zeigen, dass die chinesische Medizin immer von Innovationen und Vielfalt geprägt war. Regionale Unterschiede sowie politische und soziale Faktoren beeinflussten Aufbau und Deutung der klassischen Medizin. Während man in den alten Texten nur wenige Beschreibungen des elitären, männlich dominierten medizinischen Berufsstandes findet, werfen einige Schriften ein neues Licht auf die Geschichte der weiblich dominierten Volksmedizin.

Unser Wissen über die chinesische Medizin zur Zeit der Streitenden Reiche und der Han-Dynastie basiert großteils auf anonymen fachlichen oder philosophischen Abhandlungen. Die Verfasser dieser Werke führten ihr Wissen meist auf Offenbarungen legendärer Lehrer oder weiser Herrscher und deren Diener zurück. Als Medizinstudenten kopierten die Ärzte der frühen Kaiserzeit oft Manuskriptabschnitte und ordneten die Texte nach den Lehrern aus verschiedenen medizinischen Traditionen oder Familien. Daraus entstanden vier große Sammlungen von kurzen Abhandlungen über Akupunktur und Moxibustion, die unter dem Titel *Huangdi Neijing (Innerer Kanon des Gelben Kaisers)* bekannt sind. Der legendäre Gelbe Kaiser, Huangdi (der von 2697–2597 v. Chr. gelebt haben soll), ist als „Vater der Medizin" bekannt. Ein großer Teil der medizinischen Theorie aus dem *Inneren Kanon des Gelben Kaisers* (der um die Zeitenwende verfasst wurde) ist ein Dialog zwischen dem Kaiser als Schutzherrn über die Naturphilosophie und seinem Diener Qibo, einem Spezialisten für Akupunktur und andere esoterische Belange.

Der Wert, den gebildete Chinesen auf medizinische Texte legten, erklärt wohl das Vorhandensein früher Sammlungen

ähnlichen Materials in Familiengräbern der Han-Zeit, wie jener drei in Mawangdui in Changsha, der Hauptstadt der heutigen Provinz Hunan, gefundenen. Unter den Schriften aus Grab 3 (siehe S. 126) waren sieben medizinische Manuskripte über die Theorie von *Yin* und *Yang*, Magie, Ritualgesänge, Sexualpraktiken, Meditation und Rezepte aus allen verfügbaren pflanzlichen, tierischen und Haushaltssubstanzen.

Durch die wachsende Bedeutung des Handels und vor allem der Druckindustrie in der Ming-Zeit wurde medizinisches Wissen im Volk verbreitet. Der direkte Kontakt zwischen Arzt und Schüler wurde weniger wichtig, da wesentliche Texte leichter erhältlich waren. In Familien erblicher Ärzte veröffentlichten die späteren Generationen die Schriften ihrer Vorfahren, um erfolgreiche Behandlungen, Theorien und neue Techniken bekannt zu machen. Die Veröffentlichung von Krankengeschichten gibt uns Einblick in die Umsetzung von Theorie in Praxis.

Schließlich gewinnen wir auch durch die Literatur und hier vor allem durch Romane aus der Ming- und Qing-Zeit einen lebhaften Eindruck von der medizinischen Vielfalt in China. Es ist jedoch nicht klar, ob diese Erzählungen über den Alltag der Ärzte größerer dichterischer Freiheit unterliegen als die eigenen Berichte der Ärzte über ihre Arbeit.

Ein traditioneller qigong-*Praktiker führt alte Heilmethoden an einer Patientin in Guangzhou durch.*

HEILER UND IHRE KUNST

Untersuchungen zeigen, dass die medizinische Versorgung in China von sehr vielfältigen und unterschiedlichen Heilmethoden gekennzeichnet war. Zu jeder Zeit gab es gelehrte Ärzte, religiöse Heiler, weise Frauen und Heilzentren, die von milleniarischen Sekten geleitet wurden. Die Methoden der gelehrten Ärzte sind jedoch am besten überliefert, und sie beeinflussten auch die medizinische Theorie in China. Nachdem etwa eine Epidemie die Menschen in seiner Stadt dahingerafft hatte, schrieb Zhang Zhongjing (142–220 n. Chr.) zwei berühmte Abhandlungen über fieberhafte Erkrankungen. Seine pharmakologische Arbeit wurde unter den Song, Jin und Yuan von weiteren, gelehrten Ärzten fortgesetzt, die neue Abhandlungen schrieben und damit oft eigene Schulen begründeten. Einige hoch geschätzte Ärzte wie Sun Simiao (ca. 581–682 n. Chr.) wurden später in den Rang eines Medizingottes erhoben.

In der Shang-Zeit wurden mit Hilfe der Weissagung verärgerte Ahnen befriedet, doch in anderen Epochen wurden mit Hilfe von Weissagung und Kalender Verlauf und Ausgang einer Krankheit bestimmt.

Dieses chinesische Chirurgenbesteck in einem faltbaren Lederetui stammt aus dem 18. Jahrhundert.

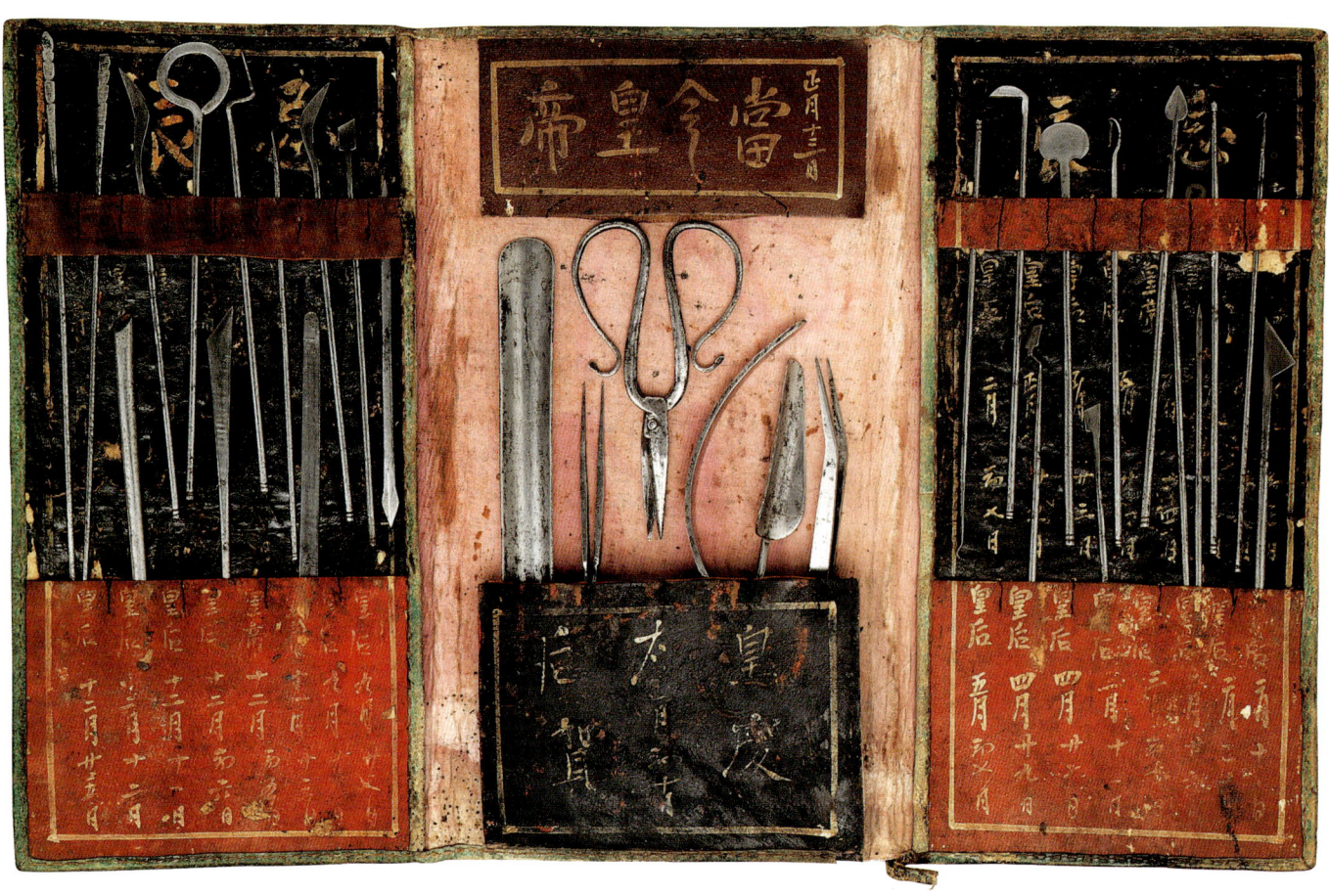

GESCHICHTEN ÜBER SEX UND MEDIZIN

Jingpingmei ist ein erotischer Roman aus der späten Ming-Zeit, der im 12. Jahrhundert n. Chr. spielt. Er beschreibt die sexuellen Praktiken des niederen Beamten Ximen Qing, seiner sechs Frauen und zahlreicher Dienstmädchen. Der Roman gibt Aufschluss über die medizinischen Praktiken Ende des 16. Jahrhunderts in China.

Die meisten Praktiker, die die Romanfamilie besuchen, sind gebildete Schulmediziner, die den Puls messen und detaillierte Rezepte schreiben. Auch zwei religiöse Praktiker verschreiben Medikamente, stellen Weissagungen an und kommunizieren mit den Geistern. Die Frauen ziehen die Dienste von Großmutter Liu vor, die den Puls misst, Medikamente verschreibt und zusätzlich Rituale zur Austreibung böser Geister vollführt. Zudem gibt es Hebammen und Buddhistennonnen, die Amulette, Tranke und spirituellen Trost bieten.

Auf diesem Aquarell aus dem 19. Jahrhundert von Zhou Pei Qun misst ein Arzt einer Patientin den Puls. Dabei drückt er mit Zeige-, Mittel- und Ringfinger auf drei verschiedene Stellen auf ihrem Handgelenk.

Religiöse Praktikanten, meist Frauen, erledigten auch medizinische Aufgaben, die eng mit ihren spirituellen Pflichten verbunden waren. Sie diagnostizierten Krankheiten mit Hilfe der Weissagung und konnten zur Heilung Geister und Ahnen anrufen oder Bilder des Patienten manipulieren.

Fachliteratur beweist, dass die religiöse und magische Heilung früher Teil der Schulmedizin war. Ab der Mitte des 2. Jahrhunderts v. Chr. betrachteten sich jedoch die Heiler, deren Medizin auf der Naturphilosophie basierte, als Wächter der heiligen medizinischen Tradition.

Zwar war die Entwicklung von Heilmitteln Teil der daoistischen Alchemie, doch begannen nach Einführung des Buddhismus im 1. Jahrhundert n. Chr. die Mönche Medikamente und Diäten, meditative Regeln und Atemübungen zu verschreiben. Amulette, Zauberformeln und Selbstbeobachtung galten als Heilmittel für Krankheiten, die von Dämonen und bösen Göttern verursacht waren.

Ende des 19. und Anfang des 20. Jahrhunderts versuchte die Regierung, den Aberglauben mit Unterdrückung zu bekämpfen. Dennoch blühte die traditionelle chinesische Medizin auf lokaler Ebene weiter. Ihr Status wurde zum Teil von den Kommunisten wiederhergestellt.

DAS FALLBUCH VON CHUNYU YI

Chunyu Yi war ein Arzt der Han-Zeit, der wie die Regierungsberater seit der Zeit Konfuzius' von Hof zu Hof reiste und seine Dienste anbot. In Sima Qians Erzählung von Chunyu Yis Leben soll Yi vor Gericht gestellt worden sein, wo man seine Ausbildung, Kompetenz und Heilmethoden in Frage stellte. In seiner Verteidigungsrede zählt er seine Lehrer und Lehrmethoden, seine medizinischen Fähigkeiten und die Bücher auf, die er besitzt. Seine Beschreibung von 44 Fallstudien seiner meist wohlhabenden Patienten gibt großen Aufschluss über die Sozialgeschichte der Medizin und über Theorie und Praxis der chinesischen Medizin im 2. Jahrhundert v. Chr.

QI UND DIE PHYSIOLOGIE DES MENSCHEN

Die wichtigsten Elemente der traditionellen chinesischen Physiologie, die für Gesundheit und Wohlbefinden unerlässlich waren, sind *shen* (die Seele, die im Herzen wohnt), *jing* (ihre höchste Manifestation) und *qi* (die alles durchdringende Energie, die das Universum antreibt). Die ältesten Hinweise auf *qi* aus Inschriften der Shang- und Zhou-Zeit haben mit Nahrung und Ernährung zu tun. Das nimmt bereits die lebensspendenden und revitalisierenden Eigenschaften vorweg, die später mit *qi* assoziiert wurden. Zur Zeit der Streitenden Reiche wurden mit dem Begriff *qi* atmosphärische und Umweltbedingungen bezeichnet, vor allem feuchter Dunst wie Wolken und Nebel und, analog dazu, formlose Massen wie Rauch oder Geister.

Mitte des 4. Jahrhundert n. Chr. bezeichnete der Begriff *qi* die grundlegende Materie in der Natur, die die Vitalität in der Erscheinungswelt erzeugte und stärkte. Mit *qi* beschrieb man oft auch ein intensives Körpergefühl. Das konnte Hitze, Schmerz, Freude oder Leidenschaft sein. Es war bereits zu einer wichtigen Entwicklung gekommen, vom *qi* der Natur, das man sehen konnte und dem der Körper unterworfen war (etwa im Verlauf der Jahreszeiten) zum *qi* als Teil des Körpers, den jeder Einzelne kontrollieren konnte.

Grundsätzlich galt das Körper-*qi* als unsichtbar. Man konnte es nur selbst fühlen. Auch ein Arzt konnte es durch das Verhalten und das Aussehen oder den Pulsschlag eines Patienten erkennen. Eine Ausnahme waren die Anzeichen des „roten *qi*", nämlich Röte, brennender Schmerz und Fieber, die mit der pathologischen Hitze übereinstimmen. Im Altertum dachte man, dass das *qi* von oben nach unten fließt. Aufsteigendes *qi* wie Hitze galt immer als Zeichen einer Erkrankung und wurde oft mit Atemproblemen assoziiert. Normale und krankhafte Emotionen galten vor allem in Zusammenhang mit Tapferkeit im Krieg, Zorn und Streitlust als „Fülle von *qi*". Ein kampfeslustiger Mensch war *hao qi*, er „strebte nach *qi*", und auch heute bedeutet *sheng qi*, wörtlich „*qi* erzeugen", „ärgerlich sein".

In den Jahrhunderten nach der Vereinigung des Reiches wurde *qi* zum grundsätzlich reinigenden Prinzip der chinesischen Theorie der Medizin, die viele Grade von *qi* unterschied. Das normale *qi* kann von schlechten, ja sogar bösen Einflüssen verunreinigt werden, und in den inneren Organen nimmt das *qi* spezielle Merkmale an. So neigt das Leber-*qi* etwa dazu, aufzusteigen und Unfrieden, Hitze, Schmerzen und schlechte Laune zu verursachen.

Das Schriftzeichen für qi *enthält das Zeichen für „nebligen Dunst" (unten) und bezieht sich wohl auf aufsteigenden Dampf.*

DAS „FLUTÄHNLICHE *QI*"

Ansteigen und Sinken der Wasser des Gelben Flusses und des Yangzi waren nicht nur Quelle des Lebens, sondern auch Ursache von großflächiger Vernichtung für das chinesische Volk. Das Wasser selbst wurde zu einem Sinnbild für moralische Stärke, für das Leben und das Vergehen der Zeit. Die Metapher des Wassers war Grundlage für die medizinische Sicht des menschlichen Körpers in China.

Der Weise Laozi meinte, dass der Herrscher wie die Flüsse und Meere die tiefste Position suchen sollte, wenn er die natürlichste und himmlischste Herrschaft errichten wollte. Für Mencius bewegt sich die menschliche Natur spontan zum Guten hin, so wie das Wasser abwärts strömt. Er stärkte bewusst das „flutähnliche *qi*", das Mut, Ruhe und Ausdauer bringen sollte.

In der selben Weise, wie Kontrolle und Lenkung des Wassers als einer der ersten Schritte hin zu einer zivilisierten Welt betrachtet wird, so markiert die Leitung des *qi* in Kreisläufe des Körpers ein wichtiges Stadium für den Menschen, um seinen Körper unter Kontrolle zu bringen. Deshalb durchdringt die Metapher Wasser für *qi* den *Inneren Kanon des Gelben Kaisers* (siehe S. 148), am bemerkenswertesten, wenn die natürlichen Wasserwege Chinas mit den Akupunkturbahnen verglichen werden.

Eine nebelverhangene Landschaft im Huangshan-Gebirge in der Provinz Hunan. Die Nebelbänke erinnern an den „nebligen Dunst" im Schrift-zeichen für qi *(siehe gegenüber). Gelehrte übersetzen* qi *oft als „Dunst" und betonen so die amor-phen, wässrigen Eigenschaften von Dampf und Nebel.*

DER AUFBAU
DES KÖRPERS

Die chinesischen Vorstellungen von den Strukturen und Funktionen des menschlichen Körpers spiegelte die philosophische, politische und religiöse Realität Chinas wider und enthielt sämtliche Aspekte der Natur und der menschlichen Welt in anatomischer und physiologischer Form. Die medizinischen Texte beschrieben den Körper, der das gesamte Universum enthielt: es fehlen weder Sonne und Mond, Sterne und Konstellationen, Bergketten, Wasserwege, Tiere und Pflanzen finden ihre Entsprechungen. Man dachte auch, dass menschliche Organisationen, Verwaltung und Architektur ihren Niederschlag in den Strukturen des Körpers fanden.

Es hieß, dass in den Organen verschiedene Geister und Seelen lebten, wie etwa *shen*, der im Herzen wohnte und Ausstrahlung und Verstand eines Menschen bestimmte. Medizinische Texte aus der Han-Zeit beschreiben, dass eine Schwäche von *hun* und *po*, die im Blut bzw. in der Lunge residierten, zu psychologischem Stress und Schlafstörungen führen konnte. Man dachte, *hun* und *po* blieben nach dem Tod in der Nähe der Grabstätte, wo sie Schwierigkeiten verursachen konnten, wenn sie unbeachtet blieben (siehe S. 139).

Gegen Ende der Zeit der Streitenden Reiche entstanden die Theorien von *Yin* und *Yang*. Daraufhin wurde auch der Körper als duales System mit innen und außen, oben und unten oder heiss und kalt beschrieben. Politische Philosophen aus der frühen Kaiserzeit nahmen dieses komplementäre Konzept auf, das durch das Zusammenspiel der Fünf Elemente Holz, Feuer, Erde, Metall und Wasser gelenkt wurde, und erweiterten es. Bezogen auf bestimmte Krankheiten im Körper entsprachen diese Elemente einzelnen Jahreszeiten, Farben, Gefühlen, Organen und physiologischen Funktionen sowie Akupunkturbahnen. Die Lunge oder der große *Yin*-Kanal, der von der Lunge zum Daumen verlief, wurde mit dem Herbst, der Farbe Weiß und Trauer assoziiert. Er war für Haut und Haar, die Atmung und die Umwandlung des *qi* verantwortlich.

Jede Diagnose war aufgrund der speziellen Merkmale der Symptome und der Konstitution des

Diese Bronzefigur (16. bis 18. Jahrhundert) zeigt die Punkte, die behandelt werden können, um die Körperbahnen zu beeinflussen, die für Akupunktur und andere traditionelle Behandlungen von Bedeutung sind (vergleiche Abb. auf S. 156).

Menschen möglich, da sie eine Störung in der Beziehung der Fünf Elemente bedeuteten. Durch Stimulation einer Akupunkturbahn in der Unterhaut konnte der Arzt das gesamte Spektrum des organischen, physiologischen, emotionalen und spirituellen Wesens eines Menschen einstellen.

Nach der politischen Vereinigung Chinas unter einem Kaiser entstand ein neues Konzept des Körpers, das das Thema der Vereinigung widerspiegelte. Alle Aspekte der menschlichen Physiologie unterstanden dem einigenden Einfluss des *qi* (siehe S. 152). Wie um kaiserliche Macht auf das Herz jedes einzelnen zu drücken, dachte man, dass auch jedes Körperorgan eine Rolle in der Verwaltung des „Reiches" spielte, wie ein Beamter für verschiedene Aufgaben zuständig war.

Die Akupunkturpunkte wurden schriftlich erstmals in Manuskripten erwähnt, die in einem Grab in Wuwei aus dem 1. Jahrhundert v. Chr. gefunden wurden. Die Namen der Punkte waren an die Struktur des Kaiserpalastes, die Natur und den Himmel angelehnt. *Tianshu* („Himmelsachse"), *riyue* („Sonne und Mond") und *shangxing* („oberer Stern") stehen für den Kosmos; *shenting* („Seelenhalle"), *shenzhu* („Körpersäule") und *neigong* („innerer Palast") repräsentieren die kaiserliche Architektur des Körpers; und *Kunlun shan* („Kunlun-Gebirge"), *zhaohai* („beleuchtete See") und viele Quellen, Flüsse und Auen reflektieren die Topographie und Wasserwege der Natur.

PANGU

In der chinesischen Medizin heißt es immer wieder, dass der Körper und seine Physiologie ein Mikrokosmos des Universums und von dessen Bewegungen sind. Die Umkehr dieser Vorstellung ist der Körper von Pangu, dem kosmischen Riesen, der in der chinesischen Schöpfungsgeschichte Himmel und Erde getrennt hält. Er verwandelt sich in die Teile des Universums:
„Sein Atem wurde zu Wind und Wolken; seine Stimme zu Donner. Sein linkes Auge wurde zur Sonne, sein rechtes zum Mond. Seine vier Gliedmaßen und fünf Extremitäten wurden zu den vier Kardinalpunkten und den fünf heiligen Bergen. Blut und Samen wurden zu Wasser und Flüssen. Seine Muskeln und Venen wurden zu den Erdarterien; sein Fleisch zu Land. Das Haar auf seinem Haupt und sein Bart wurden die Sterne; das Haar auf seinem Körper wurde zu Pflanzen und Bäumen. Seine Zähne und Knochen wurden zu Metall und Steinen; sein Knochenmark zu Perlen und Jade. Sein Schweiß und seine Körpersäfte wurden zu strömendem Regen. Alle Milben auf seinem Körper berührte der Wind und verwandelte sie in schwarzhaarige Menschen."

Pangu (Bild aus dem 18. Jahrhundert) wird oft mit Blättern bekleidet dargestellt, manchmal hat er Hörner auf dem Kopf und hält Sonne und Mond.

AKUPUNKTUR
UND MOXIBUSTION

Die chinesische Mythologie berichtet, dass der legendäre Gelbe Kaiser der erste Verfechter von Akupunktur und Moxibustion war. Im *Inneren Kanon des Gelben Kaisers* (siehe S. 148) wird der Körper in zwölf verschiedene *jingmai* unterteilt. In diesen „Gefäßen" oder „Bahnen" sollte das *qi*, die wesentliche Lebenskraft, durch den Körper strömen. Die Texte beschreiben zehn dieser Bahnen, die bestimmte innere Organe mit der Haut verbinden. Dort kann man, wenn man an bestimmten Stellen Moxibustion anwendet oder eine von neun Arten Nadeln einsticht, das *qi* stimulieren. Diese Stellen bezeichnete man als *zhenxue* (wörtlich „Nadelhalterung") oder Akupunkturpunkte. Feine Metallnadeln galten als besonders wirksam, um das Strömen von *qi* und *jing* (der feinsten Manifestation des *qi)* zu beeinflussen.

Akupunktur und Moxibustion (siehe Kasten gegenüber) wurden erstmals in der Han-Zeit miteinander verbunden, unterschieden sich aber stark von den heutigen Methoden. Die Biografie des halb mythischen Arztes Bian Que erzählt, wie *zhen* (Nadel) und *shi* (Stein) zur Behandlung von Blut und *mai*, einer Frühform der Bahnen, eingesetzt wurden. Akupunktur und Moxibustion entstanden aus einer Synthese der frühen Medizin mit neuen Vorstellungen von Physiologie, die in der Kultur der Selbstertüchtigung (siehe S. 158–159) verbreitet waren.

In der Kaiserzeit wurden bestehende medizinische Traditionen neu erfunden, wie jüngste archäologische Funde aus der Westlichen Han-Zeit beweisen. Zwei Manuskripte beschreiben elf *mai* im Körper, deren Namen den Bahnen der klassischen Medizin ähnlich sind. Zudem fand man eine kleine, schwarze Lackfigurine (spätestens 118 v. Chr. begraben) mit zehn roten Linien. Sie weist Linien und Wege auf, die Skelett, Muskeln und Blutgefäßen entsprechen, aber keine Akupunkturpunkte zeigen. Man nimmt an, dass diese Figurine der Versuch waren, die Vorstellungen von Erleben und Linderung des Schmerzes zu kategorisieren.

Bevor man die Figurine aus der Westlichen Han-Zeit fand, waren die ältesten medizinischen Modelle des menschlichen Körpers Bronzefigurinen aus der Nörd-

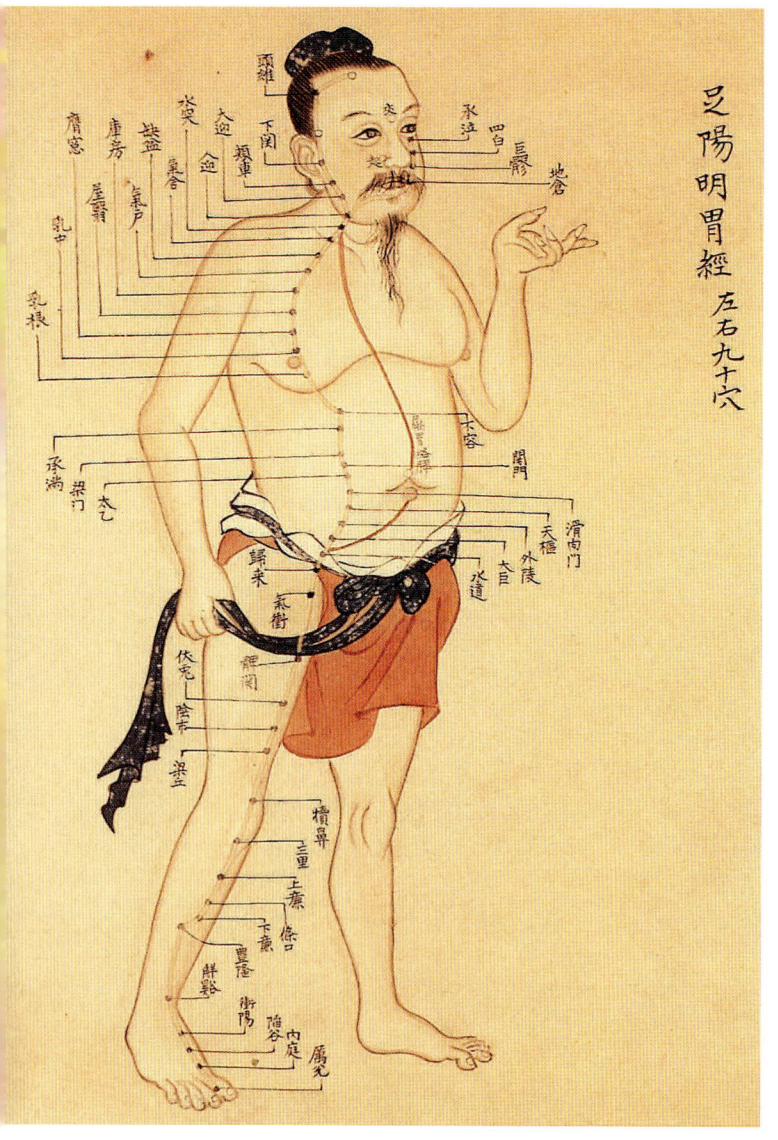

Dieses Bild einer männlichen Figur aus dem 19. Jahrhundert zeigt die Akupunkturpunkte.

MOXIBUSTION UND ANDERE WÄRMETHERAPIEN

Die Moxibustion ist mit der Akupunktur verwandt und wird manchmal mit ihr verbunden. Dazu wird Moxa, eine Substanz aus den getrockneten, gemahlenen Blättern von *Artemisia vulgaris* (Johanniskraut oder Beifuß) verwendet. Nach den ältesten Texten wurde Moxa an die Eingangstür oder an Kleider gehängt, um Dämonen zu vertreiben. Moderne Praktiker der traditionellen chinesischen Medizin verbrennen fertige Moxabällchen oder -pfropfen auf oder über den Akupunkturpunkten und/ oder den schmerzenden Körperstellen. Manchmal werden die Moxabällchen auf dem Nadelschaft verbrannt, damit die Hitze tiefer in den Körper eindringen kann.

Die Moxibustion ist Ergebnis der Beobachtung, dass Wärme Schmerzen lindert. Die Kauterisation war eine der ersten Therapien, mit der der Blutfluss und das heilende *qi* über die Bahnen stimuliert wurde. Zu den ältesten Wärmebehandlungen zählten das Auflegen von brennenden Schnüren, Beifußkugeln und heißen Steinen oder Kacheln auf dem Körper, um alles vom Eidechsenbiss bis zum Muskelkater zu lindern.

Auf diesem Gemälde aus der Song-Zeit führt ein Landarzt auf dem Rücken eines Patienten Moxibustion durch.

lichen Song-Zeit. Diese Lehrmodelle zeigen klar die Blutbahnen und die Akupunkturpunkte. Das Modell wurde mit einer Schicht gelben Wachses bedeckt und mit Wasser gefüllt. Danach mussten die Medizinstudenten den verlangten Akupunkturpunkt genau mit einer Nadel treffen, so dass das Wasser durch das Loch ausfließen konnte.

Akupunktur und Moxibustion waren Teil der elitären Medizin. Am Hof der Tang-Dynastie waren diese Methoden populär und sogar Teil der Ausbildung an der Kaiserlichen Medizinschule der Song. Zu gewissen Zeiten galt die Akupunktur aber als gefährlich oder als das Werk von „Weibern" und Pfuschern. 1822 wurde sie aus der kaiserlichen Universität verbannt, und mit zunehmendem Einfluss der westlichen Medizin erreichte sie Anfang des 20. Jahrhunderts einen absoluten Tiefpunkt. Allerdings verschwand die Akupunktur nie vollständig. Mit Mao Zedongs Kampagne zur Förderung nationalen Kulturerbes begann Ende der 1950er Jahre der Wiederaufstieg der Akupunktur mit der Gründung neuer Ausbildungszentren, Kliniken und Krankenhäuser.

„TODESPUNKTE"

Abgesehen von den Akupunkturpunkten waren in China noch andere wichtige Punkte des Körpers bekannt. Aus der Südlichen Song-Zeit sind mehrere spezielle Tabellen überliefert, die die Punkte des Körpers zeigen, an denen ein Krimineller einen tödlichen Stoß setzen konnte, ohne leicht entdeckt zu werden. Diese Dokumente sind Beweis für ein umfassendes Wissen über den Körper und die Reaktion der lebenswichtigen Organe auf eine Stimulation gewisser Punkte auf der Haut. Dieses Wissen diente aber dem Mord, nicht der Heilung und war besonders in Ausübung der Kampfkünste von großem Wert.

SELBSTERTÜCHTIGUNG

Die Nachbildung einer Seidenkarte aus dem Jahr 168 v. Chr., die in Mawangdui gefunden wurde. Die Karte zeigt 44 therapeutische Übungen, bekannt unter dem Namen daoyin *(„Lenken und Ziehen"; siehe Haupttext).*

Die chinesische Praktik der Selbstertüchtigung oder *yangsheng* („das Leben nähren") umfasst viele Übungen zur Stärkung von Körper, Geist und Seele. Dabei können die Muskeln durch therapeutische Übungen, die als *daoyin* („Lenken und Ziehen") bezeichnet werden, gekräftigt werden, doch gab es meist ein höheres Ziel. In den philosophischen Texten aus der Zeit der Streitenden Reiche findet man den Begriff *yangsheng* häufig in Abhandlungen über die menschliche Natur. Der große konfuzianische Weise Mencius (372–ca. 289 v. Chr.) meinte, dass man die Samen der Güte nähren müsse, die jedermann im Herzen trug (siehe S. 79). Er verstand unter der Stärkung von Mut und Moral die Nährung des „flutähnlichen *qi*" (siehe S. 152–153) durch Atemtechniken. Die älteste bekannte Beschreibung solcher Übungen, die den Himmel in den Körper lenken sollten, findet sich auf einem Jadeblock aus jener Zeit.

In den folgenden Jahrhunderten wurden verschiedene gelehrte Schriften von den Familien der Oberschicht in Auftrag gegeben und gesammelt. Sie handeln von den verschiedensten esoterischen Praktiken zur Stärkung und Erhaltung des Körpers durch Verfeinerung der vitalen

Essenzen *jing* (siehe S. 152) und *qi*. Das führte so weit, dass manche Gruppen dachten, Unsterblichkeit erlangen zu können (siehe S. 94–95).

Möglicherweise geht die Annahme vieler Schulen zur Selbsttüchtigung, dass der Körper der Tiegel zur Umwandlung seiner Essenzen und Stimmungen wäre, auf die frühen Religionen zurück. Einer der ältesten Texte über die Vorteile der Atemschulung ist das Kapitel „Innere Übung" aus *Guanzi*, einem politisch-philosophischen Text, der Guan Zhang (starb 645 v. Chr.) zugeschrieben wird, aber möglicherweise zwischen 5. und 1. Jahrhundert v. Chr. zusammengestellt wurde. *Guanzi* empfiehlt, Herz und Atem zu beruhigen, um die Triade von *qi*, *jing* und *shen* („Seele") und somit *shenming*, „Erleuchtung des Geistes", zu erlangen. Tritt *shenming* ein, ist der Körper stark und kräftig, die Sinne sind klar und geschärft, und die Haut strahlt von innen.

Viele der Praktiken zur Selbstertüchtigung hinterließen einen

EIN TEMPEL DER KAMPFKÜNSTE

Der Shaolin-Tempel in der Provinz Henan wurde 495 n. Chr. gegründet. Er war eines der ersten Zentren, in denen buddhistische Texte übersetzt wurden und entwickelte sich zu einem großen, wohlhabenden Kloster. Bodhidharma, der verehrte Gründer des Chan-(Zen-)Buddhismus soll hier um 530 n. Chr. gelebt haben. Der Legende nach entwickelte er auch die Kampfkünste, für die Shaolin (manchmal als „Kung-Fu-Kloster" bezeichnet) berühmt ist.

Die „kämpfenden Mönche" von Shaolin wurden erstmals in einem Text aus dem frühen 7. Jahrhundert n. Chr. erwähnt, als dem Kaiser Gaozu in einer Schlacht 13 dieser Mönche zu Hilfe kamen. Es ist schwer zu beurteilen, in welchem Ausmaß und in welcher Form hier Kampfkünste ausgeübt wurden, doch wissen wir, dass Shaolin in der Ming-Zeit ein berühmtes Kampfzentrum war. Besonders bekannt war es für den Stabkampf.

Gegen Ende von Ming- und Qing-Zeit breiteten sich die Kampfkünste über ganz

China aus. 1553 verteidigten einige Shaolin-Mönche die Provinz Fujian gegen japanische Piraten. 1561 kritisierte jedoch der General Yu Dayou die Schwertkunst der Mönche. Viele Kampfkünste, die in der späten Qing-Zeit oft in Geheimbünden entstanden, gehen auf die kämpfenden Mönche von Shaolin zurück.

Zwei der Haupthallen von Shaolin stehen heute noch. Die Wandmalereien zeigen Mönche bei Kampfkünsten.

DIE SANFTE KAMPFKUNST: *TAIJIQUAN*

Taijiquan, im Westen meist nur *Tai Chi (Taiji)* genannt, sticht unter den chinesischen Kampfkünsten (*wushu*) durch die langsamen, fließenden Bewegungen hervor. Die einzelnen Übungen aus den Sequenzen findet man jedoch auch in anderen Kampfkünsten. *Taijiquan* wurde erstmals im *Quan Jing (Buch der Faust)* des Ming-Generals Qi Jiguang (1528–1587) erwähnt. Bei *Taijiquan* erhöht der Übende nicht einfach seine körperliche Fitness, er fördert die innere Stärke und entwickelt ein höheres Bewusstsein des *qi* und seines Flusses zwischen zwei Gegensätzen. Theorie, Übungen und Sequenzen von *Taijiquan* waren erst Mitte bis Ende des 19. Jahrhunderts vollständig entwickelt. Vor dem Zusammenbruch des Kaiserreichs war die Blütezeit von *Taijiquan*, da Eliteorganisationen nach wirksamen Mitteln suchten, sich gegen das Banditenunwesen und gegen die Aufstände jener Zeit zu verteidigen.

Taijiquan baut auf Atemübungen und *daoyin*-Technik auf. Wiederholungen, langsamer Rhythmus und fließende Bewegungen spiegeln die ständige Veränderung von *Yin* und *Yang* wider. In den fortlaufenden Bewegungen ist eine symbolische Reise zu sehen: Sie beginnen mit kleinen Kreisen, werden größer, wenn „der Storch seine Schwingen ausbreitet", und entwickeln sich zum „Reiten des Tigers", wenn die innere Natur nutzbar gemacht ist.

Das kommunistische Regime förderte das friedliche, meditative *Taijiquan*, da man die Kampfkünste entmilitarisieren und verhindern wollte, dass wachsende Kulte zu Zentren des politischen Widerstands wurden.

Taijiquan ist so sanft, dass es auch ältere und schwache Menschen machen können, wozu sie sich täglich bei Sonnenauf- und untergang in Höfen und Parks treffen.

Dieses Gemälde aus der späten Qing-Zeit illustriert Sexualpraktiken. Der legendäre Patron der Sexualpraktiken war Ahne Peng, der 700 Jahre lang gelebt haben soll. Die Selbstertüchtigungslehre, die ihm zugeschrieben wird und die im 2. Jahrhundert n. Chr. weit verbreitet war, empfiehlt dem Übenden Hygiene, Ernährung, Bewegung, Atmung und „Eintritt in die Kammer" (ein Euphemismus für Geschlechtsverkehr), an die Dynamik der Jahreszeiten angepasst. Bei der sexuellen Übung sollte vor allem der Mann gestärkt werden, indem er das weibliche jing *aufnahm, außerdem durch Samenretention, die durch Konstriktion des Anus erreicht wurde. Durch sein langes Leben war Peng auch der Patron anderer Gesundheitspraktiken wie* daoyin.

nachhaltigen Eindruck auf die medizinischen Theorien der frühen Kaiserzeit. Da die Selbstertüchtigung das innere Reich des Körpers zum Ziel der Verbesserung machte, ergab sich ganz natürlich eine physiologische Entwicklung: Der Körper wurde durch die Bewegung und den Fluss des *qi* gestärkt und verjüngt. Die Selbstertüchtigung verfeinerte das *qi*, konzentrierte es und brachte körperliche und geistige Erleuchtung. Das war zusammengefasst die Stärkung des *jing*.

Eine der wichtigsten Erkenntnisse, die die Medizin aus der Selbstertüchtigung gewann, war, dass die besten Ärzte den Körper behandelten, bevor er krank war. Das geschah durch Vorsorgemedizin wie richtige Ernährung, Bewegung und Geschlechtsverkehr, doch bedeutete es auch, Krankheitszeichen zu erkennen, bevor das Leiden ausbrach.

Von der Selbstertüchtigung kam auch die Fähigkeit, bewusst das *qi* im Körper zu lenken. Die Visualisierung der „Umformungszentren" im Körper wie dem *dantian* („Zinnoberfeld") war bei der Atemmeditation weit verbreitet. Schließlich machten sich auch Akupunktur und Moxibustion diese Technik zunutze. Sie bewegten das *qi* eines Patienten durch „absichtliche" Manipulation der Nadel. In den klassischen medizinischen Abhandlungen werden regelmäßig die Lehren der Selbstertüchtigung abgewandelt. Während bei der Meditation das Augenmerk vor allem auf der Verfeinerung des *qi* lag, konzentrierte sich die Medizin auf einen Ausgleich von *qi*, *jing* und *shen*. Das zeigt sich bei den Übungen des *daoyin*, die sich in China seit vielen Jahrhunderten großer Beliebtheit erfreuen und heute in *qigong*-Übungen fortbestehen.

DROGEN UND
HEILENDE LEBENSMITTEL

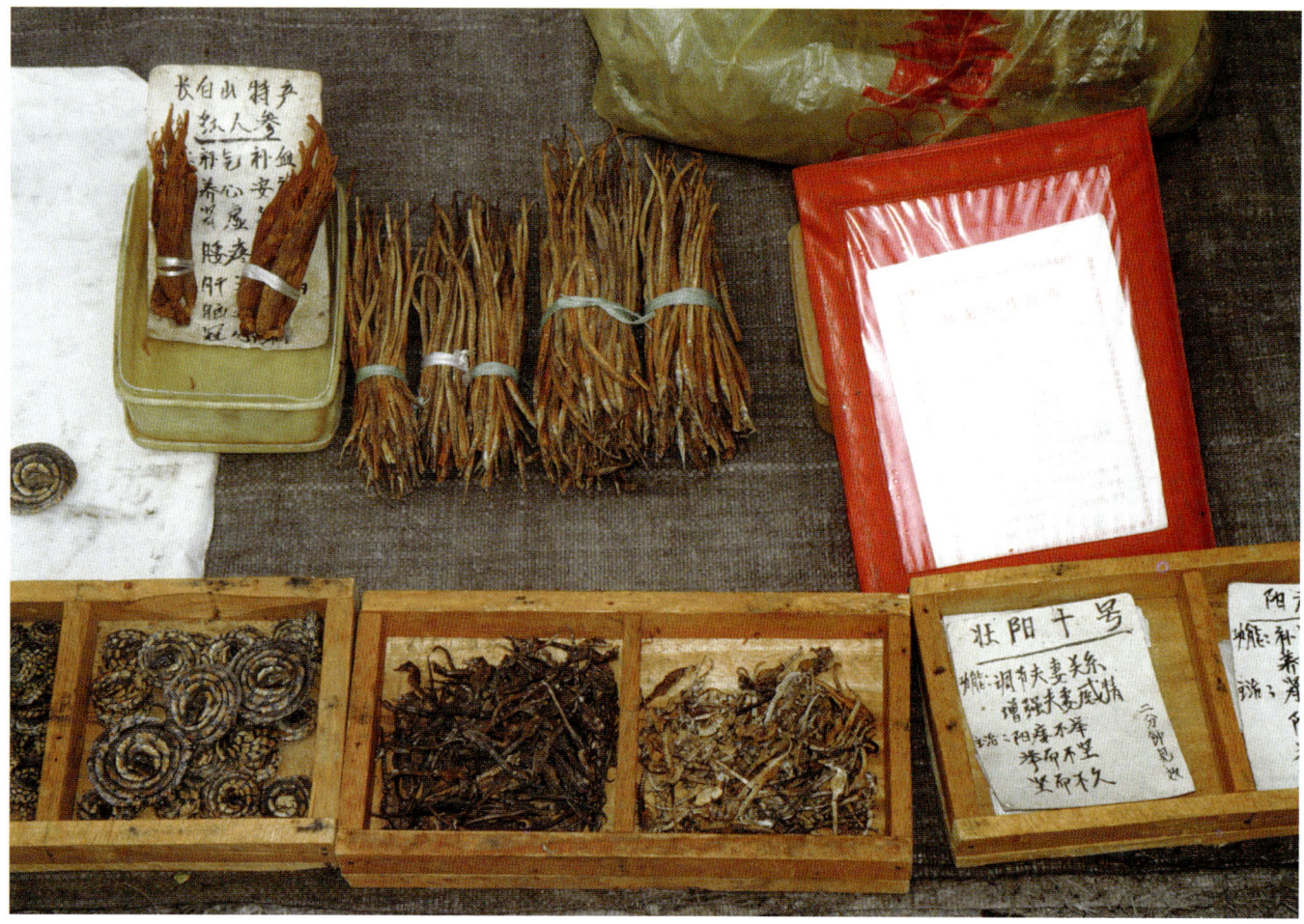

An diesem chinesischen Marktstand werden Wirkstoffe verkauft, die gemahlen für medizinische Zwecke verwendet werden. Dazu zählen Schlangen (unten links) und Seepferdchen (unten Mitte). Seepferdchen gehören zu den gefährdeten Tierarten. Deshalb versucht man nun, sie aus der traditionellen chinesischen Medizin zu verbannen.

Die ältesten bekannten Sammlungen chinesischer Heilmittel fand man in Mawangdui (siehe S. 149). Sie beweisen, dass bereits gegen Ende der Zeit der Streitenden Reiche und in der frühen Kaiserzeit unzählige medizinische Substanzen verwendet wurden. Die Menschen mischten Nahrungsmittel und Kräuter, menschliche und tierische Exkremente, gemahlene Insekten und Haushaltsgüter zu den unterschiedlichsten heilenden Mitteln. Die Substanzen wurden frisch oder getrocknet, zerstampft oder gehackt, mit Alkohol oder Essig zu Tinkturen und Tranken verarbeitet oder als heiße Wickel aufgelegt.

Von den ungefähr 224 Substanzen aus der größten Sammlung, die in Mawangdui gefunden wurde, konnten 156 identifiziert und mit den späteren Heilmitteln verglichen werden. Allerdings gibt es im Material keine Hinweise auf die Lehren der Medizin dieser Zeit. Die Heilmittel sind nicht auf *Yin* und *Yang* oder die Fünf Elemente (*wu xing*; siehe S. 122–123) ausgerichtet, sondern direkt auf die Symptome. Viele sollen die Krankheitsdämonen austreiben oder wirken nur durch Magie.

Das Begräbnis von Mawangdui fand 168 v. Chr. statt. Beinahe 700 Jahre später verfasste Tao Hongjing (452–536 n. Chr.) den *Kanon der Materia Medica des Göttlichen Bauern*, in dem er die medizinischen Eigenschaften von Drogen auflistete und sie mit dem Verwaltungsapparat des Kaiserreiches verglich. Es gab drei Klassen von Drogen (obere, mittlere und untere), die je eine Funktion hatten, wie Herrscher, Minister oder Gehilfe. Die Mittel, die Stärke und Langlebigkeit förderten, waren „Herrscher", medizinale und heilende Substanzen dagegen „Gehilfen" für den Körper.

Die Abhandlung über Kälteschäden von Zhang Zhongjing (142–220 n. Chr.) ist der älteste bekannte Text, der sich mit Ursachenforschung der Krankheiten befasst, auf Basis der Phasen von *Yin* und *Yang* und verbunden mit pharmakologischen Verschreibungen. Seine Arbeit beeinflusste Mediziner späterer Zeit und die japanische Pharmakologie.

Tausend Jahre später, gegen Ende der Song-, Jin- und Yuan-Zeit, bestanden verschiedene Schulen, die auf Zhang Zhongjings Werk aufbauten. Einzelne gelehrte Ärzte konzentrierten sich auf einschränkende und vereinfachende Beschreibungen von Krankheiten, etwa solche, die

DROGENSUCHT

Nicht immer sollten die medizinischen Substanzen heilen. In der Zeit der Wei und Jin (3. bis 4. Jahrhundert n. Chr.) erfreute sich *wushi* („fünf Steine") als Stimulans großer Beliebtheit. *Wushi* war eine wärmende Droge, die unter Umständen Arsen enthielt. Sie scheint so angenehm und anregend gewirkt zu haben, dass die Süchtigen ihre Nebenwirkungen ignorierten. Sie zerstörte den Körper langsam und schleichend. Viele Gelehrte jener Zeit starben an den Folgen einer Arsenvergiftung. (Zu den Symptomen zählten Fieber, Trockenheit, Krätze, Nervenvergiftung, Ohnmachtsanfälle, Schwäche, Herzlähmung, Wahnvorstellungen und Diarrhöe).

DER GÖTTLICHE BAUER

Shennong (der „Göttliche Bauer") war einer der mythologischen Träger der Kultur zu Beginn der Zivilisation (siehe S. 80). Die Historiker der Han-Zeit erzählen, dass er die Menschen von Jagd und Barbarei hin zur Landwirtschaft führte. Sie mussten nun nicht mehr rohes Fleisch essen, Blut trinken und Tierhäute tragen. In einem Text aus dem 2. Jahrhundert v. Chr. (*Der König von Huainan*) steht:

„Früher aßen die Menschen Gräser und tranken von den Flüssen; sie pflückten Obst von Bäumen und aßen Käfer und Schnecken. Damals litten sie sehr unter Krankheiten und Vergiftungen. Deshalb lehrte der Göttliche Bauer die Menschen, die fünf Körner zu säen."

Spätere Texte beschreiben, wie neun magische Brunnen rund um Shennong bei seiner Geburt entsprangen und wie er mit dem Wasser das Getreide goss, das vom Himmel gefallen war. Er soll auch die Aromen und Düfte aller Pflanzen entdeckt und die Pflanzen eingeteilt haben, die für den Genuss und die medizinische Verwendung geeignet waren. Daraus leitet sich auch sein Name in dem Titel *Kanon der Materia Medica des Göttlichen Bauern* ab (siehe Haupttext).

Eine Elfenbeinfigur von Shennong aus dem 19. Jahrhundert. Meist wird er mit einem Gewand dargestellt, das mit Blättern von Heilpflanzen geschmückt ist.

durch Feuer und Hitze entstanden, und solche, die auf innere oder äußere Einflüsse zurückzuführen waren. Schließlich entwickelten sie eine Pharmakologie, die systematisch auf der klassischen chinesischen Medizin aufbaute.

Bencao gangmu (*Materia Medica, Systematisierte Monografien*) von Li Shizhen (1518–1593) ist eine reich illustrierte Enzyklopädie, die das Wissen aus 952 älteren Quellen über Medizin, Heilkunde, Mineralogie, Metallurgie, Botanik und Zoologie vereint. Li Shizen beschreibt die alten Behandlungsformen für jedes Kraut, Tier oder Mineral, Aussehen, Kultivierung und Zubereitung sowie verschiedene Eigenschaften einschließlich der Affinitäten mit anderen Drogen, *Yin*- oder *Yang*-Natur und Wirkungsgrad. Dieses umfangreiche und genaue Werk wird auch heute noch von chinesischen medizinischen Fachleuten hoch geschätzt.

EINBALSAMIERUNG DES LEICHNAMS

Bereits in der Longshan-Kultur (ca. 2000–1500 v. Chr.) verwendeten Familien der Oberschicht bestimmte Minerale bei den Totenzeremoniellen, um den Leichnam vor Verwesung zu schützen. In der Han-Zeit aßen die Menschen der Oberschicht sogar diese Mineralien, um das Leben zu verlängern und den Körper zu verjüngen. In der vollständig erhaltenen Leiche der Marquise von Dai, die zu Beginn des 2. Jahrhunderts v. Chr. in Mawangdui begraben wurde, fand man Spuren von Blei, Quecksilber, Zinnober und Arsen. Sie hatte diese Mineralien eine lange Zeit über eingenommen, und ihre Kleider wurden in Zinnober getränkt. Ein anderer gut erhaltener Leichnam, der in Fenghuangshan gefunden wurde, war nach dem Tod mit Zinnober gefüllt worden. Zinnober schützte also vor Verwesung (siehe S. 145).

Man dachte auch, dass bestimmte Steine den Körper schützten. Besondere Bedeutung wurde hier Jade zugesprochen. Prinz Liu Sheng, der ebenfalls im 2. Jahrhundert v. Chr. starb, wurde in viele Schichten Jade gebettet und in ein prächtiges Totengewand aus Jade gehüllt (siehe Abb.).

Das Totengewand von Prinz Liu Sheng bestand aus Jadeblättchen, die mit feinem Golddraht verbunden waren.

Im 7. Jahrhundert n. Chr. empfahl der gelehrte Arzt Sun Simiao, Krankheiten mit Lebensmitteln zu behandeln: „Ein guter Arzt erstellt erst eine Diagnose und versucht dann, die Krankheit mit Lebensmitteln zu heilen. Hilft dies nicht, verschreibt er eine Medizin."

Lange Zeit dachte man, dass man Langlebigkeit oder sogar Unsterblichkeit erlangen konnte, wenn man kein Getreide aß, um den Körper zu erleichtern. Buddhisten und Daoisten mieden zudem Fleisch, Alkohol und würzige, scharfe Speisen. Mit einer der ältesten Diäten sollte der Körper gestärkt werden. Dafür verwendete man Speisen, die ähnliche Eigenschaften aufwiesen. Der Penis von Hunden, Wild und Eseln sollte die Sexualkraft stärken; nierenförmige Nüsse waren gut für die Nieren. Man dachte auch, dass proteinreiche Speisen wie Wildbret stärkend wären. Je seltener und schwieriger eine Speise zu bekommen war, desto höher wurde sie geschätzt.

Schließlich hatte jedes Lebensmittel seinen Platz im System von *Yin-Yang* und den Fünf Elementen. Dabei waren *Yin* und *Yang* selbst weniger wichtig als ähnliche Polaritäten wie Hitze und Kälte. Die fünf thermischen Eigenschaften der Nahrungsmittel sind „heiß", „warm", „neutral", „kühl" und „kalt". Es gibt Hinweise, dass die chinesischen Ärzte in diesem Bereich empirisch tätig waren. Das reichte von einfachen Beobachtungen (Chili und Ingwer brennen am Gaumen) bis hin zu dem Wissen, wie Nahrung die Körpertemperatur beeinflusst.

Die Nahrungsmittel sind auch nach den fünf Aromen eingeteilt: „sauer", „bitter", „süß", „scharf" und „salzig". Nach den Lehren der traditionellen chinesischen Medizin hat das Aroma einer Speise Bezug auf die therapeutische Wirkung. So ist „bitter" vor allem *Yin*. Es zieht zusammen, senkt das Fieber und tritt in die Herzbahn ein, es mindert die Hitze und beruhigt den Geist. „Scharf" oder „stechend" ist dagegen besonders *Yang*. Es regt den Fluss von *qi* und Blut an, erwärmt den Körper, trocknet Flüssigkeiten und mindert den Schleim. Ganz allgemein gelten als medizinische Stellenwerte Mäßigung und Zurückhaltung. Ein Zuviel an schwerem Fleisch, Gewürzen, Öl oder Fett erzeugt große Hitze, während rohes Gemüse, kalte Speisen und kaltes Wasser unverdaulich sind und dem Magen schaden.

Ein Buchsbaumholzmodell eines chinesischen Medizingeschäfts aus dem frühen 19. Jahrhundert. In diesen Läden wurden Drogen verkauft, die nach ihren Eigenschaften eingeteilt waren: nach wärmenden oder kühlenden Eigenschaften, ihrem Geschmack, ihrem Platz im System von Yin *und* Yang *oder* wu xing *und ihrer Fähigkeit, eine Aufwärts- oder Abwärtsbewegung im Körper zu stimulieren oder in eine bestimmte Bahn einzudringen.*

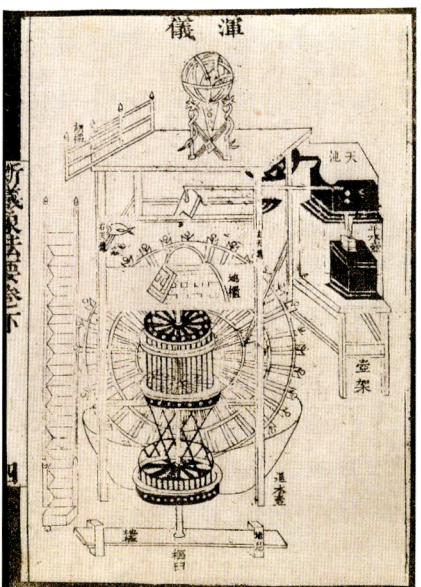

KAPITEL 12 *Peter J. Golas*

TECHNIK UND WISSENSCHAFT

DER FORSCHERGEIST

DIE MEISTE ZEIT VOR DEM 19. JAHR-HUNDERT WAR DER LEBENSSTANDARD IN CHINA HÖHER ALS IN ANDEREN GESELLSCHAFTEN. DAS LAG ZUM GRÖSSTEN TEIL AM TECHNISCHEN WISSEN DER CHINESEN, DAS NICHT NUR IN WOHLBEKANNTEN ERFINDUNGEN WIE DEM SCHIESSPULVER UND DEM BUCHDRUCK SEINEN NIEDERSCHLAG FAND, SONDERN AUCH IN HOCHENT-WICKELTER TECHNIK AUF SO VERSCHIE-DENARTIGEN GEBIETEN WIE LANDWIRT-SCHAFT, STRASSENTRANSPORT UND SCHIFFBAU.

Der Mechanismus für Su Songs Uhr-turm nach seiner 1088 veröffent-lichten Beschreibung. Der Text und die 50 Illustrationen haben modernen Wissenschaftlern eine detailgetreue Rekonstruktion des Mechanismus ermöglicht.

In der Moderne sind Wissenschaft und Technik eng verknüpft, da die Technik oft als angewandte Wissenschaft betrachtet wird. In früheren Gesellschaften war das anders. Technik und Wissenschaft – im Sinn nicht-religiösen Strebens, die Natur zu verstehen und zu erklären – entwickelten sich großteils eigenständig. Wissenschaftliche Kenntnisse halfen nur wenig bei der Lösung technischer Probleme.

Dennoch zogen die Chinesen keine scharfe Trennlinie zwischen Technik und Wissenschaft. Tatsächlich existierten nicht einmal die Konzepte „Technik" und „Wissenschaft", wie wir sie im Westen kennen. Deshalb ist es nicht schwierig, Beispiele für Fälle zu finden, in denen „wissenschaftliche" Fragen technische Antworten förderten. So führte der Wunsch, durch astronomische und astrologische Berechnungen Ordnung in das Universum zu bringen, im 1. Jahrtausend n. Chr. zur Erfindung vieler Instrumente. Der Höhepunkt der mechanischen Leistungen war im 11. Jahrhundert die Erfindung des Glockenturms durch Su Song. Der Mechanismus der Uhr funktionierte, indem man Wasser in aufeinander folgende Schalen eines Wasser-rads goss: So konnten sich das Rad, die Armillarsphäre, der Himmels-globus und das Zeit anzeigende Schlagwerk langsam und regel-mäßig drehen.

Die Chinesen waren vom Magnetismus fasziniert und ihr Verständnis dafür umfasste bereits im 8. oder 9. Jahrhundert n. Chr. das Wissen um die magnetische Abweichung, was zur Entwicklung des Kompasses führte. Die Experi-mente der Alchemisten waren uner-lässlich für die Zusammensetzung der Substanzen, aus denen das

Schießpulver entstand. Natürlich wirkten die Impulse oft auch in die andere Richtung. So führte die Erfindung des Seismografen in der Han-Zeit zweifelsohne zu Spekulationen über Erdbeben.

Die Entwicklungen in Wissenschaft und Technik hingen sehr stark von der staatlichen Unterstützung ab. Nur die Regierung hatte Zugriff auf die Bodenschätze des Landes und konnte es sich leisten, die Techniken erforschen zu lassen, die für sie von Bedeutung waren. Staatliche Werkstätten entwickelten und erzeugten die Waffen, die nötig waren, um die militärische Stärke Chinas aufrecht zu erhalten. Geschenke aus Seide waren etwa unter der Song-Dynastie ein wirksames Mittel der diplomatischen Überzeugungskraft. Die Baumwollindustrie fand in China starke Verbreitung, weil die mongolischen Herrscher der Yuan-Zeit sie förderten. Der Wunsch der Kaiser, ihre Herrschaft zu stärken, indem sie die Menschen in Harmonie mit dem Kosmos brachten, führte im Lauf der chinesischen Geschichte zu mehr als 100 Kalenderreformen. Die Regierungsbeamten waren ständig damit beschäftigt, die wirtschaftliche Basis des Staates zu verbessern oder zumindest auf dem Stand zu halten. Ihre Bemühungen hatten natürlich große Auswirkungen auf die Technik nicht nur in der Landwirtschaft, sondern auch in anderen wichtigen Bereichen wie Bergbau und Textilerzeugung.

Andererseits verhinderten Struktur und Werte des chinesischen Staates oft auch wissenschaftlichen und technischen Fortschritt. Das zeigt sich vielleicht nirgends besser als in der Neigung der Regierung, die vor allem in den letzten tausend Jahren der Kaiserzeit sehr ausgeprägt war, die Begabtesten des Landes als Beamte in der Bürokratie zu verpflichten und sicherzustellen, dass die Beamten höher gestellt waren als alle anderen Berufsstände. Die stark literarische Ausrichtung des Schul- und Prüfungssystems, bei dem die Studenten die klassischen Werke der Philosophie auswendig lernen und stilistisch ausdrucksvoll schreiben mussten, brachte die meisten Beamten davon ab, sich ernsthaft mit komplexen wissenschaftlichen Ideen oder mechanischen Problemen zu beschäftigen.

Eine astronomische Uhr aus der Qing-Zeit, um 1790.

LANDWIRTSCHAFT UND NAHRUNG

Die größte technische Herausforderung für die Chinesen war die Produktion einer ausreichenden Menge an Nahrung für die große Bevölkerung. In der frühen Shang-Zeit erzeugten die Bauern des heutigen Nordchina bereits einen Überschuss, der das Entstehen der chinesischen Kultur ermöglichte. Neben dem Trockenfeldbau von Hirse und Weizen im Norden entwickelte sich in Zentral- und Südchina die völlig andere Bewässerungslandwirtschaft für Reis, die noch produktiver sein sollte.

Der arbeitsintensive Anbau und die verschiedenen landwirtschaftlichen Geräte und Techniken waren hauptverantwortlich für die hohe Produktivität der chinesischen Landwirtschaft. Mitte des 1. Jahrtausends v. Chr. kamen Werkzeuge mit Eisenspitzen oder -blättern in Gebrauch, was den Landbau effizienter werden und die Bevölkerung Chinas explodieren ließ. Zu den komplizierteren landwirtschaftlichen Maschinen, die damals Weltspitze waren, zählten verschiedene Pflüge für unterschiedliche Böden; Saatgeräte mit mehreren Bohrern, für rascheres und

Auf diesem Gemälde aus der Qing-Zeit führt der Kaiser (Mitte links in gelber Zeremonialrobe) während des Landwirtschaftsfestes im Frühling in Beijing einen Eisenpflug, der von einem Ochsen gezogen wird.

regelmäßigeres Pflanzen; Kornschwingen, die mechanisch durch einen Luftstrom betrieben wurden; und verschiedene Mühlen, die erst von Menschen, später von Tieren oder Wasser (siehe S. 178–181) betrieben wurden. Durch die Erfindung des Brustgeschirrs und später des Halsgeschirrs (wahrscheinlich im 1. Jahrhundert v. Chr.) konnten Pferde und Maultiere erstmals effizient als Arbeitstiere eingesetzt werden.

Die chinesischen Bauern übernahmen auch neue Getreidesorten aus dem Ausland. Der Weizen kam etwa um 1000 v. Chr. aus dem Westen. Er fand rasch in Nordchina weite Verbreitung. Gegen Ende des 1. Jahrtausends n. Chr. ermöglichten neue, frühe Reissorten aus dem heutigen Vietnam, den Boden zwei- bis dreimal im Jahr zu bestellen.

Experimente mit Pflanz- und Zuchtmethoden waren weit verbreitet. Bereits in der Han-Zeit hatten viele chinesischen Bauern vom einfachen Ausstreuen der Samen zum Säen in Reihen gewechselt, was bessere Pflanzenpflege, systematische Fruchtfolge und sogar gleichzeitigen Bau unterschiedlicher Frucht in verschiedenen Reihen ermöglichte.

Da Weidetiere in China eine untergeordnete Rolle spielten, fehlte den Bauern eine wichtige Düngerquelle. Stattdessen düngten sie ihre Felder mit „Nachterde" (menschlichen Exkrementen), Flussschlamm, Asche, Kalk, Unkräutern, Kompost, Häcksel und Stroh.

NAHRUNGSMITTELVERARBEITUNG

Die chinesische Küche ist durch die Zubereitung der Lebensmittel so vielfältig. Zwei sehr frühe Neuerungen hatten hier besonderen Einfluss: die Gärung und das verbreitete Mahlen des Getreides. Zumindest ab dem 5. Jahrtausend v. Chr. verwendeten die Chinesen Dämpfer aus Ton, um die weichen Hirse- und Reiskörner zu kochen, die sie dann aßen oder vergoren, um daraus Zutaten für alkoholische Getränke und Nahrungsmittel wie eingelegtes Gemüse und gedämpftes Brot zu erzeugen. Weizenkörner waren härter und ließen sich schwerer kochen als Hirse und Reis. Deshalb mahlte man den Weizen zu Mehl, aus dem Teig für verschiedenste Speisen, doch vor allem Nudeln und Brot, bereitet wurde.

BEWÄSSERUNGSTECHNIK

Ein großer Teil der Arbeitskraft ging auf dem Land für Hochwassereindämmung und Bewässerungsprojekte auf. Die Kettenpumpe (auf Chinesisch oft „Rückgrat des Drachens" genannt) war eine äußerst vielseitige Maschine, die mit der Hand, dem Fuß, einem Zugtier oder einem Wasserrad betrieben werden konnte. Die Pumpe konnte das Wasser bis zu 4,5 Meter heben. Es gab auch eine kleinere, tragbare Variante dieses Geräts. Auch Wasserräder wurden für Bewässerungszwecke eingesetzt. In China wurde um 1850, auf Grund der weit verbreiteten Nutzung dieser verschiedenen Bewässerungstechniken, nach Prozenten fast zehnmal so viel Land bewirtschaftet wie in Indien.

Dieses Bild aus der Yuan-Zeit zeigt eine Kettenpumpe oder „Rückgrat des Drachens".

SPINNER UND WEBER

In einem chinesischen Spruch heißt es, dass „Männer den Boden bestellen, während Frauen weben". Die Realität sah aber etwas anders aus, auch wenn die Chinesen überzeugt waren, dass diese getrennten, doch ergänzenden Aufgaben die Grundlage der sozialen Ordnung bildeten.

Zwar wird chinesische Textilindustrie vor allem mit Seide (siehe Kasten unten) assoziiert, doch spielten auch zwei andere Stoffe, nämlich Baumwolle und Ramie, eine Schlüsselrolle in der Geschichte der Textilindustrie des Landes. Ramie (auch Chinagras genannt, eine Pflanze aus der Familie der Nesselgewächse) ist eine mehrjährige Pflanze, die eine weiße, durchscheinende, leichte und haltbare Faser enthält, die bis zu zehnmal länger und stärker ist als Baumwolle. Die Pflanze selbst ist robust und produziert Fasern Jahrzehnte, ja bis zu hundert Jahre lang.

VON DER RAUPE ZUR SEIDE

Der Kokon einer Seidenraupe besteht aus einem Faden, der zwischen 730 und 915 Meter lang sein kann, wenn er vorsichtig entwirrt wird. Diesen Faden kann man zu einem weichen, leichten, starken, haltbaren Material verarbeiten, das sich ideal zum Färben eignet. Allerdings war die Seidenraupenzucht eine arbeitsintensive und unsichere Angelegenheit. In den 25 bis 30 Tagen, in denen die empfindlichen Raupen wuchsen, brauchten sie ständige Pflege und mussten mehrmals am Tag mit frischen Maulbeerblättern gefüttert werden. Genau zum richtigen Zeitpunkt wurden die Raupen auf einen geneigten Rahmen oder auf größere Tabletts gesetzt, wo sie ihre Kokons spinnen konnten. Knapp bevor die Motten schlüpften (und den feinen Faden zerreißen konnten), musste die Seide von den Kokons gewickelt werden. Wenn es in der kurzen Zeit, die dafür zur Verfügung stand, zu wenig Maschinen oder Arbeitskraft gab, musste man die Motten auskochen oder ausräuchern, damit man die Seide später abwickeln konnte. Allerdings litt darunter die Qualität.

Wahrscheinlich war die Seidenproduktion zu kompliziert für eine Weiterverbreitung in andere Teile der Welt. In Europa begann man erst im 10. Jahrhundert n. Chr. mit der Seidenerzeugung.

Dieses Bild (um 1830) zeigt Menschen, die in der Seidenerzeugung beschäftigt sind.

Die Produktion von Ramie und Seide reicht in China bis in das Neolithikum zurück. Neben der Seide waren vor allem Ramie und Hanf bis zur Song- und Yuan-Zeit von Bedeutung, als sie von der Baumwolle abgelöst wurden. Im Altertum war Ramie ein harter Konkurrent für die Seide, da sie ebenso glänzte, im Winter wärmte und im Sommer kühlte.

Zur Stofferzeugung müssen die kurzen, einzelnen Pflanzenfasern erst zu einem Faden gedreht werden. Anfangs gab es dazu keine Maschinen, so dass man die Fasern einfach zwischen den Händen oder zwischen Hand und Oberschenkel rollte. Bereits um 5000 v. Chr. waren aber Spinnwirtel bekannt. Diese Frühform des Spinnrads ermöglichte es den Menschen, viel rascher regelmäßige Fäden zu produzieren. Viel später, wahrscheinlich in der Shang-Zeit, entstanden die ersten einfachen, handbetriebenen Spinnräder. Unter der Han-Dynastie wurden Spinnräder mit Fußtritt entwickelt, und unter den Song gab es dann Spinnräder mit Wasserantrieb. Wichtig war auch, dass auf den Spinnrädern immer mehr Spindeln betrieben werden konnten: Auf einem Spinnrad mit 32 Spindeln und Riemenantrieb aus der Yuan-Zeit konnte man in 24 Stunden 50 Kilogramm Garn erzeugen.

Die Baumwolle war nicht in China heimisch, doch gelangte sie bereits spätestens 200 v. Chr. aus Indien hierher. Zwar war sie weicher als Ramie, und die hochwertigsten Stoffe konnten es in puncto Aussehen und Haltbarkeit sogar mit Seide aufnehmen, doch wurde die Baumwolle in China trotzdem über tausend Jahre lang kaum verwendet. Das lag einerseits daran, dass die ersten Sorten, die importiert wurden, die unterschiedlichen chinesischen Standorte nur schlecht vertrugen. Erst als bessere Pflanzen entwickelt wurden und Geräte und Maschinen (wie die Entkörnungsmaschine und der Bogen zum Entwirren und Lockern der Fasern vor dem Spinnen) entstanden, konnten die Chinesen so preisgünstig Baumwollstoffe erzeugen, dass Ramie und Hanf als Stoffe für die Massen abgelöst werden konnten. Um diese Zeit (etwa 1000 n. Chr.) stieg die Nachfrage nach Baumwolle drastisch an. Das lag vor allem daran, dass die einfachen Geräte für die Bauern leistbar waren.

Ein Stück chinesischer Seide aus dem 14. Jahrhundert, fein mit blauen und goldenen Fäden bestickt.

SCHÄTZE AUS DER ERDE

Zum Teil wegen der Größe des Landes verfügte China über eine Vielfalt und einen Reichtum an Bodenschätzen, einschließlich von Ablagerungen aller wichtigen Metalle des Altertums: Gold, Silber, Kupfer, Zinn, Eisen, Blei, Quecksilber und Zink. Die Verfügbarkeit von Tonen wie Kaolin („Porzellanerde") ließ in China eine riesige Keramikindustrie entstehen, die nirgendwo in der Produktpalette und der ästhetischen Qualität ihrer Erzeugnisse übertroffen wurde (siehe S. 198–201). Große Kohlevorkommen versorgten Menschen und die Eisenindustrie mit Brennmaterial.

Nur selten spricht man über das Ausmaß des Bergbaus in China. Bereits zur Han-Zeit bauten die Chinesen neben den oben genannten Metallen mehr als 50 andere Materialien ab. Von besonderer Bedeutung waren Jade und andere Edel- und Halbedelsteine, Arsen, Schwefel, Schleifmittel, Alaun und Kaliumnitrat (das als Düngemittel und zur Produktion von Schießpulver verwendet wurde). Im Lauf der Jahrhunderte entwickelten die chinesischen Schürfer ein derartiges Wissen, dass sie praktisch alle bedeutenden Vorkommen fanden, die mit der herkömmlichen Technik gewinnbringend abgebaut werden konnten.

Ein prächtiges sheng ding *aus Bronze. Dieses dreibeinige Gefäß für Speiseopfer fand man im Grab von Chu Shuzhi Sun Peng (starb 548 v. Chr.), einem wichtigen Minister des Staates Chu aus der Östlichen Zhou-Zeit. Die feinen Reliefränder auf dem Gefäß sind mit eng ineinander verschlungenen Drachen geschmückt.*

Allerdings waren die Chinesen besonders bei der Verarbeitung der Mineralien und vor allem im Hüttenwesen äußerst geschickt. Die Bronzeerzeugung ist dafür ein gutes Beispiel. In der Shang- und frühen Zhou-Zeit konnten die Chinesen bereits Kupfer und Zinn in verschiedenen Mischungen zu unterschiedlichen Bronzelegierungen je nach Verwendungszweck verbinden.

In China kamen vor allem Erze vor, bei denen das Metall durch Hitze gewonnen werden musste. Die lange Erfahrung in der Töpferei hatte die Chinesen gelehrt, wie sie sehr hohe Temperaturen in ihren Öfen erzeugen und erhalten konnten. Im 7. oder 6. Jahrhundert v. Chr. konnten sie aus Eisenerz nicht nur schmiedbares Eisen gewinnen (das nur zum Teil geschmolzen war und von dem ein Schmied die ungewünschte Schlacke schlagen musste), sondern auch Gusseisen. Dieses vollständig geschmolzene Metall konnte sofort zu Werkzeugen, Waffen und verschiedenen anderen Objekten gegossen werden. Es dauerte mindestens tausend Jahre, bis diese Technik auch im Westen erschien.

Das Gusseisen und die Entdeckung, dass es zu haltbaren Formen gegossen werden konnte, bedeuteten, dass bereits sehr früh Eisenprodukte aus Massenproduktion in China erhältlich waren. Das hatte große Auswirkungen auf die chinesische Wirtschaftsentwicklung.

DIE MINEN VON TONGLÜSHAN

Die ältesten Kupferminen Chinas gehen auf die spätere Shang-Zeit zurück. Die bisher am weitesten freigelegte Mine ist die von Tonglüshan, südlich des Yangzi in Zentralchina. Hier hatte man spätestens 1000 v. Chr. mit dem Abbau begonnen, der mit Unterbrechungen fast tausend Jahre lang fortgesetzt wurde. Durch Untersuchung der Minenreste können wir viele Entwicklungen der Bergbautechnik erkennen. Dazu zählen verschiedene Methoden zum Abstützen der Schächte; Bemühungen, Wasser abzupumpen und die Durchlüftung zu verbessern; und die Verwendung von Feuer (Erhitzen, dann rasches Abkühlen des Steins). Das war vor der Erfindung des Dynamit im späten 19. Jahrhundert die wirksamste und effizienteste Methode, den Stein zu brechen.

SOLEBOHRUNGEN IN SICHUAN

Die großen Solevorkommen in der westlichen Provinz Sichuan lieferten nicht nur Millionen Chinesen, die weit vom Meer und den Salzseen im Norden entfernt wohnten, einen wichtigen Nährstoff. Zudem förderten sie auch einmalig früh Versuche im Tiefbohren. Die Bohrung tiefer Löcher mit Eisenbohrern dürfte im 11. Jahrhundert n. Chr. erfunden worden sein. 1132 registrierten lokale Beamte ungefähr 4.900 Bohrlöcher. Die Sole wurde mit langen Bambusrohren, die unten mit einem Eisenbehälter mit Klappventilen versehen waren, aus der Erde geholt. Die Ventile öffneten sich, wenn das Rohr abgesenkt wurde, und schlossen sich, sobald es gehoben wurde. Der berühmte Brunnen von Xinhai wurde 1835 gebaut. Mit traditionellen Methoden bohrte man mehr als 1000 Meter tief – also doppelt so tief, als dies außerhalb Chinas zu jener Zeit möglich war.

Bohrtürme aus Holz bei einer chinesischen Salzmine aus dem späten 19. oder frühen 20. Jahrhundert.

TRANSPORT UND KOMMUNIKATION

Dieses bemalte Holzmodell eines Ochsenkarren mit Speichenrädern stammt aus der Han-Zeit.

TRANSPORT MIT RÄDERN

Die ersten Hinweise auf Vehikel mit Rädern in China stammen aus der Shang-Zeit, als der erste Karren mit Speichenrädern auftauchte, importiert aus dem Nordwesten.

Der Schubkarren entstand um die Zeitenwende (in Europa erst im 12. oder 13. Jahrhundert n. Chr.) und halbierte die Zahl der Arbeiter, die für den Transport von Lasten durch mehr als eine Person benötigt wurden.

Im 4. Jahrhundert v. Chr. bauten die chinesischen Stellmacher bereits Räder mit Radnaben und Speichen (bis zu 30 pro Wagenrad) sowie Felgen. Um dieselbe Zeit begann man auch, die Speichen in einem leichten Winkel zum Rad zu montieren, damit sie seitliche Stöße besser abfingen.

Um die Einheit Chinas, eines der weltweit größten politischen und kulturellen Gebilde, zu erhalten, war eine ausgedehnte Kommunikations- und Transportstruktur nötig.

Der Erste Kaiser, Qin Shihuangdi (regierte 221–210 v. Chr.), setzte hier den Anfang. Zu seinen größten Leistungen im Bauwesen zählte die Errichtung eines Straßennetzes mit 7.000 Kilometer Länge, das von der Hauptstadt Xianyang bis in die entferntesten Ecken seines Reiches führte. Spätere Kaiser folgten seinem Beispiel. So hatte China gegen Ende des 2. Jahrhunderts n. Chr. bereits ein Straßennetz von 35.400 Kilometern, das ein Reich mit einer Größe von vier Millionen Quadratkilometern durchzog.

In vielen Teilen Chinas waren die Wasserwege jedoch wichtiger als die Straßen, die oft nicht gut erhalten waren. Der Wassertransport war schneller und billiger, und zudem förderte die Regierung viele Jahrhunderte lang den Kanalbau. Der „Magische Transportkanal", den der Erste Kaiser bauen ließ, verband das zentrale Yangzi-Becken über den Westfluss mit Guangzhou. Dieser erste Kanal, der jemals zwei Flüsse verband, ist seit mehr als 2.200 Jahren in Benützung.

Das erste Kaiserkanal-System (siehe S. 22) wurde zu Beginn des 7. Jahrhunderts n. Chr. gebaut und war eine wirtschaftliche Lebensader zwischen dem getreidearmen Nordchina und dem Überschuss produzierenden Südosten. Durch Schleusen, die im 10. Jahrhundert erfunden wurden, verband es schließlich fünf große Flüsse auf einer Strecke von 2.000 Kilometern. So entstand das weltgrößte Wasserweg-Netzwerk vor der Moderne.

Auf den chinesischen Binnenwasserwegen wurden die Boote gezogen, gestakt und vom Heck aus gerudert. Es gab die verschiedensten Bootstypen: Die Barken, die den Kaiserkanal befuhren, hatten nur wenig mit den Schiffen gemein, die für lange Meeresstrecken gebaut waren (siehe Kasten gegenüber).

Wo Straßen Wasserwege kreuzten, baute man Brücken (oder Fähren setzten die Karren über). Zumeist errichtete man Balkenbrücken mit mindestens einer Holz- oder Steinspanne. Auch Bogenbrücken waren weit verbreitet. Die ersten Hängebrücken der Welt wurden mit Eisenketten anstatt Seilen gebaut. Sie waren ebenfalls eine Erfindung der Chinesen und entstanden wahrscheinlich in der Han-Zeit.

SCHIFFFAHRTSTECHNIK

400 Jahre lang war China die größte Seemacht der Welt, die ihren Höhepunkt zu Beginn des 15. Jahrhunderts erreichte. Damals segelte die chinesische Flotte ungehindert über den Indischen Ozean bis zum Roten Meer und der Ostküste Afrikas. Diese Übermacht wurde durch verschiedenste Erfindungen wie Ruder am Hintersteven (in der Han-Zeit entstanden) möglich, die je nach Wassertiefe gehoben oder gesenkt werden konnten. Zudem entwickelte man wasserdichte Abteilungen, um Schäden infolge Lecks zu mindern. Der Kompass wurde spätestens im 11. Jahrhundert für Schiffe umgerüstet, und die Seeleute verfügten über Seekarten und Navigationsdiagramme mit genauer Kompasspeilung und Sternenposition.

Bemerkenswert war bei den chinesischen Schiffen, dass sie weder über Rahmen noch Spanten verfügten, sondern die Bretter über feste Querschotten mit je einem Schott an Heck und Bug verbunden waren. Größere Schiffe waren mit mehreren Masten ausgestattet, die so genau gesetzt waren, dass die Segel einander nicht behinderten. Die Segel selbst bestanden meist aus Bambusmatten, die mit Bambusleisten verstärkt waren. Bambus war zwar schwächer als Segeltuch, doch aerodynamischer und reißfester und konnte ohne komplizierte Takelage aufgerollt werden.

Die Chinesen erfanden auch die Schaufelradschiffe, die Menschen betrieben. Die größten Schiffe entstanden ab dem 12. Jahrhundert und hatten ein Dutzend Räder auf jeder Seite.

Chinesische Dschunken, mit ihrem flachen Bug, waren jahrhundertelang die seetüchtigsten asiatischen Schiffe.

DIE WAFFENTECHNIK

Obwohl die Chinesen kulturell bedingt alles Militärische ablehnten, führten sie im Lauf der Geschichte genügend Kriege im Land und mit anderen Staaten. Daher überrascht es nicht, dass die Chinesen lange vor dem Westen hoch komplexe Waffen bauten.

Es besteht kaum ein Zweifel, dass die Shang-Dynastie vor allem durch militärische Stärke an die Macht kam (siehe S. 24–25). Zusätzlich zu Bögen und Pfeilspitzen aus Bronze versorgte die Beherrschung der Bronzemetallurgie und eine bemerkenswerte Fähigkeit zur Produktionsorganisation die Shang-Krieger mit einer Vielzahl an Waffen wie Dolche, Hellebarden und Speere mit Bronzespitze.

Der Angriff von Mara (Detail), eine buddhistische Gebetsfahne aus dem 10. Jahrhundert n. Chr., gefunden in Dunhuang. Sie zeigt die älteste Darstellung von Feuerwaffen überhaupt. Zwei der Dämonen, die Buddha (links) angreifen, tragen alte chinesische Waffen: einer (rechts oben) handhabt eine Kanone; der andere (genau darunter) wirft eine Granate.

Ab etwa 500 v. Chr. kam es in China zu einer revolutionären Entwicklung in der Kriegführung, die weiter reichende Konsequenzen hatte als die Erfindung des Schießpulvers 1500 Jahre später. Als Reaktion auf die Bedrohung durch berittene Nomadenvölker aus dem Norden und Westen nahmen die Chinesen in ihre Armeen berittene Soldaten auf. Aber auch nach Erfindung des Steigbügels Jahrhunderte später verließen sich chinesische Armeen nie hauptsächlich auf die Kavallerie. Meist konnten die Chinesen durch ihre organisatorischen und logistischen Fähigkeiten weitaus größere Truppen aufstellen als ihre Feinde. Ab der Zeit der Streitenden Reiche verfügten sie zudem über genügend Eisen, um ihre Heere mit einer ungeahnten Menge und Vielfalt an Waffen auszurüsten.

Diese kunstvoll gearbeitete bronzene Axtklinge stammt aus dem 6. bis 5. Jahrhundert v. Chr.

Die chinesische Überlegenheit in der Waffenproduktion hatte noch eine weitere Dimension. Zur Zeit der Streitenden Reiche gab es zwei schwere Waffengattungen: die Armbrust und die Wurfmaschine. Chinesische Handwerker konnten komplizierte Abzugsmechanismen und aerodynamisch hervorragende Kolben erzeugen, die die Zielgenauigkeit der Armbrüste verbesserten. Zudem besaßen die chinesischen Heere im 3. Jahrhundert v. Chr. mobile Armbrüste, die 270 Kilogramm wogen und Pfeile, die 2,25 Meter lang waren. Unter den Tang sollen diese Armbrüste eine Reichweite von über 900 Metern erreicht haben. Im 11. oder 12. Jahrhundert n. Chr. wurde die Repetierarmbrust erfunden, mit der mehrmals rasch hintereinander gefeuert werden konnte. Die Armbrust blieb bis ins 19. Jahrhundert eine der wichtigsten chinesischen Waffen.

Die Chinesen führten vor allem Belagerungskriege. Angreifer verfügten über eine Vielzahl an Waffen wie Wurfmaschinen, Brandbomben, Rauchbomben, Sturmböcken und „Wolkenleitern" (zusammenklappbare Belagerungsleitern). Verteidiger versuchten, den Angriff mit ähnlichen Waffen sowie Schirmen und Vorhängen abzuwehren, die die feindlichen Projektile bremsten. Zudem verteidigten die Chinesen ihre Wälle mit Feuerwänden gegen Feinde.

In der Verwendung des Schießpulvers (das Alchemisten der Tang-Zeit zufällig entdeckten) waren die Chinesen besonders begabt. Doch kam nach 1400 n. Chr. die Entwicklung von Feuerwaffen und Kanonen großteils zum Stillstand. Grund dafür mag gewesen sein, dass die Chinesen in den folgenden Jahrhunderten kaum von außen bedroht wurden. Diese Situation änderte sich erst mit dem Eintreffen westlicher imperialer Mächte im 19. Jahrhundert.

EINE CHRONOLOGIE DER SCHIESSPULVER-WAFFEN

Ca. 850 n. Chr. Chinesen entdecken die explosive Mischung von Salpeter (Kaliumnitrat), Schwefel und Kohle

919 Erster Bericht über Schießpulver in einer Waffe

Ca. 950 Schießpulver in Flammenwerfern verwendet

968 Brandpfeile mit nitratarmer Schießpulverpaste

11. Jahrhundert Halbexplosive Bomben, Granaten und Minen

Frühes 12. Jahrhundert Brandraketen und Raketenbomben

Frühes 13. Jahrhundert Halb geschlossene Behälter mit Schießpulver gemischt mit Projektilen, die bei Zündung mit den Gasen des Schießpulvers hinausgeschleudert wurden

13. Jahrhundert Schießpulver als Raketenantrieb; Raketenpfeile; nitratreiche Sprengstoffe

Spätes 13./frühes 14. Jahrhundert Gewehre und Kanonen mit Metallläufen; Formel für Schießpulver und -waffen gelangten nach Arabien und Europa

14. Jahrhundert Raketen mit Flügeln und zwei Stufen

MECHANIK UND ENERGIE

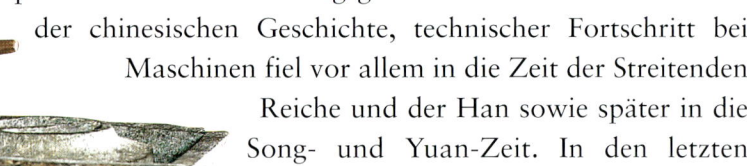

Ein Bronzemodell eines Mannes, der mit einer frühen Kurbel einen Mühlstein antreibt. Diese Figur aus der Han-Zeit wurde in Zhongxiang in der Provinz Hubei gefunden.

Beispiele technischer Erfindungsgabe findet man zu allen Zeiten der chinesischen Geschichte, technischer Fortschritt bei Maschinen fiel vor allem in die Zeit der Streitenden Reiche und der Han sowie später in die Song- und Yuan-Zeit. In den letzten Jahrhunderten der Kaiserzeit scheint der Erfindungsreichtum der Chinesen merkbar abgenommen zu haben.

Um die Han-Zeit entstanden die ersten einfallsreichen Maschinen. Eine der grundlegenden Erfindungen war die Kurbel. Sie wurde von unschätzbarem Wert, da sie Dreh- und Pendelbewegungen unendlich erleichterte. Die ersten Kurbeln aus einer Art Pflock oder Stock, der seitlich an einem Rad (etwa einem Mühlstein) befestigt wurde und als Griff zum Drehen diente, gab es wohl schon viel früher. Aber der erste Beweis überhaupt für eine echte Kurbel sind in Han-Gräbern gefundene Modelle, die Kurbeln als Antrieb der rotierenden Wurfschaufeln von Worfelmaschinen zeigen, wie sie auch heute noch häufig von chinesischen Bauern verwendet werden. Später setzte man die Kurbel bei allen möglichen Maschinen ein, darunter Mühlen, Seilwinden, mit denen etwas aus großen Tiefen geholt wurde, etwa Wasser aus Brunnen oder Kohle aus Minen, und verschiedene komplexe Textilmaschinen wie Seidenspulgeräte und Spinnräder.

Die Worfelmaschine war eines von zwei wichtigen Geräten mit kontrolliertem Luftstrom, die in der Han-Zeit erfunden wurde. Die zweite war der Doppelblasbalg, bestehend aus einer rechteckigen Kiste, in der ein Kolben und Ventil so angeordnet war, daß der Kolben bei Vorwärts- und Rückwärtsbewegungen Luft pumpte, also ein Kolben für Dauergebläse sorgte. Diese effizienteste Luftpumpe vor der modernen Maschinenzeit wurde vor allem eingesetzt, um die hohen Temperaturen zu erreichen, die man in Hochöfen brauchte.

Während die Han-Zeit vor allem für die vielen neuen Maschinen berühmt ist, die damals entstanden, sind die Song- und Yuan-Zeit besonders für Verbesserungen der Technik bekannt, auch wenn einige neue Erfindungen dazukamen. In dieser Zeit wurde vor allem die Wasserkraft in den Produktionsprozess integriert. Zwar war das Wasserrad bereits vor der Zeitenwende zur Bewässerung eingesetzt worden (siehe Kasten S. 180), doch hatte es als Industriemaschine die größte Bedeutung. Es erscheint möglich, dass die Chinesen Wasser vor Tieren zum Antrieb ihrer Maschinen einsetzten.

Es überrascht nicht, dass Wasserräder bereits in der Han-Zeit dazu verwendet wurden, Mühlsteine zu drehen und metallurgische Gebläse zu betreiben. In beiden Fällen erwiesen sich liegend montierte Räder als ausgesprochen effizient.

In der Han-Zeit waren Wasserräder noch aus einem dritten Grund von großer Bedeutung. Mit ihnen wurden Fallhämmer betrieben, die zum Enthülsen von Getreide und zum Zerstoßen von Eisenerz weit verbreitet waren. Tatsächlich findet man in der Literatur die meisten Hinweise auf diese Verwendung. Ein oder mehrere Hämmer konnten mit Hilfe von Haken oder Schlaufen auf einer von einem Wasserrad angetriebenen Welle gehoben oder fallen gelassen werden. Zwar eignen sich für diesen Zweck stehende Wasserräder bedeutend besser, doch stammen die ersten Hinweise auf diese Art von Rädern erst aus viel späterer Zeit. Möglicherweise wurden die ersten Fallhämmer von liegenden Wasserrädern angetrieben, und zwar mittels eines rechtwinkelig angebrachten Getriebes.

Nach der Han-Zeit scheint es keine bahnbrechenden Veränderungen mehr bei den Wasserrädern gegeben zu haben, doch verwendete man immer größere Räder, um immer größere und kompliziertere Maschinen

DER ERDBEBENDETEKTOR VON ZHANG HENG

China ist eine erdbebengefährdete Region. Deshalb überrascht es nicht, dass die Chinesen, die immer an Naturphänomenen interessiert waren, auch Erdbeben beobachten und aufzeichnen wollten. Die ältesten chinesischen Aufzeichnungen über ein Erdbeben stammen von 780 v. Chr. Der erste Erdbebendetektor wurde anscheinend 132 n. Chr. von einem Beamten namens Zhang Heng erfunden, der sehr weit gestreute wissenschaftliche Interessen hatte.

Laut einer Beschreibung bestand Zhangs Instrument aus einer Bronzeurne mit acht Drachen, die um den Rand nach außen blickten und je einen Bronzeball im Maul hielten. Auf dem Boden saß rundherum bei jedem Drachen eine

Eine moderne Nachbildung von Zhang Hengs Seismografen, mit vier Drachen und fünf Kröten anstatt der jeweils acht.

Kröte mit offenem Maul, die nach oben blickte. Bei einem Erdbeben löste eine pendelähnliche Säule im Inneren das Kinn des Drachen, der in die Richtung des Erdbebens zeigte. Dadurch fiel die Kugel der darunter sitzenden Kröte ins Maul, wodurch das Erdbeben festgehalten war.

Instrumente dieser Art waren wohl in China ab der Zeit Zhang Hengs bis in das 7. Jahrhundert n. Chr. verbreitet. Danach dürfte das Wissen um die Erzeugung dieser Instrumente verloren gegangen sein.

WASSERRÄDER UND BEWÄSSERUNG

Die wichtigste Erfindung vor der Dampfmaschine war das Wasserrad, das für Mensch und Tier eine große Hilfe darstellte. Die ersten Wasserräder stammen wohl aus den letzten Jahrhunderten vor der Zeitenwende und wurden zur Bewässerung verwendet (siehe S. 169). Es gibt Hinweise darauf, dass die *noria*, ein stehendes Rad mit Schaufeln am Umfang, bereits im 2. Jahrhundert v. Chr. in Ägypten verwendet wurde. In China kam diese Art von Wasserrad erst später auf, da in jener Epoche die Kettenpumpe mit Rinne und Schaufeln in Verwendung war, die sich sehr gut zur Bewässerung eignete.

Wasserräder gab es in vielen verschiedenen Formen. Die Bezeichnungen oberschlächtiges stehendes Rad und unterschlächtiges stehendes Rad zeigen an, ob die Kraft des Wassers von oben oder von unten auf das Rad wirkt. Liegend befestigte Wasserräder waren ebenfalls verbreitet und wurden von den Chinesen wenn möglich bevorzugt.

Aber das Wasserrad hatte nicht so sehr als Hilfe zur Bewässerung, sondern als Maschine zur Nutzung der Wasserkraft seine große Bedeutung in der Geschichte der vorindustriellen Technik in Ost und West (siehe Haupttext).

Dieses stehende hölzerne Wasserrad wird in der Provinz Guangxi noch immer zur Bewässerung verwendet.

anzutreiben. In der *Landwirtschaftlichen Abhandlung von Wang Zhen*, einem berühmten, illustrierten Werk aus dem Jahr 1313, setzt sich Wang mit dem Gebrauch von Wasserrädern in der Textilherstellung und im Hüttenwesen auseinander. Ein wasserbetriebenes Gebläse für Hochöfen enthält einen komplizierten Mechanismus zur Umwandlung der Drehbewegung des Wasserrades in die Pendelbewegung der Platte, die Luft in den Hochofen presste.

Trotz der verbesserten Verbindungen kann man sich aber leicht vorstellen, dass das von Wang beschriebene Gerät wie die meisten anderen wasserbetriebenen Maschinen in China schwer, plump und ineffizient war. Zwar hatten die Wasserräder meist eine Höchstleistung von 3.700 Watt oder noch weniger, doch erzeugten sie deutlich mehr Energie als andere Kraftquellen. Diese Energie machten sich die Menschen ab der Song-Zeit in groß angelegten Herstellungsprozessen zunutze. So konnte ein einziges Wasserrad mindestens ein halbes Dutzend große Mühlsteine antreiben oder sogar eine Kombination von Mühlsteinen, Fallhämmern und Kollergängen (bei denen eine oder zwei Steinscheiben das Getreide in einer runden Wanne mahlten).

Es gibt keine einfache Antwort auf die Frage, warum die technische Erfindungsgabe in China in der Ming- und Qing-Zeit nachließ. Eine Erklärung ist, dass die Möglichkeiten für eine wirtschaftlich machbare Mechanisierung in den meisten Bereichen bereits ausgeschöpft waren. Nur eine spektakulär neue Energiequelle (etwa die Entwicklung der Dampfkraft) konnte eine neue Mechanisierungswelle auslösen. Eine andere Erklärung ist, dass die wachsende Bevölkerung die vorhandenen Ressourcen immer mehr ausschöpfte und dadurch die Preise für die Rohstoffe wie Holz und Metalle, die für die Erzeugung von Maschinen nötig waren, in die Höhe trieb, während gleichzeitig die Arbeitskraft immer billiger wurde. Man darf auch nicht vergessen, dass China zur Ming- und Qing-Zeit über ein ausgesprochen effizientes Verteilungssystem verfügte und auf dem Land viele Menschen unterbeschäftigt waren. Das kann zu Produktionsengpässen bei steigender Nachfrage geführt haben, die in anderen Zeiten Innovationen ausgelöst hätte. Es ist auch möglich, dass das Interesse an technischer Innovation durch die veränderten Werte der Oberschicht sank.

In China stagnierte der technische Aufschwung genau zu jener Zeit, in der in Europa eine neue technische Entwicklung einsetzte. Das brachte dem Land beträchtliche Nachteile, als es sich im 19. Jahrhundert gegen den westlichen Imperialismus verteidigen musste, der auf überwältigender wirtschaftlicher und militärischer Macht basierte.

Fortschritte im Gebrauch von Zahnrädern und anderen Verbindungen ermöglichten in der Han-Zeit die Entwicklung einer der sinnreichsten Erfindungen, des nach Süden weisenden Wagens. Diese Art mechanischer Kompass war ein zweirädriger Wagen, auf dem eine zeigende Figur befestigt war, wie in der modernen Rekonstruktion zu sehen. Statue und Räder waren durch ein Getriebe verbunden, so dass die Figur immer nach Süden zeigte (die Hauptrichtung der Chinesen), unabhängig davon in welche Richtung der Wagen fuhr.

PAPIER, DRUCK UND VERBREITUNG

Häufig setzten sich sogar bahnbrechende Erfindungen nur ganz allmählich durch. Das war vor allem beim Druck der Fall. Als man vielleicht schon im 7. Jahrhundert n. Chr. mit dem Druck zu experimentieren begann, waren die Veränderungen in Material und Technik so geringfügig, dass man kaum von etwas Neuem sprechen konnte. Dennoch führte die Weiterentwicklung des Drucks in China und allen anderen Kulturkreisen zu so tiefgreifenden Veränderungen der Gesellschaft, dass er zu Recht als Meilenstein der Geschichte gilt.

Mit Entwicklung der Schrift experimentierten die Chinesen mit den verschiedensten Schreibmaterialien, darunter Tongebilde, Schildkrötenschalen und Seide. Die ersten Versuche der Papiererzeugung gehen auf die Han-Zeit zurück. Damals weichte man alte Tücher so lange auf, bis nur noch die Fasern vorhanden waren, und mischte diese mit Wasser. In einer Form wurden die Fasern zusammengehalten, wenn das Wasser abrann. Die Fasern quollen durch das absorbierte Wasser auf und hafteten so aneinander.

Sobald die Grundtechnik der Papierherstellung bekannt war, experimentierten die Chinesen mit immer neuen Rohstoffen. Die Rinde des Maulbeerbaums, Rattan, Bambus, Reis- und Weizenhalme enthielten Fasern, aus denen man Papier erzeugen konnte, und so wurde Papier bald zum verbreitetsten Schreibmaterial. Bald nach Erfindung des Papiers begann man, Abdrücke von den Texten zu nehmen, die in Stein oder ein anderes hartes Material eingemeißelt waren und schuf so weiße Texte auf schwarzem Untergrund. Ende des 2. Jahrhunderts n. Chr. waren die sieben Hauptwerke des Konfuzianismus, die etwa 200.000 Zeichen enthielten, in mehrere Steine eingraviert worden. Davon konnte man nun Tuschreiberdrucke anfertigen.

Damit die langsame und schwierige Technik des Reiberdrucks zum raschen und effizienten Holzdruck werden konnte, musste der Text in Spiegelschrift geschrieben werden, damit die Formen mit Tusche eingefärbt und so ein positives Bild entstehen konnte. Die enge Verbindung zwischen geschnitzten Siegeln und der Schrift erleichterte diesen Prozess.

Der Holzdruck war im 10. Jahrhundert in China weit verbreitet und blieb bis ins 20. Jahrhundert die häufigste Druckform. Der Prozess war äußerst einfach:

Ein früher chinesischer Aquarelldruck, der mit Holzstöcken hergestellt wurde. Die Chinesen versuchten mit ihren Drucken einem Gemälde möglichst nahe zu kommen. Diese Abbildung stammt aus einer Sammlung von Blättern der zweifarbig gedruckten Handbücher Das Zehn-Bambus-Studio *und* Der Senfkorngarten *aus dem 17. Jahrhundert.*

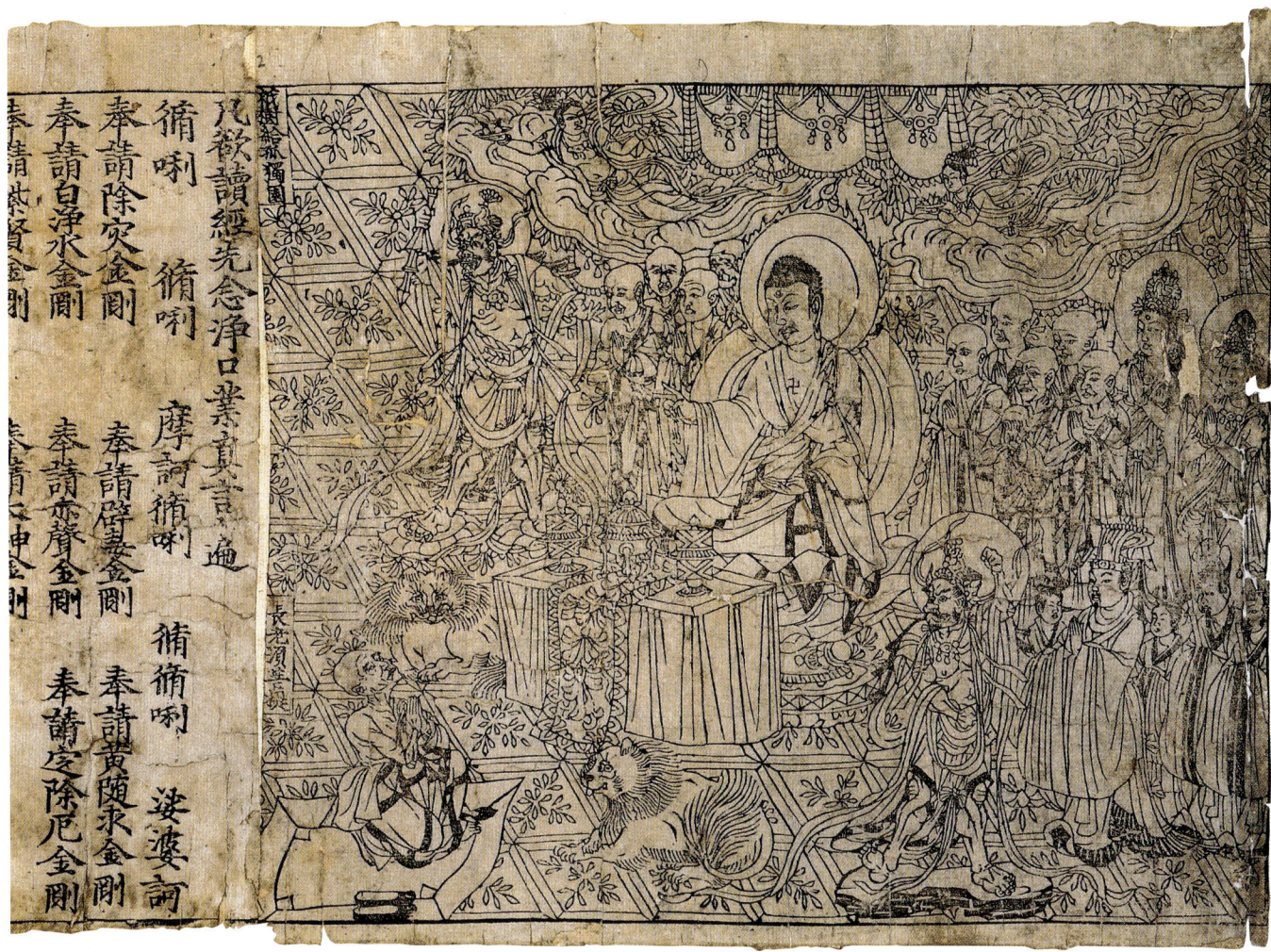

Das dünne, poröse Papier, das die Chinesen für ihre Drucke verwendeten, absorbierte leicht die wasserlösliche Tusche, so dass man nicht fest aufdrücken musste. Sobald der Text geschrieben und auf die Holzstöcke übertragen war, konnten sogar Analphabeten die Druckstöcke herstellen. Das war ein riesiger Vorteil in einer Gesellschaft, in der die Komplexität der geschriebenen Sprache in Verbindung mit den begrenzten Möglichkeiten der Schulbildung bedeutete, dass es kaum schreibkundige Handwerker gab. Die Jesuitenmissionare berichteten im 16. Jahrhundert aus Beijing, dass ein begabter Graveur eine Seite in derselben Zeit fertigstellen konnte wie das Setzen einer Seite in Europa brauchte.

Der Holzdruck hatte auch den Vorteil, dass er wenig kostete. Ein erfahrener Drucker konnte an einem Tag über 1.500 Seiten drucken. Der Buchpreis fiel zwischen dem 9. und 11. Jahrhundert um 90 Prozent, und chinesische Verleger konnten nur kleine Profite bei Werken erzielen, die auf eine Auflage von wenigen hundert Stück limitiert waren. Viele Privatunternehmer waren bereit, alles zu drucken, das zumindest einen geringen Profit versprach.

Ausschnitt aus der Diamantensutra, dem ältesten gedruckten Buch der Welt (868 n. Chr.). Die 5 Meter lange Schriftrolle wurde 1907 in Dunhuang entdeckt. In China scheint die Drucktechnik von den Buddhisten entwickelt worden zu sein. Buddhistische Bilder und Texte wurden in Massen gedruckt und unter den Gläubigen verteilt. Ein erstaunlich hoher Anteil der ersten frühen chinesischen Bücher ist illustriert, da Holzstöcke mit Bildern nicht schwieriger herzustellen waren als Druckstöcke mit Schriftzeichen allein.

SCHÖNE UND BILDENDE KÜNSTE

RITUALJADE UND BRONZE

DIE CHINESISCHE KUNST DER KAISERZEIT HAT VIELFÄLTIGE WURZELN IM ALTERTUM. DIE CHINESISCHEN MALER, TÖPFER, SCHMIEDE UND BILDHAUER WAREN VON DEN KULTUREN UNTERSCHIEDLICHSTER LÄNDER WIE PERSIEN UND TIBET BEEINFLUSST. DIESE EINFLÜSSE TRUGEN ZUR EINZIGARTIGKEIT DER CHINESISCHEN KUNST BEI, DIE FÜR DIE WELT AUSSERHALB EINE QUELLE DER INSPIRATION BLEIBT.

Alte Jade war in der späteren Kaiserzeit sehr teuer. Hier bilden zwei Jaderinge in Nachahmung von prähistorischen bi-Scheiben den Hauptbestandteil einer Nadel aus der Qing-Zeit, gefasst mit Golddrachen.

„Nephritjade" oder *yu* im Chinesischen wird von den Bewohnern des heutigen China bereits seit über sechs Jahrtausenden geschätzt. Nirgendwo sonst in der Welt wird ein bestimmter Stein seit so langer Zeit verehrt. In den letzten hundert Jahrend wurden in ganz China unzählige alte Jadeobjekte gefunden. Ihre so unterschiedlichen Stile machen klar, dass das prähistorische China die Heimat ausserordentlich vieler verschiedener Kulturen war.

Über 500 chinesische Schriftzeichen basieren auf dem Stamm für „Jade". Viele sind Ausdruck für Wert, Schönheit, Macht und Reichtum. Die fünf menschlichen Tugenden der Jade werden Konfuzius (551–479 v. Chr.) zugeschrieben: Er meinte, dass Menschlichkeit, moralische Rechtschaffenheit, Weisheit, Gerechtigkeit und Ausdauer in dem warmen Glanz, der Reinheit, dem angenehmen Klang, der Härte und der Beständigkeit der Jade Ausdruck fanden. Im Lauf der Jahrhunderte wurden diese abstrakten menschlichen Eigenschaften als feste Charakteristika der Jade betrachtet. Die Merkmale des Steins haben die Chinesen derart beeindruckt, dass der perfekte Herrscher (der Jadekaiser oder Beherrscher des Himmels) in ihrer Vorstellung in einem idealen Paradies residiert, das im himmlischen Glanz der Jade erstrahlt.

Die ersten Schmuckstücke aus Jade waren Anhänger und Ohrringe, die in der Liangzhu-Kultur in der heutigen Provinz Zhejiang im 5. Jahrtausend v. Chr. angefertigt wurden. Symbole für die politische und spirituelle Kraft hatten die Form flacher Scheiben (*bi*) und segmentierter hohler Röhren (*cong*). Zwar können die Forscher die genaue Bedeutung dieser Objekte noch nicht erklären, doch müssen sie von beachtlicher Bedeutung gewesen sein, da sie in den prächtigen Grabkammern der Oberschicht gefunden wurden. Sie waren auch sehr schwer herzustellen, da Jade zu den härtesten Steinen gehört, und ihre Form entsprach keinem der Gebrauchsgegenstände. Die heutige Provinz Liaoning war einst von Menschen der Hongshan-

Kultur bewohnt (ca. 3500–ca. 2500 v. Chr.). Zwar fand man hier weder *cong* noch *bi*, dafür aber wirklichkeitsnahe Schildkröten, Zikaden, Vögel und vor allem C-förmige „Drachen mit Schweinekopf" aus Jade. In der Ausgrabungsstätte von Sanxingdui (ca. 1200–ca. 1000 v. Chr.) fand man unter anderen bemerkenswerten Objekten (siehe Abb. rechts und Legende unten) ein einzigartiges Zeremonialblatt aus Jade. In der Zhou-Zeit begann man, die Leichname mit Jade zu bedecken (siehe S. 164) und Zeremonialroben mit Jade zu verzieren. Von der Han- bis in die Tang-Zeit wurde aus Jade kunstvoller Schmuck angefertigt. In der späten Kaiserzeit (von der Song- zur Qing-Dynastie) stellte man mehr Skulpturen aus Jade her, die zum Teil alten Bronzefiguren nachgebildet wurden.

Die Bronzegusstechnik entstand in China mehr als zwei Jahrtausende, nachdem man gelernt hatte, Jade zu bearbeiten. Im Lauf der nächsten tausend Jahre wurden Bronzeobjekte zu einem Zeichen von Wohlstand und Macht, da das Material sehr teuer war und seine Verarbeitung hohen Arbeitsaufwand erforderte. Nun begann man, für Rituale Gefäße aus Bronze und nicht mehr aus Jade zu verwenden. Könige und Adelige benutzten bei heiligen Zeremonien Bronzegefäße, um ihren Ahnen und den Geistern Wein und Speisen zu opfern. In den rivalisierenden Staaten der Östlichen Zhou-Zeit galt Bronze als Zeichen der Herrschaft. Bronze war auch das bevorzugte Material für Waffen.

Die Form von Bronzegefäßen wie *ding* (rundes Gefäß mit drei oder vier Beinen) war meist von älteren Tongefäßen abgeleitet. Das Gussverfahren ermöglichte jedoch komplexere und raffiniertere Formen und Ornamente. Beim antiken chinesischen Bronzegussverfahren wurden Gussformen aus vielen präzise gearbeiteten Tonteilen zusammengesetzt. Die Menschen arbeiteten dabei derart genau, dass nach dem Guss nur wenige Ränder an den Verbindungsstellen der Formen abgeschliffen werden mussten (siehe auch Abb. auf S. 25–26).

1986 fand man in Sanxingdui in der Provinz Sichuan zwei Gruben aus ca. 1200–ca. 1000 v. Chr. Neben einer Unzahl von verbrannten Tierknochen enthielten sie auch verschiedene Objekte aus Ton, Gold, Jade und Bronze. Dazu zählten lebensgroße Bronzeköpfe mit riesigen, starren Augen wie der hier abgebildete, teils vergoldete Kopf, der 47,5 cm hoch ist. Die Sanxingdui-Kultur wird in keinen erhaltenen historischen Aufzeichnungen genannt. Offensichtlich wollte man in den Gruben wertvolle Objekte zerstören, doch wissen wir nicht warum.

KUNST FÜR DAS JENSEITS

Ein Ausschnitt aus den Wandbildern im Grab der Prinzessin Yong Tai in Chang'an (heute Xi'an). Die Malereien stammen aus dem Jahr 706 n. Chr. und zeigen Hofdamen aus der Begleitung von Yong Tai.

Skulpturen und Malereien in den Gräbern geben uns Aufschluss über die Rituale, die die Begräbnisse der Mächtigen und Reichen begleiteten. Die Objekte und Bilder in den Gräbern bezeugen die künstlerischen Leistungen der Chinesen und helfen uns zu verstehen, wie sie das Leben nach dem Tod sahen. Jedes dieser Grabmäler war als Heim für den oder die Verstorbene hergestellt, um den Alltag detailgetreu wiederzugeben, durch die Anordnung der Kammern, die mit dem Leichnam begrabenen Besitztümer und den Wandschmuck der Bilder.

In der Shang- und Westlichen Zhou-Zeit beherbergten die Ahnentempel kunstvolle Ritualgefäße aus Jade und Bronze (siehe S. 184–185). In der Östlichen Zhou-Zeit rückte dagegen mehr die architektonische Ausschmückung der Paläste und Gräber als die Ritualgefäße in den Mittelpunkt der künstlerischen Kreativität und die Darstellung von Menschenfiguren war wichtiger als die mythologischer Tiere.

Ein Seidenbild aus dem frühen 3. Jahrhundert v. Chr., das 1973 in einem Grab in Zidanku, Changsha (Provinz Hunan), gefunden wurde, zählt zu den frühesten Werken einer neuen Kunstrichtung. Das Bild zeigt ein Porträt des Verstorbenen als Schwertkämpfer, der auf einem Drachen reitet. Die Falten der Kleidung, der fein gearbeitete Kopfschmuck und die zarten Gesichtszüge: alles mühelos gezeichnet – ein starker Gegensatz zur tief eingegrabenen Verworrenheit der Bronzemuster. Der Künstler entwickelte einen Malstil, der von späteren Kennern als „fließende Seidenfäden der Antike" umschrieben wurde. Die chinesische Malkunst blieb seitdem von Linien, nicht von Farben dominiert.

Zu Beginn des 1. Jahrhunderts v. Chr. begann man, die Grabkammern aus Steinen und Ziegeln und nicht mehr aus Holzbalken zu bauen. Seidenfahnen mit den Zügen des Verstorbenen wichen Ziegeln mit Darstellungen von alltäglichen Gegebenheiten, mythologischen Wesen und historischen Anekdoten. Einige Motive wie Darstellungen von früheren loyalen Ministern eigneten sich besonders für das Grab eines Regierungsbeamten, andere wie Kriegsmotive dagegen für Soldaten.

Die große Anzahl von ausgegrabenen bemalten Grabziegeln zeigt, dass gegen Mitte und Ende der Han-Zeit eine wohlhabende Bevölkerungsschicht existierte, die bereit war, beträchtliche Geldbeträge für die Dekoration ihrer Grabanlagen auszugeben.

DIE TERRAKOTTA-ARMEE

Das Grabmal des Ersten Kaisers, Qin Shihuangdi (regierte 221–210 v. Chr.), ist das beste Beispiel für die Angewohnheit der Chinesen, die Welt der Lebenden auf die unterirdische Residenz zu übertragen, in der der Verstorbene bis in alle Ewigkeit leben würde.

1974 fand man etwas östlich des kaiserlichen Mausoleums von Lintong nahe der Stadt Xi'an in der Provinz Shaanxi eine Grabanlage mit einer Armee von über 7.000 Terrakottakriegern (davon wurden bisher ca. 2.000 ausgegraben). Die Soldatenfiguren sind erstaunlich lebensecht gestaltet. Offenbar wurden einige Standardelemente (drei Arten von Sockeln, zwei Beintypen, acht Torsos und acht Köpfe) mit verschiedenen Farbgebungen verbunden, um die einzelnen Figuren möglichst unterschiedlich wirken zu lassen. Die individuellen Gesichtszüge und Frisuren trugen zu diesem Effekt noch bei. Die Schöpfer dieser riesigen Armee dachten wohl, dass die Terrakottasoldaten dem Kaiser im Jenseits um so besser dienen und ihn beschützen könnten, je realistischer sie aussahen.

Bei der Beschreibung von Qin Shihuangdis Grabmal schrieb der Han-Historiker Sima Qian, dass es Flüsse und Seen aus Quecksilber enthielt und in den Zugängen automatisierte Wächter mit Armbrüsten aufgestellt waren.

In der Grabanlage nahe dem Grabmal des Ersten Kaisers fand man echte Gegenstände und Nachbildungen. Echte Pferde in Ställen wurden ebenso begraben wie die gesamte Armee des Herrschers aus Terrakotta (siehe Abb.).

Ein Elfenbeinkopf eines bodhisattva *aus der Qi-Zeit (479–501 n. Chr.)*

INSPIRATION UND ERLEUCHTUNG

Mit dem Auftreten des aus Indien kommenden buddhistischen Glaubens in China vor etwa 2.000 Jahren (siehe S. 110) kam es zu tiefgreifenden Änderungen in der chinesischen Kultur und Kunst. Die ersten vergoldeten Bronzefiguren von Buddha können aus Indien nach China zum rituellen Gebrauch gebracht worden sein. Doch bald vermischten sich solche Darstellungen in China mit eigenen daoistischen Motiven. Die ersten bekannten Buddhastatuen aus China (aus der Zeit vor 265 n. Chr.) sind stehende Figuren in nicht-chinesischen Gewändern mit einem doppelten Heiligenschein über dem Kopf.

Einige buddhistische Bronzefiguren aus dem 4. Jahrhundert n. Chr. sind erhalten. Die meisten sind vergoldet und stark am indischen Gandhara-Stil angelehnt, mit einem chinesischen Accessoire – einer blattförmigen *mandorla* mit flammendem Rand. Die meisten frühen chinesischen Figuren wirken plump, die Gewänder steif und geometrisch.

Im 4. Jahrhundert förderten die Toba-Tataren, die Nordchina beherrschten (Nördliche Wei-Dynastie) die Verbreitung des Buddhismus. Unter kaiserlicher Patronanz entstanden Höhlenkomplexe mit riesigen Buddhastatuen in Yungang und Longmen. In dieser Zeit entwickelte sich eine eigenständig chinesische Darstellungsweise Buddhas mit schlanker Taille und vollem Gesicht mit feinen Zügen.

In der Sui-Zeit sind die Figuren unter den Falten der Gewänder körperlicher. Bei den Feinsten vereinen sich grazile Linien und zarte Kurven und umgeben das Ganze mit selten gesehener Spiritualität. In der Tang-Zeit wurden die buddhistischen Figuren noch menschlicher. Nun war der Torso sehr voluminös und die Züge deutlich sinnlich. Die Buddha-Statuen der Tang-Zeit wurden häufig vor einem festlichen Hintergrund von Gottheiten, Mönchen und anderen Bewohnern des Westlichen Paradieses aufgestellt. Diese mit Juwelen geschmückten Figuren strahlten weltliche Größe und himmlische Würde aus, Eigenschaften, die man sogar noch in Kopien in so fernen Orten wie Japan oder Dunhuang in Zentralasien (siehe Randtext rechts) sehen kann – ein deutliches Zeichen der Stärke und des Einflusses der Tang-Herrscher.

Die buddhistischen Formen aus der Tang-Zeit lebten in den erdrückenden Holzfiguren der Song-Zeit weiter. Während der mongolischen Besetzung Chinas wurde am Hof die tantrische Schule des tibetischen Buddhismus bevorzugt. In den folgenden 600 Jahren des Kaiserreichs bestand ein deutlich sino-tibetischer Stil der buddhistischen Kunst neben einem chinesischen Stil, der das Ideal mit dem Weltlichen verband.

HÖHLEN DER SINGENDEN SANDE
Die Höhlenanlagen östlich des Hügels der Singenden Sande in Dunhuang, einer chinesischen Oase am Rand der Wüste Gobi, beherbergen die spektakulärsten Werke buddhistischer Kunst in der Welt. Die Tempel wurden 700 Jahre lang ab 366 n. Chr. geschaffen.

In der Blütezeit der Seidenstraße war Dunhuang ein wichtiger Handelsknotenpunkt für Händler und Missionare, die zwischen China und dem Westen hin und her reisten. Chinesische und koreanische Buddhistenmönche, die Bilder und Schriften suchten, und zentralasiatische Mönche, Händler und Fürsten, die nach China reisten, hinterließen alle ihre Spuren in der Stadt. Jede Entwicklungsstufe des chinesischen Buddhismus fand in den Wandbildern und Stukkaturen in den Höhlen von Dunhuang ihren Niederschlag. Sämtliche Wände und Decken der Höhlen sind mit kunstvoll gemalten Motiven, buddhistischen Bildern und Szenen geschmückt. Dunhuang zog als wichtige Pilgerstätte des Buddhismus Reich und Arm aus nah und fern an, und sie alle spendeten für die Errichtung von Heiligtümern als Feier ihrer Hingabe an den Glauben.

Dieses buddhistische Gemälde von fünf bodhisattvas aus der Qing-Zeit trägt die Bezeichnung „Shunzhi, zehntes Jahr". Das bedeutet, dass es von 1654 datiert, dem zehnten Jahr der Herrschaft des Kaisers Shunzhi (regierte 1644–1661).

DIE SCHREIBKUNST

In China galt die Kalligrafie als Kunstform. Seit ihrem Entstehen dachte man, dass die Schrift magische Kräfte besäße. Die ersten Schriftzeichen wurden um 1200 v. Chr in Schildkrötenschalen, Ochsenknochen und Bronzegefäße eingeritzt, um während heiliger Weissagungszeremonien (siehe S. 132–133) mit den Geistern der Ahnen zu kommunizieren. In der chinesischen Mythologie war der Schöpfer der Schrift Cang Jie, der Ideogramme erfand, indem er Naturphänomene wie die Abdrücke von Vogelklauen und Tiertatzen, die Schatten der Bäume und die Sternenkonstellationen beobachtete. Seine Leistung war so groß, dass die Natur mit Wundern darauf antwortete. So sollen am Tag Getreideschauer gefallen sein und des Nachts Dämonen geheult haben.

DIE FÜNF WICHTIGSTEN CHINESISCHEN SCHRIFTARTEN

SIEGELSCHRIFT (*zhuan shu; xiao zhuan*). Der Erste Kaiser, Qin Shihuangdi (regierte 221–210 v. Chr.), ließ die Siegelschrift entwickeln, um die verschiedenen Schriften in seinem Reich zu vereinheitlichen. Die Siegelschrift ist stilisiert, die Linien gleich dick und die Abstände genau festgelegt. Zwar war sie als Schreibschrift gedacht, doch wurde sie auch für Inschriften verwendet. Nach der Han-Zeit wurde sie vor allem für Siegel eingesetzt, daher der Name. Sie wird häufig in Kunstwerken verwendet, um Altertümlichkeit oder Virtuosität auszudrücken.

KURIALSCHRIFT (*li shu*). Diese Schrift wurde entwickelt, um den Bedürfnissen der Bürokratie des frühen Kaiserreichs gerecht zu werden. Zwischen dem 3. Jahrhundert v. Chr. und dem 2. Jahrhundert n. Chr. wurde sie für eine Vielzahl von Texten eingesetzt. Sie ist praktischer als die Siegelschrift, da die

Linien nicht gleich dick sein müssen. *Li shu* charakterisiert sich durch horizontal schwingende Linien, die die „Aufwärtsbewegung" der Pinselspitze nachvollziehen.

NORMALSCHRIFT (*kai shu; zheng shu*). Diese Schrift war eine Abwandlung der Kurialschrift und im 3. Jahrhundert n. Chr. weit verbreitet. Ihre kurzen, präzisen Schriftzeichen sind leichter zu lesen und zu schreiben. Diese Schrift ist bis heute bei den Chinesen sehr beliebt, und auf ihr basiert die chinesische Druckschrift.

SCHREIBSCHRIFT (*xing shu*). Diese kursive Form der Normalschrift wird vor allem bei informellen Schriftstücken wie Briefen und Gemälden eingesetzt (siehe S. 193). Sie entstand im 2. Jahrhundert n. Chr. und verbindet Geschwindigkeit mit Lesbarkeit. Es heißt, dass die berühmteste chinesische Kalligrafie, *Das Vorwort zur Sammlung des Orchideenpavillons*, in dieser Schrift verfasst ist (siehe S. 192–193).

KONZEPTSCHRIFT (*cao shu*). Diese Schrift ist ein weiterer Schritt zur Freiheit des Pinsels. Sie entstand als Kurzform von Kurial- oder Normalschrift und zeichnet sich durch spontane, rasche und leichte Striche mit der Pinselspitze aus, was viele Formen und Schattierungen erlaubt. *Kuang cao* („Wildkonzept") schrieb erstmals der Mönch Huaisu (730–780 n. Chr.).

Ein Kalligrafie-pinsel von ca. 1700 aus vergoldetem Kupfer und Cloisonné-Email. Der Pinsel ist mit der Spitze 32 Zentimeter lang.

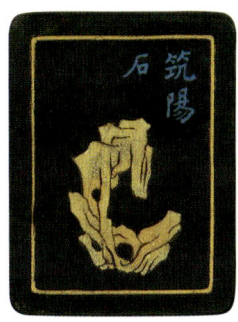

GEGENÜBER, LINKS UND UNTEN:
*Chinesische Kalligrafie umfasste
verschiedene Kunstfertigkeiten. Diese
fünf Tuschsteine (feste Pigment-
blöcke, von denen die erforderliche
Menge abgerieben und in Wasser
aufgelöst wurde, um Tusche herzustellen) gehören zu einem Set aus
dem Jahr 1689. Sie sind mit den
verschiedenen Schriftarten bemalt
(siehe Kasten gegenüber).*
GEGENÜBER: *Siegelschrift;* LINKS: *(von
links nach rechts) Kurialschrift;
Normalschrift; Schreibschrift mit
Siegelschrift;* UNTEN: *Konzeptschrift.*

Um das 3. und 4. Jahrhundert n. Chr. wurde die Schrift allmählich als eigene Kunstform betrachtet: *shudao* („Art des Schreibens") oder *shufa* („Schreibmethode" oder „Schriftstandard"). Seit jener Zeit spielte die Herstellung schöner Kalligrafie eine besondere Rolle im Leben der *Literati*, der gebildeten Oberschicht, für die meisterliches Schreiben zum Zeichen persönlicher Verfeinerung wurde. In jener Zeit lebte auch der bekannteste Kalligraf Chinas, der Dichter Wang Xizhi (303–361 n. Chr.), der als „Heiliger Kalligraf" bezeichnet wird.

Die ersten chinesischen Schriftzeichen waren sehr bildhafte Darstellungen natürlicher Dinge. Zwar wurden die Zeichen später schematischer, doch blieb eine enge Verbindung zwischen Schriftzeichen und Objekt bestehen. Der Inhalt der kalligrafierten Texte wird oft durch die äußere Form verdeutlicht. Die Kalligrafie verkörpert Persönlichkeit und Stimmung des Autors ebenso wie seine künstlerische Begabung. So erzählte der Theoretiker Su Guoting (648–703 n. Chr.) in seinem Werk *Shu Pu* (*Handbuch der Kalligrafie*, 687 n. Chr.), als Wang Xizhi 353 n. Chr. das Werk *Lanting Ji Xu (Das Vorwort zur Sammlung des Orchideenpavillons)* über ein glückliches Treffen der *Literati* verfasste, hätten seine wandernden Gedanken und sein erbauter Geist die Form von „ungezügelten Pinselstrichen" angenommen (siehe Abb. S. 192–193).

Die chinesische Kalligrafie ist in vielerlei Hinsicht ein ritualisierter Akt, bei dem der Schreiber, der viele Jahre harter Ausbildung hinter sich hat, äußerst peniblen Vorgaben folgt. So ist etwa festgelegt, wie er den Pinsel führen muss und in welcher Reihenfolge die Striche für ein Schriftzeichen ausgeführt werden. Auch der Inhalt eines Textes und die Umgebung, in der eine Kalligrafie dargestellt wird, können die Wahl der Schriftart oder des Schriftstils beeinflussen (*shu ti*; siehe Kasten gegenüber).

Das *Handbuch der Kalligrafie* erklärt, dass ein Meisterkalligraf alle möglichen Naturkräfte hervorrufen

kann, etwa „die Art, wie Wildgänse über den Himmel fliegen und Tiere in Angst laufen" und „die Haltung tanzender Phönixe und Schlangen, die sich erschreckt davonschlängeln". Pinselstriche können „leicht wie die Flügel einer Zikade" oder „schwer wie Gewitterwolken" sein. Der Kalligraf kann den Pinsel „wie ein plätscherndes Bächlein" bewegen oder ihn zurückhalten „als ob die Berge ruhen würden". In der Art der Kalligrafie zeigen sich Charakter, Bildung und Stimmung des Kalligrafen ebenso wie sein Talent und seine Energie.

Die Kalligrafie zählt zu den ältesten chinesischen Kunstformen. Betrachtet ein Kenner eine Kalligrafie, sieht er in jedem Strich und Abstand die Anstrengung und das Talent des Kalligrafen und jeden Kontrast zwischen leeren und getuschten Flächen sowie zwischen hellen und dunklen Stellen. Chinesische Kalligrafien haben eine grundsätzlich lineare Struktur, von rechts oben auf einer Seite beginnend, Zeichen für Zeichen nach unten und Spalte für Spalte nach links, bis links unten. Da ein Kenner weiß, wie jedes Ideogramm gemalt wird und wie viele verschiedene Formen ein Ideogramm im Lauf der Jahrhunderte hatte, kann er das Werk und seinen Schöpfer beurteilen wie keine andere Kunstform. Mi Fu (1052–1107), ein Kalligraf der Nördlichen Song-Zeit, beschrieb seine Hingabe an die Werke alter Meister: „Jedes Mal, wenn ich eine

Ein Ausschnitt aus Wang Xizhis berühmtem Vorwort zur Sammlung des Orchideenpavillons, *das er 353 n. Chr. in einem kurzen Ausbruch von Inspiration verfasste und das als eines der Meisterwerke der chinesischen Kalligrafie gilt. Aufgrund des* Vorworts *erhielt Wang den Titel „Heiliger Kalligraf" (siehe S. 191). Drei Jahrhunderte später sammelte der Tang-Kaiser Taizong (regierte 626–649 n. Chr.) alle Wang zugeschriebenen Werke und ließ Kopien auf Steinsäulen anfertigen, damit alle Menschen Tuschreiberdrucke davon anfertigen konnten. Das* Vorwort *ist in Schreibschrift (xing shu) verfasst.*

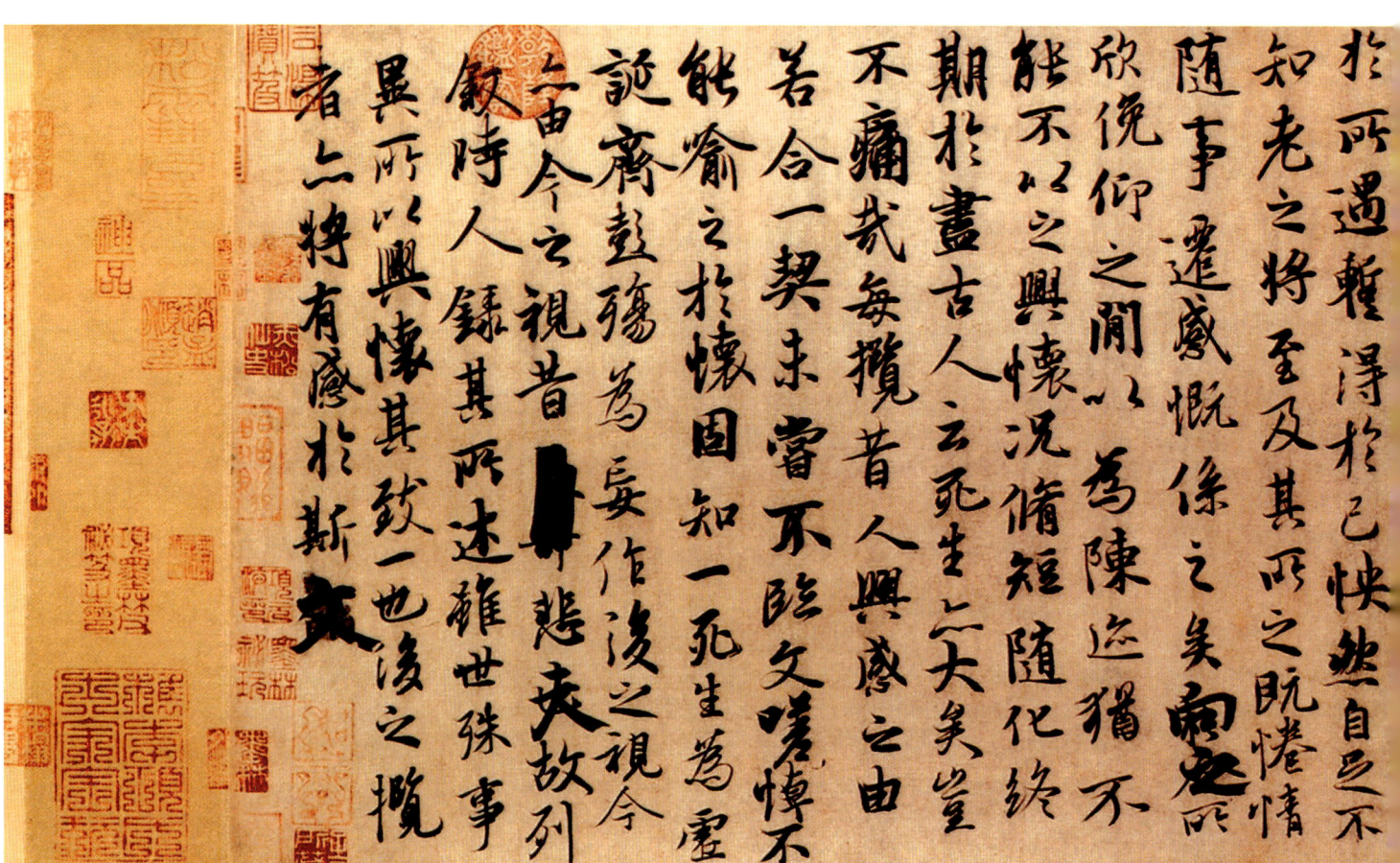

Schriftrolle ausbreite, höre ich keinen Donner und schmecke ich keine Speisen … ich denke, dass ich nach meinem Tod als Silberfischchen in einer Schriftrolle wiedergeboren werde."

Ab dem 3. Jahrhundert n. Chr. wurden die Kalligrafiesammlungen nach der Schriftart geordnet (siehe Kasten S. 190), und nicht nach der literarischen Gattung des Inhalts. Diese Art der Einteilung und die Praxis, die besten Kalligrafien Seite für Seite zu kopieren, haben dazu geführt, dass der Inhalt von der Form völlig abgehoben ist: Die feinen Tuschestriche und der Aufbau der Schriftzeichen werden bewundert, nicht der Text. Ein extremes Beispiel findet man in der John B. Elliott Collection an der Princeton University. Eine hängende Schriftrolle, die Grabinschrift einer gewissen Madame Han und deshalb unheilvoll, wurde in Albumblätter zerschnitten. Die Neuordnung des Textes hat zwar die Schriftkunst erhalten, den Inhalt aber für chinesische Leser weniger anstössig gemacht.

Chinesische Kalligrafie wird mit Vorliebe auf einem Paar hängender Schriftrollen (*dui lian*) hergezeigt, die häufig Familienaltäre begrenzen oder im Wohnzimmer hängen. Am ersten Tag des chinesischen Neujahrs (das Ende Januar oder Anfang Februar fällt) ist fast jeder Haushalt mit einem Paar frisch geschriebener Schriftrollen geschmückt, die gute Wünsche für das neue Jahr enthalten.

Pflaumenblüte und Kamelien *von Shouping Yun (1633–1690). Das Bild trägt eine Inschrift in Schreibschrift.*

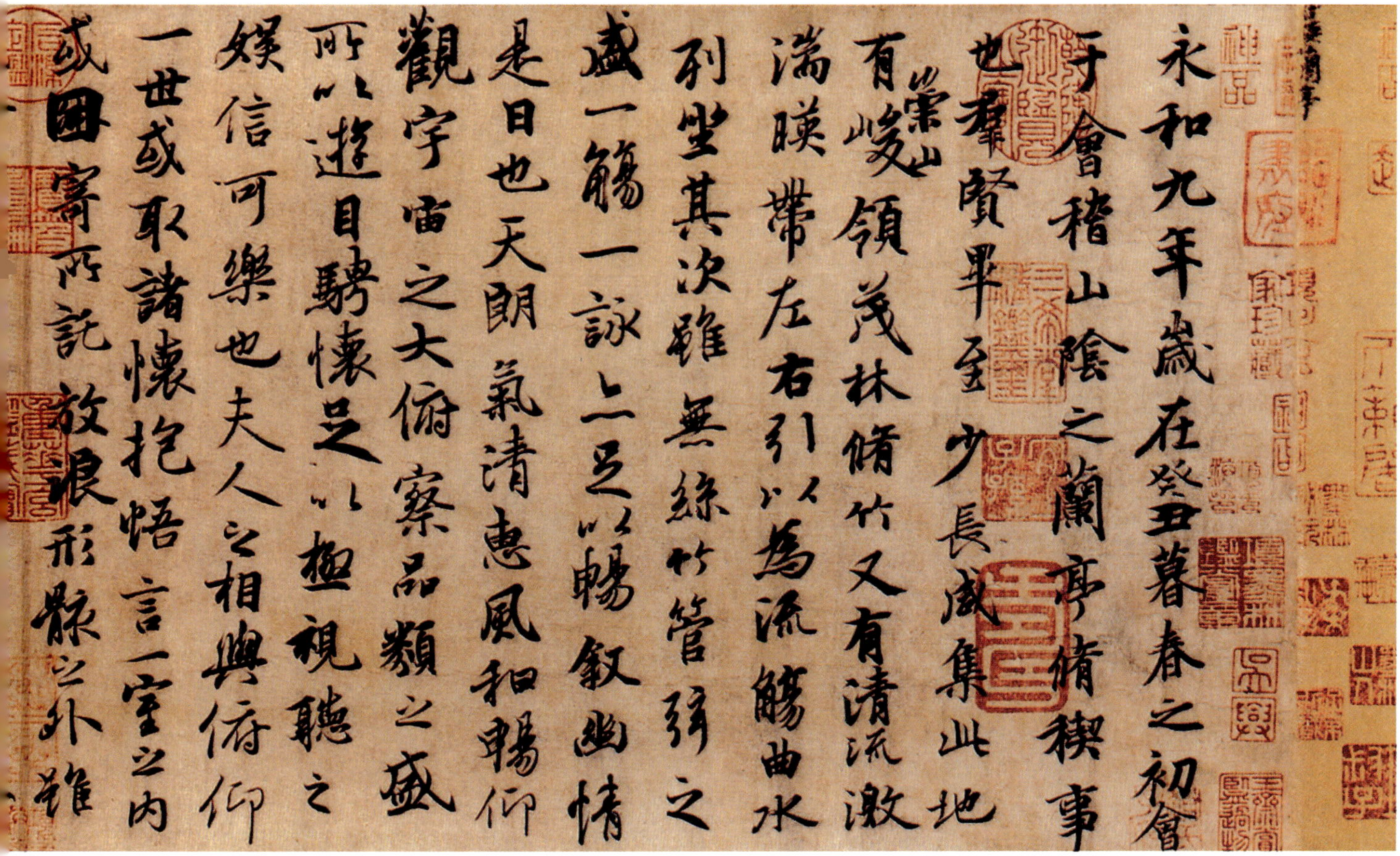

TRADITIONEN DER HOFMALEREI

Neben den religiösen Institutionen hatte im dynastischen China nur der Hof des Herrschers Macht und Mittel, die hohe Kunst wesentlich zu fördern. Könige und Kaiser scharten die besten Künstler des Landes nicht nur aus Liebe zur Kunst um sich, sondern auch zu Propagandazwecken. Schließlich mussten sie ständig ihr Regierungsmandat vor konkurrierenden politischen Kräften und der Bevölkerung verteidigen.

Gegen Ende der Tang-Zeit und in den chaotischen 50 Jahren der Fünf Dynastien und Zehn Königreiche wurden die künstlerischen Traditionen noch am ehesten an den Höfen von Jinglin (heute Nanjing) und Sichuan bewahrt, wo Vögel, Blumen, Berge und Flüsse die Maler inspirierten, da es so wenig menschliche Ruhmestaten zu berichten gab.

Bis heute kennen wir Texte und Bilder, die zeigen, wie sehr Blumen und Vögel in jener Zeit bewundert wurden. Dazu gehören die Erzählun-

VISIONEN VON ORDNUNG

Der Song-Kaiser Huizong (regierte 1101–1125 n. Chr.) förderte nicht nur die Kunst, er war auch selbst ein begeisterter Maler. Er war ein Verfechter des „absoluten" Realismus und feiner, poetischer Darstellungen (wie in dem unten abgebildeten Gemälde ersichtlich).

1072 präsentierte der Hofkünstler Guo Xi (nach 1000–ca. 1090 n. Chr.) dem Kaiser *Zao-chun tu (Frü-*

her Frühling), ein pittoreskes Schauspiel von Natur, Ordnung und Erhabenheit. Guo Xi verband die Technik seiner nördlichen und südlichen Vorgänger und verwirklichte das Hauptziel der Landschaftsmalerei: die wahre Abbildung der Natur und die Glorifizierung des Kaiserhofs als zwei Formen der höheren kosmischen Ordnung.

Eine andere Vision der Ordnung war die Darstellung bekannter Persönlichkeiten, denen gute Taten zugeordnet wurden. Sie sollten Ideale für alle Menschen in der kaiserlichen Hierarchie sein. Dazu zählen *Zhelan tu (Durchbrechen der Balustrade)* und *Quezuo tu (Absenken des Sitzes)*, die zwei loyale Minister der Han-Dynastie priesen. Durch dramatische Posen illustriert, stellten solche narrativen Gemälde die Macht der chinesischen politischen Rhetorik dar.

Fink und Pflaumenblüte *von Kaiser Huizong. Die Inschrift ist in seinem feinen „dünnen Goldstil" gehalten, der später als „kaiserlicher Stil" bekannt wurde.*

gen der Song-Dichter Shen Kuo (tätig 1086–1093 n. Chr.) und Guo Ruoxu (tätig in der zweiten Hälfte des 11. Jahrhunderts n. Chr.) und die Gemälde, die Huang Quan (903–968 n. Chr.) und Xu Xi (starb vor 975 n. Chr.) zugeschrieben werden. Dieses Genre der Hofkunst mag von der konfuzianischen Vorstellung beeinflusst worden sein, dass die Gesellschaft durch die Betrachtung der Natur in ihrer ganzen Pracht beeinflusst werden könne. Die Kaiser der Westlichen Shu- (Sichuan) und der Südlichen Tang- (Nanjing) Dynastien schmückten ihre prächtigen Paläste mit Bildern von Flora und Fauna: Pfingstrosen, Narzissen, Hasen, Kraniche und Fasane waren besonders beliebt.

Shen Kuos *Mengxi bitan (Flüchtige Bemerkungen über den Strom der Träume)* enthält lebhafte Beschreibungen über den Stil der beiden großen Meister: „Die außergewöhnliche Qualität von Huang Quans Blumenbildern liegt in seiner Art der Farbgebung. Erst zog er ganz fein die Umrisse (man kann sie auf dem fertigen Werk kaum erkennen). Dann trug er auf einer Grundierung dünn Wasserfarbe auf, um das Bild fertigzustellen. Das nannte man die lebensnahe Methode." Dagegen zeichnete „Xu Xi ein Objekt in Tusche und trug dann ganz wenig Zinnober und Weiß auf die Skizze auf. Sein Werk strahlt eine subtile, doch wohltuende Vitalität aus." Von jener Zeit an orientierten sich die chinesischen Vogel- und Blumenmaler an einer dieser Traditionen.

In der ersten Hälfte des 10. Jahrhunderts erfuhr die Landschaftsmalerei eine tiefgreifende Veränderung. Mit ihrer weiteren Perfektion, die die Song-Dynastie anregte, entstand ein unverwechselbar chinesischer Stil. Im Norden zog man harte, exakt gemalte, kompakte Formen vor. Die betonten Felszacken der Berge vermittelten eine gewisse Monumentalität. Im Süden wurde dagegen die unwirkliche Schönheit der nebelverhangenen Sumpflandschaften mit blasser Tinte und nassen Pinselstrichen gemalt.

Die Ming-Dynastie unterstützte eine Vielzahl von Hofmalern. Das führte zum Aufstieg der Zhe-Schule, die das narrative und didaktische Element der chinesischen Malerei perfektionierte. Als die Qing-Dynastie während der Herrschaft von Qianlong auf ihrem Höhepunkt stand, wurde die Hofmalerei aufgrund des persönlichen Geschmacks des Kaisers und der westlichen Einflüsse, die Missionare und Maler wie der italienische Künstler Giuseppe Castiglione (1688–1768) nach China brachten, immer präziser und schmuckvoller.

Zwei Holztafeln von den zehn Tafeln eines Paravent, der in den Werkstätten des Kaisers Qianlong (regierte 1736–1795) gefertigt wurde. Die kunstvollen Ornamente zeigen kaiserliche Drachen (oben links und unten rechts) und einen Berg als Symbol für Stabilität (oben links).

EIN EDLER ZEITVERTREIB:
DIE KUNST DER LITERATI

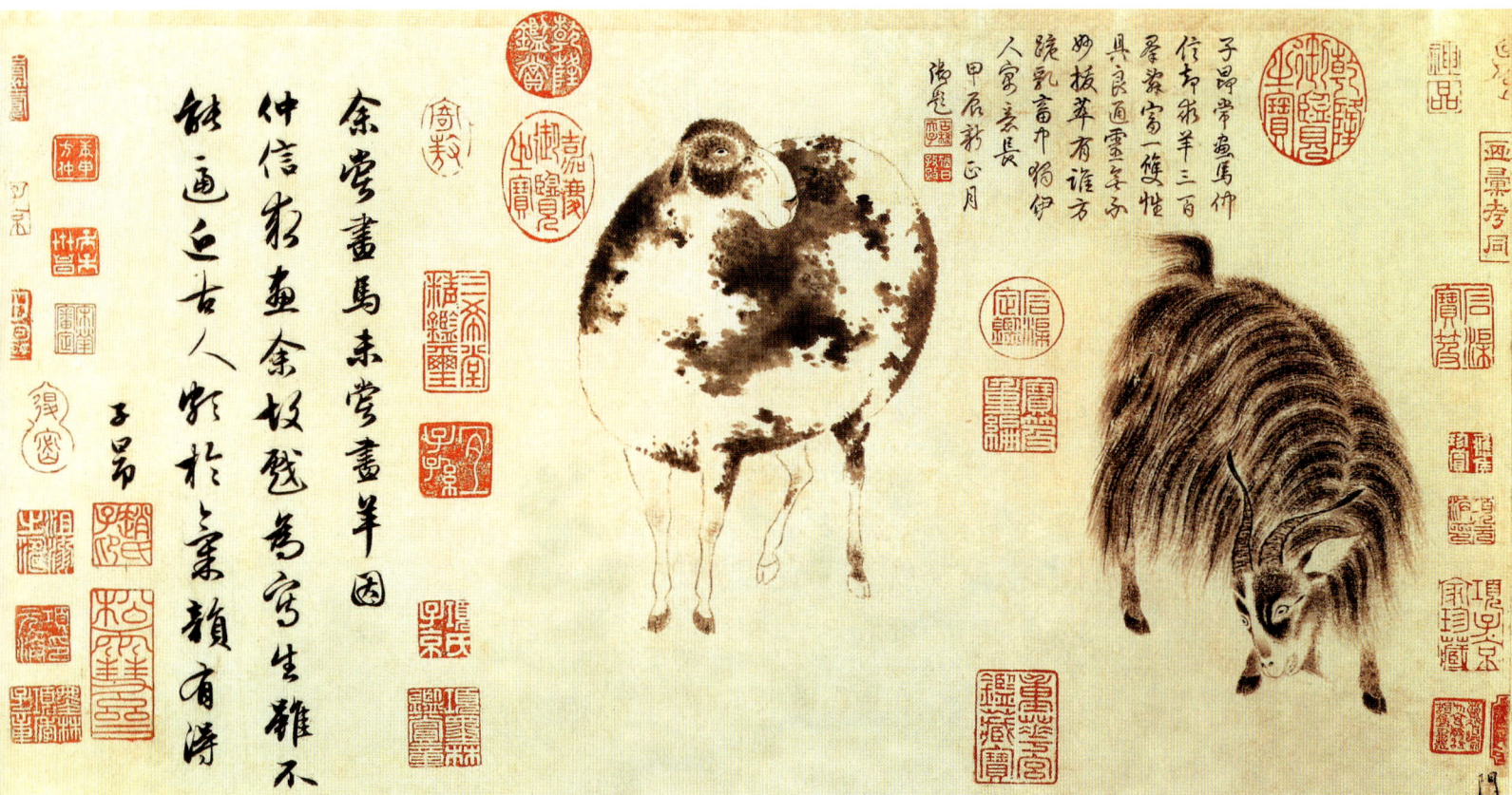

Schaf und Ziege von dem Literati-*Maler Zhao Mengfu (1254–1322) aus der Yuan-Zeit.*

Gegen Ende der Nördlichen Song-Zeit (ca. 1050 n. Chr.) begründeten die gelehrten Beamten Su Shi, Mi Fu und Li Gonglin eine neue Kunstbewegung: die sogenannte „*Literati*-Malerei", die sich von dem orthodoxen Stil unterschied, den die Künstler der Kaiserlichen Akademie für Malerei praktizierten. Mit der Besetzung Chinas durch die Mongolen fanden sich die meisten gebildeten Chinesen plötzlich am unteren Ende der sozialen Skala. In dieser Zeit bildeten die *Literati* (siehe S. 66–67) oft Zirkel, in denen die wohlhabenderen Mitglieder die ärmeren unterstützten. In diesem System dienten häufig Gemälde als Rückzahlung.

Durch ihre konfuzianische Erziehung waren die gebildeten Chinesen alle sehr geschickt mit dem Schreibpinsel. Die typischen Bilder der *Literati* widerspiegeln deshalb die chinesische Schreibkunst. Ein feiner Pinselstrich aus der Kalligrafie konnte in einen Bambusstängel oder den Zweig eines Pinienbaumes umgewandelt werden. Laut Zhao Mengfu (siehe Bildlegende links), dem „Guru" der *Literati*-Maler aus der Yuan-Zeit, enthalten die festen schwarzen Pinselstriche der Siegelschrift (siehe S. 190) die Energie der Bäume, während die acht Grundstriche der Normalschrift zu

Blättern und Stängeln des Bambus umgewandelt werden können. Unregelmäßig getuschte Striche bilden die Felsen und geben ihnen Rauheit und Masse. Ein wissender Betrachter kann also in einer *Literati*-Malerei die Pinselstriche sowohl als Teile des Bildes wie auch als kalligrafische Bewegungen einer Meisterhand erkennen.

Die gelehrten Maler machten mit Vorliebe einfarbige Gemälde von Pflanzen wie Bambus, Orchideen, Pinien und blühenden Pflaumen, die alle als Symbole für bewunderswerte menschliche Eigenschaften gelten. Diese Symbolik stammt aus den chinesischen Klassikern und wurde für Glückwünsche und gute Nachrichten verwendet. Vor allem in der Yuan-Zeit, als die chinesische Identität stark unterdrückt wurde, stärkten die *Literati* damit ihre gemeinsamen Werte.

Zhao Mengfu, ein Nachfahre der Song-Dynastie, der am Yuan-Hof diente, begann damit, sein Wesen und seine Gefühle mit Tusche auf Papier zu übertragen. Die „Vier Großen Meister der späten Yuan-Zeit" – Huang Gongwang, Ni Zan (siehe Kasten unten), Wu Zhen und Wang Meng – perfektionierten das Genre so weit, dass es zum Merkmal der *Literati*-Schule wurde. Die besten Gemälde der *Literati* zeigen, wie ein persönlicher Stil Ruhe und Abkehr von den weltlichen Bindungen transportieren kann. Die einfache, unspektakuläre Landschaft und der häufig schematische Aufbau der Gemälde lehnen jede Expressivität ab. Sowohl die Pinselstriche als auch das Motiv zeugen von kompromissloser Integrität und Zurückhaltung.

Gelehrter hört einem Wasserfall zu *von Shizuo Li (1673–1747).*

NI ZAN

Ni Zan (1301–1374 n. Chr.), einer der „Vier Großen Meister der späten Yuan-Zeit", wurde in Wuxi nahe dem Kaiserkanal und dem See Tai geboren. Er genoss eine hervorragende klassische Erziehung und verbrachte die meiste Zeit mit dem Studium der Gemälde von Meistern aus den Kunstsammlungen wohlhabender Freunde.

Im Frühjahr 1352, gegen Ende der Yuan-Zeit, wurde Ni Zan durch das politische und wirtschaftliche Klima gezwungen, seine Heimatstadt zu verlassen. Er befuhr mit einem Hausboot den See Tai und begann damit eine 20-jährige Wanderschaft. Ni Zan meinte, dass er seine moralischen Prinzipien nur aufrecht erhalten konnte, wenn er völlig abgeschieden lebte.

Ni Zan ist vor allem für seinen Bildaufbau berühmt: Ein breiter Wasserlauf trennt meist zwei Motive auf verschiedenen Ebenen, etwa Bäume im Vordergrund und Berge im Hintergrund. Damit versuchte Ni Zan, die Natur auf ein Minimum zu reduzieren. Die geringe Gegenständlichkeit ermöglichte es ihm, seinen ungebundenen Geist und seine Distanz von weltlichen Problemen auszudrücken. Die Einfachheit seines Stils ist trügerisch: Er komponierte die Bäume und Felsen mit trockenen, transparenten Pinselstrichen, und die scheinbar skizzenhaften Büsche bestehen tatsächlich aus vielen feinen Gewebestrichen. Ni Zan führte die Landschaftsmalerei der *Literati* zu fast unübertroffenen Höhen. Er verkörperte die *pingdan*-Ästhetik („ungetrübte Eleganz"), die von der gelehrten Oberschicht so geschätzt wurde. Wie die meisten *Literati*-Meister bezeichnete Ni Zan seine Arbeit bescheiden als „Tuschspielerei" – reinen Zeitvertreib.

DIE KUNST DES TÖPFERS

Ton für Keramik, die unter 1.000 °C gebrannt wird, findet man in fast allen Regionen der Welt, und China ist keine Ausnahme. Allerdings ist das Land besonders reich an *gaolin*-Ablagerungen (Kaolin oder Porzellanerde), dem Hauptbestandteil harten Porzellans, das bei 1.350 °C gebrannt wird und für das China berühmt ist. Töpferware ist meist braun oder grau, porös und brüchig, Steinzeug (bei 1.200 °C gebrannt) und Porzellan sind dagegen härter und nicht porös. Porzellan ist weißer, durchscheinender und glasähnlicher als Steinzeug.

Töpferwaren gelten seit prähistorischen Zeiten als billige Gebrauchsgegenstände, aber auch als Kunstgegenstände. Die ästhetischen Ideen der frühesten chinesischen Töpfer zeigen sich in den Formen und Ornamenten der roten, grauen und schwarzen Tontöpfe aus dem Neolithikum (ca. 7000–ca. 2000 v. Chr.). Auf ein rotes Tongefäß wurde auch

TÖPFERWARE AUS DER TANG-ZEIT

Die weltoffene und wohlhabende Gesellschaft der Tang-Zeit hat uns ein reiches Erbe in Form der einzigen wesentlichen weltlichen Tonskulpturen aus der gesamten dynastischen Zeit Chinas hinterlassen. Hübsche Stücke, die in *sancai*-Technik (wörtlich „drei Farben", doch wurden mehr verwendet) glasiert sind, entdeckte man nicht nur um die Tang-Hauptstadt Chang'an (heute Xi'an), sondern auch in Xingjiang im Nordwesten und in Liaoning im Nordosten. Die *sancai*-Farben Braun, Grün, Gelb und Weiß und gelegentlich Blau sprachen den Betrachter an mit ihrer fast barocken Pracht, entstanden durch das freie Fließen und Vermischen dieser Glasuren beim Brennen. Ausserdem war der Modellierstil für die Darstellung von Menschen und Tieren (vor allem Pferden) sehr realistisch und ausdrucksstark. Für Wächtergeister und himmlische Könige verwendete man dagegen einen phantastischen Stil.

Die Tang-Aristokraten waren äußerst modebewusst, und die Skulpturen in ihren Gräbern zeigen jede kleinste Neuerung. Die eindrucksvollen Figuren der Hofdamen sind schlank oder drall. Man nimmt an, dass die drallen Figuren der Marquise Yang nachgebildet sind, die einer Rubensfigur glich. Sie lebte in der ersten Hälfte des 8. Jahrhunderts n. Chr. und wurde von Kaiser Xuangzong (regierte 712–756) hoch geschätzt.

Diese Figur einer buddhistischen Wächtergottheit (lokapala) *aus der Tang-Zeit wurde mit der* sancai-(3-Farben-)Technik *glasiert.*

im 4. Jahrtausend v. Chr. eines der ältesten bekannten chinesischen Bilder gemalt. Die Töpfer der Dawenkou-Kultur (ca. 5000–3000 v. Chr.) schufen sogar feine Becher in glänzendem, schwarzem Ton, so dünn wie Eierschalen, mit eingestanzten Ornamenten. Diese Art der Verarbeitung des klobigen Materials war so kompliziert, dass Jahrtausende vergehen mussten, bevor sie wieder gelang. Ähnliche Gefäße brachte man erst Ende der 1970er Jahre wieder zustande.

Während der Shang-Zeit entstanden neue, bemerkenswerte Gefäße: aus weißem Ton, mit dem man die Bronzegefäße nachahmte. Diese Töpferware war ebenso fein gefertigt und verziert wie die Bronzegefäße. Sie wurde nur in geringen Mengen für Rituale erzeugt. Nach jener Zeit wurden in poröser Töpferware nur noch selten kunstvolle Objekte gefertigt, auch wenn Grabbeigaben aus Ton (*ming qi*), die alltägliche Objekte und Tätigkeiten darstellten (siehe S. 186 –187), in der Zeit der Streitenden Reiche und am Höhepunkt der Tang-Zeit (erste Hälfte des 8. Jahrhunderts n. Chr.) weit verbreitet waren. Als man begann, Ton anstelle wertvollerer Materialen für Grabbeigaben zu verwenden, sanken die Begräbniskosten rapide. Das herausragendste Beispiel für *ming qi* ist die Terrakotta-Armee, die das Mausoleum des Ersten Kaisers von Qin bewacht (siehe S. 187).

Mit Zunahme der kindlichen Ergebenheit in der Han-Zeit begannen wohlhabende Familien, ihre Toten äußerst prächtig zu begraben. In die neuen Gräber mit zahlreichen Kammern passten noch mehr *ming qi*. Die Grabbeigaben wurden noch vielfältiger und umfassten praktisch alle Lebensbereiche von Öfen bis Latrinen und Figuren von Unterhaltungskünstlern bis hin zu Haustieren. Die Grabbeigaben aus Ton wurden mit Blei glasiert. Erst waren diese Glasuren rötlich bis dunkelbraun (Eisenoxid) und blattgrün (Kupferoxid), dann gelb bis bernsteinfarben und in der Tang-Zeit blau und türkis (Kobaltoxid). Diese Glasuren waren nicht nur dekorativ, sondern auch giftig – ein Effekt, der bei *ming qi* erwünscht war, da er Grabräuber abhielt.

Aus Ton wurden auch die Formen für den Bronzeguss erzeugt und Häuser, Gräber und Entwässerungssysteme gebaut. Die komplizierten Muster und Formen auf den Gussformen in den Bronzegießereien zeugen von sehr hoher Handwerkskunst. Dasselbe gilt auch für glasierte Dachziegel, die für den schimmernden Glanz der Paläste in der Verbotenen Stadt in Beijing sorgen (siehe S. 218).

Das Tonmodell eines Getreidesilos aus der Han-Zeit (2. Jahrhundert v. Chr.), das als Grabbeigabe diente. Auffallend ist bei dem fünfgeschossigen Modell die detaillierte Verzierung.

Ein Teller aus der Yuan-Zeit. Die blau-weiße Keramik hat mehrere horizontal angeordnete Dekorzonen. Das Hauptmotiv ist meist mit verschiedenen Pinseltechniken gemalt, die an die Tuschezeichnungen jener Zeit erinnern. Es dauerte mehr als hundert Jahre, bis die chinesische Oberschicht das blau-weiße Porzellan schätzen lernte, das bis zur Herrschaft von Kaiser Xuande (1426–1435) aus der Ming-Dynastie vor allem exportiert wurde. Damals wurden zartere und feinere Produkte hergestellt, um dem chinesischen Geschmack zu entsprechen.

Eine der gefeiertsten chinesischen Erfindungen ist hartes Porzellan. Bereits in der Shang-Zeit erzeugte man Gefäße, die mit Asche glasiert waren und ähnliche Eigenschaften wie Porzellan hatten. Sie waren nur nicht so weiß und durchscheinend. Da die Chinesen die Keramik meist in grobes *tao* (Steinzeug) und feines *ci* (Porzellan) unterteilen, werden diese frühen graugrünen Produkte als „primitives Porzellan" oder „Protoporzellan" bezeichnet.

Möglicherweise fanden die Töpfer der Shang-Zeit heraus, dass Russpartikel, die zufällig auf dem Gefäß im Brennofen landeten, glasierte Flecken hinterließen. Sie erzielten dann absichtlich einen ähnlichen Effekt, indem sie Asche auf Töpfe strichen oder die Gefäße vor dem Brennen in eine Aschelösung tauchten. Bei einer Temperatur von über 1.200 °C schmolz die Asche und hinterließ einen glasurartigen Überzug auf dem Gefäß. Diese Technik nahm eine Töpferei in der Gegend von Yue (heute Provinz Zhejiang) nach dem Fall der Han-Dynastie auf. Die Töpfer experimentierten erst mit flüssigen Hochtemperaturglasuren, die sie regelmäßig auf die Oberfläche eines Gefäßes auftrugen, womit sie eine gleichmäßige Farbe und eine glänzende Glasur erhielten.

Mit der Verbreitung des Buddhismus in China im 3. bis 6. Jahrhundert n. Chr. wurden die Gefäße häufig mit buddhistischen Motiven wie vorgefertigten Lotosblüten und Juwelen geschmückt. In der Tang-Zeit entstanden viele Bücher über den ästhetischen Wert der Keramik und insbesondere der Yue-Ware. Viele Dichter besangen ihre Schönheit und verglichen sie mit Jade, grünem Dunst, Frühlingswasser oder „einem neuen Lotosblatt, das sich am Morgentau ergötzt".

Die Keramik der Song-Zeit zeugte von neuen ästhetischen Idealen und einer einfühlsamen Schlichtheit. Die Töpferei von Ru in der Nähe der Hauptstadt der Nördlichen Song-Dynastie in der Provinz Henan war nur 20 Jahre in Betrieb (ca. 1086–ca. 1106 n. Chr.), doch sind die Stücke bis heute sehr gesucht. Sie sind in zartem Gräulichblau gehalten, klingen fein und zeichnen sich durch Schlichtheit und Eleganz der Form aus. Nach dem Umzug des Song-Hofes nach Hangzhou im Süden 1127 gründete man neue Töpfereien, die die gleichen Produkte erzeugen sollten. Allerdings waren die Rohmaterialien verschieden. So entstand die Guan-

Ware (wörtlich „offiziell"). Guan war für die dicke, jadeähnliche Glasur mit dem ausgeprägten Muster, das an gesprungenes Eis erinnert, berühmt.

Bis heute rätseln die Gelehrten, warum Anfang bis Mitte des 14. Jahrhunderts in Jingdezhen in der Provinz Jiangxi plötzlich blau-weißes Porzellan erzeugt wurde. In der Song-Zeit produzierten die Töpfereien von Jingdezhen *qing-bai*-Ware („bläulich-weiß"), aus der in den folgenden Jahrhunderten reinweißes, durchscheinendes Porzellan mit transparenter Glasur entstehen sollte. Das war der ideale Untergrund für das leuchtende Kobaltblau, das aus dem Nahen Osten importiert wurde, wo man nur mit niedrigen Temperaturen brennen konnte. Der Krieg, der zu jener Zeit in Nordchina wütete, zwang die begabten Töpfer aus Cizhou und Jizhou, nach Jingdezhen zu fliehen. Sie brachten ihr Wissen über Unterglasurmalerei mit. Als Beschreibungen des chinesischen Porzellans in den Nahen Osten gelangten, sandten Sammler große Bestellungen nach Jingdezhen. Die Yuan-Regierung förderte den Porzellanexport, da er riesige Profite abwarf, die zur Finanzierung des aufgeblähten Beamtenstaats nötig waren. Typische Yuan-Gefäße sind Teller (siehe Abb. gegenüber), Krüge und „Prunus"-Vasen (*mei ping*). In der Ming-Zeit entstanden unter Kaiser Chenghun (regierte 1465–1487) feinere Stücke für Kenner.

Die Töpfer der Qing-Zeit waren äußerst talentiert. Beinahe jedes Material (darunter Bambus, Elfenbein, Lack, Bronze und Puddingstein) konnte in Keramik nachgebildet werden.

Zwei Wandvasen im fencai*-Stil („Puderfarbe", im Westen als „Famille rose" bekannt) aus der Zeit von Kaiser Qianlong (1736–1795). Die Töpfer der Qing-Zeit übertrugen das ästhetische Ideal von der Harmonie zwischen Dichtkunst, Kalligrafie und Malerei auf einzelne Porzellanstücke, die sie unter direkter Aufsicht des Kaisers schufen.*

LEBEN IN ÄSTHETIK

Eine Jadeskulptur mit Inschrift und dem eingeschnittenen Bild von zwei Gelehrten bei einem Unterschlupf im Gebirge.

Mit der raschen Entwicklung der chinesischen Wirtschaft ab der Mitte der Ming-Zeit hatte das Gebiet um Jiangnan im Yangzi-Delta einen ähnlichen Rang wie Touraine in Frankreich zu Beginn der Renaissance. Im letzten Viertel des 16. und der ersten Hälfte des 17. Jahrhunderts schufen die *Literati* (siehe S. 66–67) von Jiangnan eine äußerst verfeinerte kulturelle Umgebung. Sie entwickelten ein System von Anmerkungen darüber, wie die müßige Oberschicht Objekten begegnen sollte, mit genauen Regeln für Geschmack und Stil.

Trotzdem die *Literati* der Ming-Zeit das erklärte Ziel hatten, den weltlichen Verpflichtungen zu entsagen, schrieben viele von ihnen Bücher über materielle Güter. Das berühmteste ist *Zhangwu zhi (Abhandlung über weltliche Besitztümer oder überflüssige Dinge)* von Wen Zhenheng (1585–1645), der aus einer berühmten Familie mit beachtlichem Einkommen aus Landbesitz stammte. Laut Wen Zhenheng sollte die Residenz eines Edelmannes die Aura eines kultivierten Eremiten ausstrahlen. Man dachte, dass eine perfekt ästhetische Umgebung die Seele des Bewohners nähren und ihn so vor der „Korrosion" durch das Weltliche schützen würde.

Von *Literati* verfasste „Handbücher guten Geschmacks" enthielten meist Kapitel über Gebäude und Räume, Bäume und Blumen, Wasser und Steine, Fische und Vögel, Kalligrafie und Malerei und die Kenntnis verschiedenster Kunst- und Handwerksgenres. Die Bücher beschreiben detailliert, welche Merkmale wünschenswerte Objekte hatten und wie sie präsentiert und betrachtet werden sollten. Die Präsentation sorgfältig ausgewählter Objekte sollte den guten Geschmack des Besitzers beweisen und seinen sozialen und intellektuellen Status erhöhen.

Zwei Begriffe kommen in Diskussionen über den Geschmack der *Literati* besonders häufig vor: *ya* („erhaben") und *su* („vulgär"). Eine Möglichkeit der Unterscheidung von *ya* und *su* war die Sammlung und Betrachtung von Kunstwerken. Genaue Hierarchien der verschiedenen Kategorien der Objekte und die Vorliebe für bestimmte Objekte und Stile in einer Kategorie sind erschöpfend erklärt. Ein führender Theoretiker war Li Rihua (1565–1635). Er teilte die Kunstwerke nach ihrem kulturellen Prestige ein (siehe Kasten gegenüber). Die Liste gibt Einblick in die kulturelle Welt der *Literati*, in der Kalligrafie und Malerei höheren Stellenwert hatten als Bronze und Keramik und Antiquitäten modernerer Objekte vorgezogen wurden. Interessant ist, dass in der Ming-Zeit chinesisches Porzellan am Ende von Li Rihuas Liste aufscheint.

GEGENÜBER: *Eine Kalligrafie im Stil von Wen Zhengming, der an achter Stelle in Li Rihuas Liste der erstrebenswerten Kunstwerke steht (siehe Kasten gegenüber).*

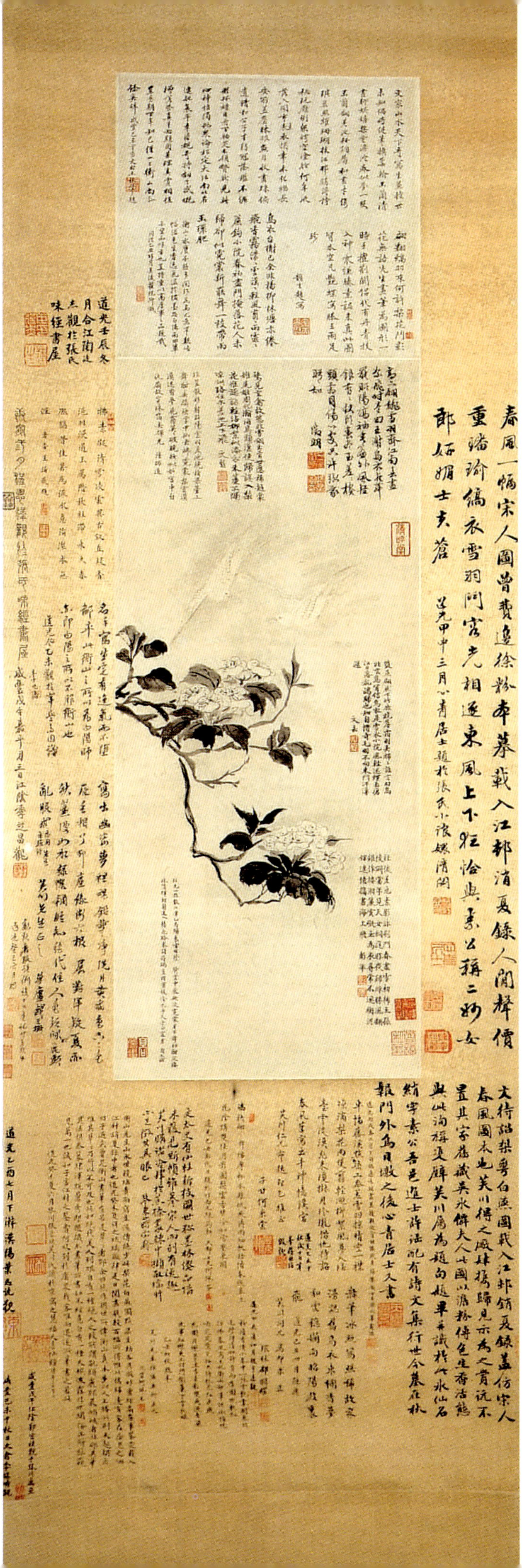

LI RIHUAS LISTE

In seinem *Zitaoxuan zazhui* (*Verschiedenes aus dem Purpurpfirsichstudio*) ordnete der Ming-Gelehrte Li Rihua schöne Gegenstände danach, wie sehr die *Literati* sie begehrten:

1. Kalligrafie der Jin- und Tang-Zeit.
2. Gemälde aus der Zeit der Tang, der Fünf Dynastien und der frühen Song-Zeit.
3. Alte kalligrafische Musterbücher aus der Sui-, Tang- und Song-Zeit.
4. Kalligrafie von Su Shi (1037–1101), Huang Tingjian (1045–1105), Cai Xiang (1012–1067) und Mi Fu (1052–1107).
5. Gemälde aus der Yuan-Zeit
6. Kalligrafie von Xianyu Shu (ca. 1257–1302), Yu Ji (1272–1348) und Zhao Mengfu (1254–1322).
7. Gemälde von Ma Yuan (tätig ca. 1190–1225) und Xia Gui (tätig ca. 1195–1230).
8. Meisterwerke von Shen Zhou (1427–1509) und Wen Zhengming (1470–1559).
9. Kalligrafie in Schreib- oder Konzeptschrift von Zhu Yunming (1461–1527).
10. Beispielhafte Kalligrafie von verschiedenen anderen berühmten *Literati*.
11. Bronzegefäße aus der Vor-Qin-Zeit mit leuchtender Türkis- oder Zinnoberpatinierung.
12. Antike Jade wie große *bi*-Scheiben.
13. Tuschsteine aus der Tang-Zeit.
14. Alte Zithern und berühmte Schwerter.
15. Gut gedruckte Bücher aus der Zeit der Fünf Dynastien und der Song-Dynastie.
16. Steine mit ungewöhnlicher Textur oder interessanten Formen.
17. Eine alte, elegante Pinie und nadelähnliche Binsen in einem schönen Topf.
18. Blühende Pflaumenbäume und Bambus.
19. Importierte Parfüms mit zartem Duft.
20. Seltene und schöne Schätze aus der Fremde.
21. Den besten Tee in perfekter Zubereitung.
22. Fremde Delikatessen.
23. Schimmerndes weißes Porzellan, grün glasierte *mi-se*-("geheime Farbe"-)Ware, Töpferware und Steinzeug aus allen Epochen.

DARSTELLENDE KUNST

MUSIK, TANZ UND AKROBATISCHE AUF-
FÜHRUNGEN SPIELTEN IM TRADITIO-
NELLEN CHINA EINE WICHTIGE ROLLE.
DIESE KUNSTFORMEN WURDEN EIN-
GESETZT, UM MIT DEN GEISTERN DER
AHNEN ZU KOMMUNIZIEREN UND IN
RITUALEN POLITISCHE MACHT AUSZU-
ÜBEN; UM VOR ALLEM BEI DER WER-
BUNG GEFÜHLE AUSZUDRÜCKEN UND
UM GESELLSCHAFTLICHEN ANLÄSSEN
FARBE ZU VERLEIHEN. IN DER SPÄTEN
KAISERZEIT VERSCHMOLZEN DIE DAR-
STELLENDEN KÜNSTE IN EINEM SPEZI-
ELLEN NATIONALEN MUSIKDRAMA MIT
UNTERSCHIEDLICHEN REGIONALEN
AUSPRÄGUNGEN.

DAS CHINESISCHE THEATER

Die chinesischen Begriffe *xi* (Theater) und *ju* (Drama) umfassten einst verschiedene Künste wie Schauspiel, Spiele und Akrobatik. Im traditionellen chinesischen Theater stechen vor allem stark stilisierte Rollen und Bühnenbewegungen, pantomimeähnliche Gesten und Make-up sowie eine einzigartige Verbindung von Rezitation, Gesang, Tanz, Akrobatik und Musik hervor.

Canjunxi (wörtlich „Adjutantenstück") ist ein Vorläufer des chinesischen Theaters, der am Hof der Späten Zhao während der Östlichen Jin-Dynastie entstand und sich in der Tang-Zeit weiterentwickelte. Bei einer *canjunxi*-Aufführung spielten zwei Darsteller (meist Männer) komische Dialoge zur Begleitung von Saiten-, Blas- und Schlaginstrumenten. Mit dem Aufstieg einer neuen Klasse von Händlern in der Song-Zeit entwickelte sich die städtische Kultur rasch. In dieser Atmosphäre entstanden *zaju* (wörtlich „Varieté") in Nordchina und *nanxi* („südliches Theater") in Südchina als erste wirkliche Theatertraditionen. Ein *zaju*-Stück wurde von Schauspielern aufgeführt, die vier oder fünf Rollen in fixer Reihenfolge spielten: Tanz, Akrobatik, das zentrale Stück, komische Einlage und ein musikalischer Abschluss. Diese kurzen, oft humorvollen Stücke waren meist Romanzen oder Satiren auf den Beamtenstaat. Zu den populären Rollen gehörten auch *fujin* (Clown) und *fumo* (Narr).

Unter der mongolischen Yuan-Dynastie florierte das Drama. Als Khubilai Khan (regierte 1260–1294) Nord- und Südchina vereinte, begann *zaju* das chinesische Theater zu dominieren – das war sein erstes Goldenes Zeitalter. Mehr als 150 Bühnenschriftsteller sind uns aus der Yuan-Zeit bekannt. Der berühmteste, Guan Hanqing, hat mindestens 60 Stücke verfasst. Themen für die Dramen stammten aus der reichen literarischen Kultur Chinas. In der Yuan-Zeit bestanden die meisten *zaju* aus vier Akten, manchmal enthielten sie auch Prolog oder

Die Figur eines Komikers aus der Yuan-Zeit. Zwar stellt diese Statue einen Mann dar, doch war es nicht ungewöhnlich, dass Frauen männliche und weibliche Rollen spielten.

DIE BEIJINGOPER

1790 erregten bei den Feiern zum 80. Geburtstag des Kaisers Qianlong (regierte 1736–1795) Theatergruppen aus der Provinz Anhui mit ihrem neuartigen Programm großes Aufsehen in der Hauptstadt. Aus diesen Aufführungen entwickelte sich eine Form nationaler Unterhaltung, die sich in China größter Beliebtheit erfreut: *jingxi* oder die Beijingoper. Sie ist relativ einfach aufgebaut und erzählt bekannte Geschichten aus Geschichte und Literatur. Das Repertoire unterteilt sich in *wenxi* („zivile Stücke"), *wuxi* („Kampfstücke"), *daxi* („epische Stücke") und *xiaoxi* („komische Stücke"). Es gab vier Hauptrollen: *sheng* (männlich), *dan* (weiblich), *jing* (geschminktes Gesicht) und *chou* (Clown). Jede Rolle war durch bezeichnendes Sprechen, Singen und akrobatische Fähigkeiten charakterisiert. Zu Beginn des 19. Jahrhunderts dominierte *jingxi* die Bühnen in Beijing und löste schließlich *kunqu* (siehe Haupttext) als beliebtestes Genre in China ab.

Zwischenspiel. Der Hauptdarsteller sang das ganze Stück lang. Zwar hat die Musik zu keinem Yuan-Drama überlebt, doch zeigen Bilder aus jener Zeit, dass die Sänger von Flöten, Trommeln und Klatschern begleitet wurden. Dargestellt wurden Gelehrte, Kurtisanen, Kriegshelden, Rebellen, Richter und übernatürliche Wesen.

Gegen Ende der Yuan-Zeit erlebte das südliche Drama unter dem Namen *chuanqi* („Verbreiten des Unglaublichen") neuen Aufschwung. *Chuanqi* hatte romantische Themen und sollte das chinesische Theater die nächsten 200 Jahre dominieren. Im 16. Jahrhundert wurde *kunqu* („die Melodien von Kunshan", eine Stadt beim heutigen Shanghai) populär. Diese Oper hatte gehobenes Libretto und ernste Musik. *Kunqu* hatte immer Atmosphäre und Eleganz, oft waren die Stücke auch melancholisch. Viele Stücke bestanden aus 40 bis 50 Szenen und dauerten einige Tage. Gegen Ende des 17. Jahrhunderts wurde *kunqu* unter den gelehrten Beamten beliebt, die häufig die Schauspieler mitnahmen, wenn sie versetzt wurden. So verbreitete sich *kunqu* über ganz China.

MUSIKALISCHE TRADITIONEN

Die chinesische Musik hat eine lange und reiche Tradition, wie zahlreiche Berichte und archäologische Funde beweisen. So wurden etwa 21 Knochenflöten mit sieben Löchern in einem 8.000 Jahre alten Grab gefunden. Musik war wesentlicher Bestandteil von Hofriten, und man dachte, dass sie die Menschen mit den Geistern ihrer Ahnen und die Herrscher mit der Macht des Himmels verbinden könnte.

Das *Shi Jing* (*Buch der Lieder*) ist eine Sammlung aus dem 11. bis 7. Jahrhundert v. Chr. mit Liedern zu so unterschiedlichen Themen wie Werbung und politische Satire. Das Buch enthält eine Liste von 29 verschiedenen Schlag-, Blas- und Saiteninstrumenten. Die Chinesen legten reichlich Klangfarbe in ihre Musik und teilten die Instrumente nach den acht Stoffen ein, aus denen sie erzeugt wurden. Die verbreitetsten Instrumente waren Bronzeglocken, Glockenspiele aus Stein, Flöten aus Bambus oder Knochen, Okarinas aus Ton, Trommeln aus Leder, Mundharmonikas aus Kalabasse und Zithern und Lauten mit Seidensaiten und Holzkörper.

Mitglieder eines traditionellen chinesischen Orchesters spielen die Kniegeige oder erhu.

EIN 2.400 JAHRE ALTES ORCHESTER

1978 wurde ein vollständiges Ritualorchester im Grab des Markgrafen Yi von Zeng (starb um 433 v. Chr.) in Hubei entdeckt. Es ist eines der wenigen Zeugnisse für Musik aus jener Periode. Unter den Instrumenten waren große *se*-Zithern, kleine *qin*-Zithern, Panflöten, Flöten und Trommeln. Besonders sensationell ist, dass das Grab 32 Glockenspiele und eine Serie von 65 Glocken enthielt, die auf Ständern hingen. Mit diesen Instrumenten erzeugte man die rein chinesische „hängende Musik", wie zeitgenössische Literatur sie beschreibt. Sowohl Glocken als auch Glockenspiele funktionieren noch heute. Sie sind nach einer Fünftonskala gestimmt und erklingen, wenn man an verschiedene Punkte anschlägt.

Nach den Glocken oder Glockenspielen wurden die anderen Instrumente eines Orchesters gestimmt. Sie wurden auch am Anfang und am Ende einer Aufführung gespielt.

Bronzeglocken entstanden in Südchina. Sie wurden in der Mitte der Westlichen Zhou-Zeit in die Hauptstadt und die umgebenden Regionen (in der heutigen Provinz Shaanxi) gebracht. Um etwa dieselbe Zeit tauchten sie auch an anderen Orten in Nordchina auf. Die Musik am Hof der Zhou war sehr stark von diesen beeindruckenden Instrumenten geprägt.

Zwei Bronzeglocken der Serie aus dem Grab des Markgrafen Yi. Die größte Glocke wiegt 79,5 Kilogramm.

Der Einfluss zentralasiatischer und indischer Musik in der Han- und Tang-Zeit brachte die Einführung neuer Instrumente und Veränderungen in der weltlichen Musik. Am Hof der Tang wurde Musik aus zehn Kategorien nach ihrer Herkunft aufgeführt. Darunter war Musik aus Qiuci (Kucha) in Turkestan und Xiliang (heute westliche Provinz Gansu). Sie sind besonders interessant, da sich an diesen geschäftigen Handelsplätzen viele Kulturen trafen. Der Tang-Herrscher Xuanzong (regierte 712–756 n. Chr.) unterteilte die Hofmusik weiter in eine „sitzende" und eine „stehende" Kategorie. Erstere war Kammermusik mit drei bis zwölf herausragenden Musikern, letztere wurde von einem Orchester mit 60 bis 180 Instrumentalisten im Freien aufgeführt.

Daqu (lange, formale Musikstücke) aus der Tang-Zeit sind die wichtigsten Werke chinesischer Instrumentalmusik für Ensembles. Dieses Genre blieb während der Song-Zeit populär, bis es schließlich von der Theatermusik der späten Kaiserzeit abgelöst wurde.

DIE TANZKUNST

In einem Vorwort zu einem der klassischen Texte des Konfuzianismus, dem *Shi Jing (Buch der Lieder)* fasste ein Gelehrter im 1. Jahrhundert n. Chr. die chinesische Einstellung zum Tanz zusammen: „In uns steigen Gefühle hoch, die mit Worten ausgedrückt werden können. Fehlen uns die Worte, seufzen wir. Hilft Seufzen nicht, singen wir. Ist auch Singen nicht genug, drücken wir die Gefühle durch Tanz aus."

Wie die Musik hat auch der Tanz seinen Ursprung in Ritualen wie dem Werben und der Ahnenverehrung. In der Antike vollführten Zauberer exorzistische Tänze, um eine gute Ernte zu sichern, Dürre oder Flut zu beenden oder böse Geister auszutreiben. Später wurde der Tanz zu einem Teil des politischen Zeremoniells und eine wichtige Kunstform. Die Volks- und Rituallieder aus dem *Shi Jing* erzählen von Tänzerinnen, die zur Zhou-Zeit Gäste bei offiziellen Banketten und privaten Trinkgelagen mit ihren prächtigen Kostümen, eleganten Bewegungen und dynamischen Schrittfolgen unterhielten. In der Zhou-Zeit gehörte der Tanz zur Erziehung, da er die Harmonie zwischen Geist und Körper stärkte. Im Alter von 13 bis 15 Jahren lernten die Jungen der Oberschicht „zivile Tänze", danach bis zum Alter von 20 Jahren „militärische Tänze".

In der Tang-Zeit entstanden durch den regen kulturellen Austausch zwischen China und anderen Gebieten Asiens viele neue Tänze. In den Palästen und Palais sowie bei den Volksfesten wurden regelmäßig exotische Tänze aufgeführt. Durch die Übernahme fremder choreografischer Elemente erlebte der chinesische Tanz einen neuen Aufschwung. Der Tang-Herrscher Xuanzong (regierte 712–756 n. Chr.) gilt als einer der Gründer des Birnengartens (Liyuan), einer Akademie für Tanz und Musik am Hof. Der Name gilt noch heute in China als Synonym für die Tanz- und Schauspielkunst. Der Kaiser überwachte persönlich das Training und die Proben Hunderter Tänzer und Musiker an der Akademie.

Die Tanzaufführungen waren nicht auf den Kaiserhof beschränkt. In einigen Vierteln der Hauptstadt traten Hunderte Kurtisanen zur Unterhaltung der Öffentlichkeit auf. Wie Gemälde und Figurinen aus der Tang-Zeit beweisen, traten diese Tänzerinnen in ausgeschnittenen Kleidern mit langen, ausgestellten, gefältelten Röcken auf. Die fließende Bewegung ihrer langen Seidenärmel erhöhte noch die Wirkung des Tanzes, der von den Dichtern der Tang-Zeit hoch gerühmt wurde.

Mit dem Aufstieg des Theaters in der späten Kaiserzeit (siehe S. 204–205) entwickelte sich schließlich der Tanz zu einem fixen Bestandteil der Theateraufführungen.

Diese bemalte Keramikfigur einer Tänzerin stammt aus der Östlichen Han-Zeit und wurde in einem Grab bei Xi'an in der Provinz Shaanxi gefunden. Die Tänzerin führt einen Ärmeltanz auf. Man nimmt an, dass diese Figuren, die später aus Jade geschnitzt wurden, die Verstorbenen nach dem Tod unterhalten sollten. Diese Statue ist 50 Zentimeter hoch.

DER „WESTLICHE WIRBELTANZ"

Der *huxuan wu* oder „Westliche Wirbeltanz" war am Hof der Tang-Herrscher populär und ein Lieblingstanz des tanzbegeisterten Kaisers Xuanzong (siehe Haupttext). Der *huxuan* wird in den *Yuefu zalu (Anmerkungen zu Musik und Tänzen)* aus jener Zeit beschrieben. Er soll von Tänzern aus Zentralasien aufgeführt worden sein, die auf einem kleinen Ball (*qiu*) balancierten. Diese Beschreibung war Grundlage für Edward H. Schafers Erzählung *Die Goldenen Pfirsiche von Samarkand*, in der Mädchen auf der Tanzbühne auf Bällen hüpften, tänzelten und umherwirbelten. Die Darstellungen des Tanzes auf Wandmalereien, Jade und Keramik zeigen allerdings einen Tänzer, der auf einem ovalen Teppich herumwirbelt. Das chinesische Schriftzeichen für „Teppich" (*tan*) ist dem Zeichen für „Ball" (*qiu*) sehr ähnlich. Es ist daher leicht möglich, dass der Kopist des *Yuefu zalu* im Mittelalter die beiden Schriftzeichen verwechselte.

Zwei berühmte Tang-Dichter, Bai Juyi (772–846 n. Chr.) und Yuan Zhen (779–831 n. Chr.), beschrieben den Westlichen Wirbeltanz. Dieses Gedicht ist von Bai Juyi:

Westliches Wirbelmädchen! Westliches Wirbelmädchen!
Ihr Herz schlägt im Rhythmus der Instrumente;
Ihre Arme bewegen sich zum Schlag der Trommeln;
Sie hebt die Ärmel, wenn die Musik beginnt;
Sie tanzt umherwirbelnden Schneeflocken gleich.
Unermüdlich dreht und wirbelt sie herum;
Nichts unter den Himmeln gleicht ihrem Tempo;
Wagenräder sind langsamer und auch der Wirbel-
    wind kann sie nicht erreichen …

Darstellung des Westlichen Wirbeltanzes in einem buddhistischen Wandbild in den Höhlen von Dunhuang, Provinz Gansu.

AKROBATEN UND ZIRKUS

Die Akrobatik, eine der populärsten Unterhaltungsformen Chinas, entstand aus dem Wunsch heraus, mit allen verfügbaren Instrumenten, Waffen oder Geräten Talent, Geschicklichkeit und Mut zu beweisen. Die klassischen Werke aus der Vor-Qin-Zeit enthalten Hinweise auf Akrobaten. Eine Erzählung berichtet sogar, dass bei einer Schlacht zwischen den Heeren der Staaten Chu und Song Akrobatik wirkte. Die Soldaten der Song-Armee beobachteten so gebannt, wie ein Chu-Krieger mit neun Bällen jonglierte, dass die Chu sie leicht schlagen konnten.

Die Akrobatik ist ein wichtiger Teil des chinesischen Zirkus. Grabziegel und Tonfiguren aus der Han-Zeit zeigen Zirkusse in großem Umfang, die unter dem Namen *baixi* („100 Aufführungen") bekannt waren und heimische Traditionen mit zentralasiatischen Einflüssen verbanden. Bei diesen Aufführungen wurden viele Menschen mit Wagenrennen, Gladiatorenwettbewerben, der Jagd nach wilden Tieren und akrobatischen Einlagen unterhalten. Ein Grabziegel aus Yinan in der Provinz Shandong (entdeckt 1954) zeigt einen Akrobaten, der ein großes

HOFNARREN

Zwerge und andere kleinwüchsige Menschen wurden in der Kaiserzeit oft als Hofnarren zur Unterhaltung des Kaisers und seines Hofstaats beschäftigt. Einige davon versuchten, den Herrscher durch Humor positiv zu beeinflussen. Der große Historiker Sima Qian (ca. 145–86 v. Chr.) berichtet von einem Treffen zwischen dem Ersten Kaiser, Qin Shihuangdi (regierte 221–210 v. Chr.), und seinem Zwergen Zhan. Als der Kaiser ankündigte, dass er das kaiserliche Jagdgehege zu erweitern wünsche, meinte Zhan: „Welch wundervolle Idee! Ihr könnt das Gehege mit Wild füllen. Wenn Invasoren kommen, können sie die Hirsche aufspießen." Als der Kaiser dies hörte, beschloss er, sein Geld für Wichtigeres einzusetzen.

Es gab aber nicht nur Hofnarren zur Unterhaltung. Die Geburtstagsfeiern für Kaiser Hiuzong (regierte 1101–1125 n. Chr.) begannen mit dem Vogelgesang von Vogelimitatoren aus der Akademie für Kaiserliche Unterhalter (Jiaofang).

Diese Tonfigur aus der Östlichen Han-Zeit zeigt einen Komiker, der Geschichten sang oder erzählte und sich dabei selbst auf der Trommel begleitete. Hier ist möglicherweise ein Zwerg dargestellt.

Kreuz auf der Stirn balanciert. Drei andere Figuren machen Turnübungen. In einer anderen Szene macht ein Seiltänzer einen Handstand auf einem Seil, das über scharfen Schwertern mit Spitze nach oben gespannt ist. Zwei weitere Figuren balancieren zur Mitte des Seils und schwingen dabei Steinbälle. In einer dritten Szene springt ein Reiter auf ein galoppierendes Pferd. Ein anderer Mann jongliert mit drei Schwertern.

In der Östlichen Han-Zeit schrieben Zhang Heng (78–139 n. Chr.) und Li You (tätig ca. 89 n. Chr.) über Zirkusaufführungen. Ihre Erzählungen enthalten einen Gewichtheber, der einen Kessel stemmte, „als ob er eine Feder wäre"; Akrobaten, die durch Reifen sprangen und sich durch Rohre schlängelten; einen Riesen und einen Zwerg; und Magier, die Objekte veränderten, Körper entzweischnitten, Messer schluckten und Feuer spien. Im Zirkus traten nicht nur Akrobaten und Magier auf. Auch Tiere werden in China seit langem dressiert. In den Tiershows traten nicht nur Säugetiere auf, sondern auch Fische und Insekten. Besonders beliebt waren auch Schlangenbeschwörer.

Die Regierung versuchte gelegentlich, den Zirkus in China zu unterbinden. 341 n. Chr. verbot der Kaiser Chengdi (regierte 326–342 n. Chr.) aus der Östlichen Jin-Dynastie Übungen wie das Gehen auf den Händen, den Körper zu verbiegen, um sich durch ein Bambusrohr zu schlängeln und „Horrorshows" (wie „Enthäuten eines Körpers"), da sie die soziale Ordnung störten. Jeden, der bei diesen Übungen erwischt wurde, bestrafte man mit der Kürzung seiner Reisration.

OBEN: *Dieses Tonmodell aus der Han-Zeit zeigt Musiker, Tänzer und Akrobaten, die vor sieben stehenden Würdenträgern spielen.*

UNTEN: *Dieser Druck aus dem frühen 20. Jahrhundert zeigt Akrobaten bei einer Theateraufführung. Der Akrobat unten rechts geht mit genau derselben Technik auf den Händen wie die Akrobaten in dem obigen Tonmodell.*

● KAPITEL 15 *Nancy R. S. Steinhardt*

ARCHITEKTUR UND PLANUNG

DIE TECHNIK CHINESISCHER ARCHITEKTUR

SEIT JAHRTAUSENDEN GRÜNDET DIE TRADITIONELLE CHINESISCHE ARCHITEKTUR IN DER VEREHRUNG FÜR DEN „SOHN DES HIMMELS" IM ZENTRUM EINES KOSMOS UMGEBENDER RÄUME. GEBÄUDE ZUR VEREHRUNG ODER ALS WOHNSTÄTTE JENER, DIE IN DAS JENSEITS EINGEGANGEN SIND, FOLGEN STARR FESTGESETZTEN REGELN, WÄHREND DER ARCHITEKT IM WOHN- UND GARTENBAU MEHR KREATIVE FREIHEIT HAT.

Blaue Dachziegel mit Drachendekor schmücken den Himmelstempel in Beijing (siehe auch S. 45).

Die Chinesen verwendeten für ihre Gebäude die verschiedensten Materialien wie Holz, Ziegel, Stein, Lehm, Keramikziegel und sogar Metall. Seit dem Altertum dominiert als Baumaterial über der Erde jedoch Holz. Der Holzskelettbau ist Chinas wichtigster Beitrag zur Architektur weltweit. Die chinesischen Baumeister erreichten mit Holz unvergleichliche Flexibilität, Vielseitigkeit und Anpassungsfähigkeit.

In der Provinz Zhejiang in Südostchina fanden Archäologen verbundene Holzstücke, die über 6.500 Jahre alt sind. Vor über 3.000 Jahren, in der Bronzezeit Chinas, hatten die Gebäudekomplexe mehrere Tore, Hauptgebäude, die durch Wege verbunden waren, zahlreiche Höfe und Arkaden, die ausschließlich aus Holz gebaut waren.

Der Holzskelettbau blieb die gesamte Kaiserzeit über bestimmend für die bedeutendsten Bauwerke. Ab der Song-Zeit stand das traditionelle chinesische Gebäude auf einer erhöhten Erd- oder Steinplattform und hatte ein schweres Ziegeldach. Das Gewicht dieses Daches trugen verzierte Balken und Säulen aus Holz. Außen- und Innenwände waren aus einem Geflecht und Putz errichtet. Die bedeutendsten Bauwerke waren nach Süden ausgerichtet und hatten manchmal keinerlei Öffnungen auf den anderen drei Seiten.

Die Haupthalle im Kloster Foguang auf dem heiligen buddhistischen Berg Wutai in der Provinz Shaanxi ist ein typisches Beispiel für die chinesische Rahmenbauweise. Die Halle wurde 857 n. Chr. errichtet und misst an ihrem höchsten Punkt mehr als 8 Meter. Sie hat 36 Holzsäulen, die die Sparren- und Dachkonstruktion tragen. Grundlage für die chinesische Bauweise ist ein Modulsystem, bestimmt von seinen Holzelementen. Ein chinesischer Baumeister würde sagen, dass die Halle von Foguang acht Säulen breit und fünf Säulen tief ist oder ein Gebäude mit

einem Neun-Sparren-Rahmen von acht Sparren Spannweite ist. Die Spannweite der Sparren bezieht sich auf die Zahl der Zwischenräume zwischen je zwei Dachsparren. Die Fähigkeit des Holzes, sich je nach klimatischen Bedingungen auszudehnen oder zusammenzuziehen, sowie die Ausbuchtung der Säulen in der Mitte und ihre leichte Neigung ermöglichten Holzhallen wie der im Kloster von Foguang, der Witterung und Erdbeben mehr als tausend Jahre lang standzuhalten.

Zwischen den Säulen und der Holzkonstruktion, die das Dach trug, befindet sich ein Element, das besonders mit chinesischer Baukunst assoziiert wird: das Holzgebälk, das die Säulen mit dem Dachrahmen verbindet und den charakteristisch vorspringenden Dachtraufen zusätzlichen Halt verleiht. Durch das Holzmodulsystem können Säulen und entsprechende Balken und Pfetten leicht hinzugefügt werden, wenn mehr Platz gebraucht wird. Der chinesische Holzskelettbau machte es nicht nur möglich, das Haus bei Familienzuwachs oder steigendem Wohlstand zu adaptieren, wie sich bei dem Anbau zusätzlicher Räume in Privathäusern zeigt. Dieselbe Konstruktion konnte auch leicht auf die Halle eines Palastes, eines buddhistischen Tempels (wo ein Altar den Platz für den Thron einnahm) oder die Halle jeder beliebigen anderen Gruppe oder Sekte adaptiert werden.

Dieses Detail aus der Verbotenen Stadt in Beijing zeigt das verzierte Gebälk über den Säulen, das das schwere Keramikziegeldach mit den charakteristisch aufwärts gebogenen, vorspringenden Traufen zusätzlich abstützt. Zahl und Art der Zusammensetzung eines solchen Gebälks erlaubt Rückschlüsse auf die Bedeutung und die Verwendung eines chinesischen Gebäudes.

DIE GROSSE MAUER

Die Große Mauer ist zugleich Chinas großartigstes Bauwerk und eines seiner mächtigsten Symbole. Dieses Bauwerk, das die Chinesen „Lange Mauer" nennen, beflügelt die Fantasie von Einheimischen und Fremden bereits seit Jahrhunderten. Es heißt, dass die Mauer das einzige von Menschen errichtete Bauwerk auf der Erde ist, das man vom Mond aus sieht.

In der Zeit der Frühlings- und Herbstannalen (ca. 770–475 v. Chr.) errichteten Feudalstaaten Verteidigungswälle an ihren Grenzen, die sich zum Teil über mehrere hundert Kilometer erstreckten. In der folgenden Zeit der Streitenden Reiche (ca. 476–221 v. Chr.) baute man höhere, längere und stärker befestigte Wälle.

Die Ruinen eines Signalturms aus der Han-Zeit auf der Großen Mauer bei Kupa in Westchina.

Der Erste Kaiser, Qin Shihuangdi, der China 221 v. Chr. einte, wird am häufigsten mit dem Mauerbau assoziiert. In seinem ehrgeizigen Bauprojekt beschloss er, verschiedene vorhandene Stadt- und Staatswälle zu einer langen Mauer mit Forts und Wachtürmen zu verbinden, die die chinesische Zivilisation von den „Barbaren" im Norden trennen sollte. Der chinesische Spitzname „10.000-*li*-lange Mauer" deutet nicht so sehr auf die tatsächliche Länge hin (1 *li* = 500 Meter), sondern auf die schier unendliche Ausdehnung der Mauer von Ost nach West.

Die Herrscher der nachfolgenden Han-Dynastie waren ebenfalls bemüht, China vor äußeren Einflüssen und Angriffen zu schützen. Sie setzten den Bau und die Verstärkung der Mauer in Nordchina fort. Zudem errichteten sie Wachtürme, damit die Truppen, die an der Mauer stationiert waren, wichtige Nachrichten mit Rauchzeichen übermitteln konnten. Man schätzt, dass am Ende der Han-Zeit 220 n. Chr. mehr als 10.000 Kilometer befestigte Mauer gebaut waren.

Die folgenden Dynastien reparierten die Mauer und ließen prächtige Monumente wie das weiße Marmortor Juyongguan („Wolkenterrasse") etwa 60 Kilometer nördlich der Verbotenen Stadt errichten. Dieses Bauwerk wurde um 1340 von der mongolischen Yuan-Dynastie errichtet und in der Ming-Zeit restauriert. Die Ming-Herrscher beschlossen, die Mauer wieder zu verstärken. Deshalb stammt die heutige Große Mauer großteils aus der Ming-Zeit (siehe Kasten gegenüber).

Unter den Qing, der letzten Dynastie, kamen Bau und Reparatur der Großen Mauer zu einem Ende. Die Qing-Herrscher waren Mandschu, Leute aus dem Norden, von jenseits der Mauer, die die Ming und frühere Dynastien von China abzuhalten versucht hatten. Der Verfall der Mauer galt als Symbol für die Aufnahme der Mandschu und anderer nicht-chinesischer Völker aus dem Norden ins chinesische Reich.

Der Mauerbau war eine unglaubliche technische und logistische Leistung. Um die Errichtung der Großen Mauer und die Leiden jener, die daran arbeiteten (siehe S. 51), ranken sich zahlreiche Legenden. Es war ein riesiger organisatorischer Aufwand nötig, um die Unmengen an Material und Werkzeugen zu den Baustellen zu transportieren. Bei der alten Mauer im Osten und bei der Ming-Mauer nördlich von Westchina versuchte man nach Möglichkeit, Material aus der Umgebung zu verwenden. So verarbeitete man etwa auf dem Teilstück, das die Wüste Gobi durchquert, eine Mischung aus Kieseln, Tamariskenholz und Zweigen. Im Nordosten benützte man Eichen- und Pinienholz, um die gestampfte Erde zu befestigen.

DIE MING-MAUER

Da der Gründer der Ming-Dynastie, Hongwu (regierte 1368–1398 n. Chr.), eine Invasion der Mongolen fürchtete, befahl er seinem General Xu Da, alle strategisch wichtigen Pässe entlang der Großen Mauer zu reparieren. Die nachfolgenden Ming-Herrscher ließen südlich der alten Mauer neue Abschnitte errichten. Der Bau dauerte fast ununterbrochen bis ca. 1500. In der zweiten Hälfte des 16. Jahrhunderts (als die Oiraten aus dem Norden China bedrohten) baute man nochmals 500 Kilometer Große Mauer.

Zwar war die Ming-Mauer weiter im Süden, doch folgte sie quer durch Nordchina etwa dem Verlauf der alten Mauer aus der Qin- und Han-Zeit. Der östliche Abschnitt wurde aus Quadersteinen oder einer Mischung aus Quadersteinen und Ziegeln errichtet, die stabiler waren als die alten Erdwälle. Die Ming-Mauer ist durchschnittlich 8 Meter hoch, unten 7 Meter und oben 6 Meter breit.

Viele Teile der Ming-Mauer stehen noch heute, wie der Abschnitt bei Simatai im Norden von Beijing.

BEFESTIGTE STÄDTE

Dieses Gemälde aus der Qing-Zeit zeigt den Kaiser Kangxi (regierte 1661–1722) beim Besuch einer befestigten Stadt während einer Reise durch das Reich 1699.

DIE BEZIRKE VON CHANG'AN

Im 7. Jahrhundert n. Chr. war die kaiserliche Hauptstadt Chang'an (heute Xi'an) die größte und am dichtesten besiedelte Stadt der Welt. Innerhalb der 37 Kilometer langen äußeren Stadtmauer lebten mehr als eine Million Menschen auf einer Fläche von 84 Quadratkilometern. Die umwallte Palaststadt, das Heim der Kaiserfamilie, stand im Zentrum, an das direkt im Süden die Regierungsstellen anschlossen. Der Rest der Stadt war in 108 Bezirke unterteilt, die alle von einem Wall umgeben waren. Jeder Bezirk war durch zwei Hauptstraßen in vier Teile unterteilt, von denen eine von Norden nach Süden und die andere von Osten nach Westen verlief und jede an einem bewachten Tor endete. Diese vier Teile waren wiederum geviertelt, so dass ein Bezirk aus 16 abgegrenzten Bereichen bestand, was es der Regierung leicht machte, die Bewegungen der Bewohner zu beobachten.

Zwei weitere Bezirke, im Osten und im Westen von Chang'an, waren Marktgebiete.

Bis zur Mitte des 20. Jahrhunderts wurde jede neu gebaute chinesische Stadt umwallt. Der chinesische Begriff, mit dem am häufigsten das deutsche Wort „Stadt" ausgedrückt wird, ist *cheng*. Dasselbe Schriftzeichen gilt auch für „Mauer". Befestigte Siedlungen, manche von ihnen von Gräben umgeben, gab es in ganz China bereits vom 3. oder 4. Jahrtausend an. Die neolithischen Wälle bestanden aus mehreren Schichten gestampfter Erde. Meist waren diese Wälle viereckig, doch gab es auch ovale Mauern.

Bis zum 17. Jahrhundert blieben die vierseitigen Befestigungsanlagen das Hauptmerkmal jeder chinesischen Stadt. Im Lauf der Zeit wurde jedoch die gestampfte Erde mit Stein- oder Holzstücken verstärkt und allmählich durch Ziegeln als Material ersetzt. Man nimmt an, dass die Befestigungswälle ursprünglich zur Verteidigung oder als Grenzlinie errichtet wurden. Als Bewaffnung und Kriegführung jedoch immer ausgefeilter wurden, boten die Wälle keinen wirksamen Schutz mehr. Trotzdem befestigten die Chinesen weiterhin ihre Städte, was darauf schließen lässt, dass die Wälle immer teils symbolischen Charakter hatten.

Das Konzept einer vierseitigen Einfriedung ist in der räumlichen Vorstellung der Chinesen so fest verankert, dass nicht nur jede alte Siedlung von Wällen umgeben war, sondern auch die Gebäude in der Siedlung vom prächtigsten Kloster oder Regierungsgebäude bis hin zur einfachsten Hütte von Mauern eingefasst waren. So kann ein kaiserliches Kloster in der chinesischen Hauptstadt von einer Ziegel- oder Gipswand umgeben sein, die mit Keramikfliesen verziert ist. Ein kleinerer Tempelkomplex kann von einer Arkade mit Holzsäulen umrahmt sein, die sich zum Innenhof hin öffnet. Und das Haus eines Händlers kann vor sich eine Gipswand haben, während es die Seitenwände mit den Nachbarn teilt.

Innerhalb oder angrenzend an die Hauptwälle der meisten Hauptstädte gab es eine kleinere befestigte Anlage für Herrscherpalast und Regierungsstellen. Im letzten Jahrzehnt des 3. Jahrhunderts v. Chr. entstand unter der Han-Dynastie die chinesische Hauptstadt in Chang'an. Die Stadt wurde im 1. Jahrhundert v. Chr. vergrößert – mit Beginn der Zeitenwende nahmen fünf umfriedete Palastkomplexe zumindest die Hälfte der Fläche innerhalb der äußeren Stadtmauer ein. Zur Zeit des Zerfalls (4. bis 6. Jahrhundert n. Chr.) hatte die Hauptstadt jedes chinesischen Staates ein befestigtes Gebiet, bezeichnet als „Palaststadt" oder „innere Stadt", für Kaiser und Regierung sowie die äussere Mauer. Ab dem 6. Jahrhundert n. Chr. wurden die meisten chinesischen Städte nach dem Grundriss von Chang'an, der Hauptstadt der Sui- und Tang-Dynastie entworfen (siehe Randtext gegenüber). Von Japan bis zur Inneren Mongolei sieht man noch heute solche befestigte Städte.

Dieses von Hand eingefärbte Foto eines Stadttores in Beijing wurde 1906 aufgenommen. Es zeigt deutlich die alten Stadtmauern, die in den 1960er Jahren während der Kulturrevolution zerstört wurden.

EIN HAUS FÜR DEN „SOHN DES HIMMELS"

Jeder chinesische Palast symbolisiert die Autorität des Herrschers: Position und Ausrichtung aller Gebäude (manchmal gab es mehr als hundert) spiegelten die göttliche Macht des Kaisers wider. Zu allen Zeiten beherbergte die „Palaststadt" (*gong*) den Thronsaal und die Privatgemächer des Herrschers.

Man nimmt an, dass die großen, zentralisierten Gebäude, die die Siedlungen des Neolithikums und der Bronzezeit beherrschten, als Vorläufer für spätere Paläste dienten. In der Östlichen Zhou-Zeit hatte die Stadt jedes Herrschers ihren eigenen Palastkomplex. Nach der Vereinigung Chinas 221 v. Chr. regierten die Kaiser von mehr als einer Stadt aus. Um der immer komplexeren Verwaltung gerecht zu werden, wurden die kaiserlichen Räume in den Hauptstädten allmählich standardisiert.

Sowohl die Sui als auch die Tang errichteten in ihren zwei Hauptstädten Chang'an und Luoyang Palaststädte. 634 n. Chr. begann der Tang-Kaiser Taizong (regierte 626–649 n. Chr.) mit dem Palastkomplex

Der erste Hof der Verbotenen Stadt. Der berühmte Palastkomplex von Beijing war die Hauptresidenz von 14 Kaisern der Ming- und der Qing-Dynastie.

Daminggong in Chang'an, der typisch für die Kaiserresidenzen zwischen 600 und 800 n. Chr. war. Mittelpunkt des 3,1-Quadratkilometer-Komplexes war eine U-förmige Gebäudegruppe, die man über eine breite Straße von Süden erreichte. Die Tang besaßen noch weitere Paläste, in die sich die Kaiserfamilie abseits der Hauptstadt zurückziehen konnte.

Von den Palästen der Song-Zeit ist nur noch wenig zu sehen, doch müssen sie mindestens so großartig wie Daminggong und nach demselben Prinzip aufgebaut gewesen sein. Viel mehr weiß man über Khubilai Khans *gong* in Dadu (Beijing), der den Regeln der klassischen chinesischen Architektur folgte, da die Mongolen ihre Herrschaft über China legitimieren wollten. Er baute auch den berühmten Palast von Shangdu, den Marco Polo beschrieb und der Coleridge zu *Xanadu* inspirierte.

Der besterhaltene Palast in China ist jedoch die Verbotene Stadt in Beijing, in der die Herrscher der letzten beiden Dynastien regierten. Wie der ideale chinesische Staat ist auch der Palast perfekt geplant. Der erste Hof (siehe Abb. unten) wird von einem elegant geschwungenen Fluss durchzogen, der südlich des Hauptpalastes verläuft, wie es die chinesische Geomantik (*feng shui*) vorschreibt. Dahinter liegen die Zeremonialhallen, die Wohnräume des Kaisers und der Kaiserin und zahlreiche Regierungsgebäude (siehe auch Abb. S. 42–43, 46 und 213).

Ein Bronzelöwe bewacht die Verbotene Stadt. Er war ein kaiserliches Symbol, die Perle in seiner Klaue steht für Weisheit.

ORTE DER VEREHRUNG

Wie der chinesische Palast bestehen auch Tempel (*miao*) und Kloster (*si*) aus Gebäudekomplexen. Tatsächlich kann man Tempel- und Palastkomplexe von außen kaum unterscheiden. Die meisten chinesischen Tempel gehören zu einer der drei großen Religionen: Buddhismus, Daoismus und Konfuzianismus.

Die meisten heute bestehenden Tempel wurden nach dem 10. Jahrhundert n. Chr. gebaut. Dennoch wissen wir aus Aufzeichnungen, archäologischen Funden und Gemälden, dass einige Jahrhunderte nach der Einführung des Buddhismus aus Indien während der Han-Zeit riesige Klöster mit Dutzenden Höfen und Hunderten Gebäuden in jeder größeren Stadt und auf dem Land in ganz China standen. Diese Klöster waren in ihrem Aufbau stark von der Palastarchitektur (siehe S. 218–219) geprägt. Dem Thronsaal des Kaisers entsprach die Haupthalle mit einer großen, dominanten Buddhafigur. Höhlentempel sind ebenfalls typisch buddhistische Orte der Verehrung, die aus Indien über Zentralasien nach China gelangten. Diese Höhlentempel, von denen die ältesten aus dem

Der Pavillon des Tempels von Buddhas duftendem Weihrauch befindet sich innerhalb des Komplexes des Sommerpalastes der Qing-Herrscher am Ufer des Kunming-Sees im Nordwesten von Beijing.

TEMPEL PUNING

Gelegentlich folgten die Tempel nicht den strengen Normen der chinesischen Architektur. Das gilt vor allem für die Zeiten, in denen fremde Dynastien regierten und fremde Religionen und Sekten von den Herrschern gefördert wurden. Die Tempel des tibetischen Buddhismus in China wie der Tempel Puning in Chengde (Jehol), Provinz Hebei, sind Beispiel für die erfolgreiche Verbindung von chinesischer Planung und tibetischer Architektur.

Den 33.000 Quadratmeter großen Tempelkomplex von Puning ließ 1755 der Qing-Kaiser Qianlong (regierte 1736–1795) als Dank für seinen Sieg über den mongolischen Stamm der Zungaren errichten. Der Gebäudekomplex folgt streng dem axialen Plan der chinesischen religiösen Bauten, die tibetischen Einflüsse erkennt man an den hohen, vergoldeten Gebäuden mit den Dachkuppeln und den darin dargestellten Göttern.

Der Tempel Puning in Chengde, Provinz Hebei. Unter den Yuan (Mongolen) und Qing (Mandschu) hatte der tibetische Buddhismus großen Einfluss auf die chinesische Gesellschaft und Kultur (siehe S. 115 und 222).

4. und 5. Jahrhundert n. Chr. stammen, findet man heute noch in allen Teilen Chinas.

Die frühen Holzgebäude (aus der Zeit vor dem 12. Jahrhundert n. Chr.) des Longxing *si* (Klosters) in Zhengding, Provinz Hebei, sind typisch für einen buddhistischen Tempelkomplex aus dem 9. bis 14. Jahrhundert. Nach Süden gerichtet, ist das Kloster entlang der Nord-Süd-Achse gebaut, die beim von der Stadt her zugänglichen Haupteingang beginnt. Im Komplex findet man eine kreuzförmige Halle, die Buddha geweiht ist, eine (heute zerstörte) Halle, einem Patriarchen geweiht, und kleinere Seitenhallen. Ein weiterer mehrstöckiger, 24 Meter hoher Pavillon war dem *bodhisattva* Guanyin geweiht. Im Osten lagen die Ess- und Wohnbereiche der Mönche. Natürlich war das Kloster nicht nur Wohnort und Ausbildungsstätte für die Mönche, sondern auch Ort der Verehrung für Aussenstehende. Dasselbe galt für daoistische Tempelkomplexe. Einer der größten, Yonglegong, wurde im 13. Jahrhundert für die daoistische Sekte der Vollkommenen Perfektion (Quanzhen; siehe S. 93) errichtet. Auch dieser Komplex ist nach Süden gerichtet und enthält Hallen für zwei daoistische Patriarchen sowie Wohn- und Studienräume für die Mönche.

DIE PAGODE

Neben dem Kloster und dem Höhlentempel ist die Pagode die dritte wichtige Form indischer buddhistischer Architektur, die über Zentralasien nach China gelangte. Die indische Vorlage für die Pagode war der *Stupa*, ursprünglich ein Erdhügel mit eiförmiger Kuppel zur Beherbergung von Reliquien. Im Lauf der Zeit errichtete man den *Stupa* aus Stein und setzte auf die Kuppel einen mehrschichtigen Mast, der an die indischen Ehrenschirme erinnerte.

Als der *Stupa* gegen Ende der Han-Zeit nach China kam, war er bereits höher und schlanker, doch hatte er noch immer einen runden Grundriss. Aus der Verbindung des chinesischen städtischen Torturms und dem *Stupa* entstand schließlich die Pagode, ein hohes Bauwerk mit mehreren Geschossen (jedes Geschoss gekennzeichnet durch ein Dach mit vorspringenden Traufen), das von einem Dach gekrönt wird. Diese frühen Pagoden dominierten wahrscheinlich jedes buddhistische Kloster – man nimmt an, dass die prächtigsten Pagoden aus der Vor-Tang-Zeit über 130 Meter hoch waren –, doch waren die meisten aus Holz und sind nicht erhalten. Die einzigen bestehenden Pagoden aus der Zeit vor 500 n. Chr. wurden in den buddhistischen Höhlentempeln aus dem

DIE WEISSE PAGODE

Ein Pagodentyp, manchmal als *dagoba* bezeichnet, wird besonders mit dem tibetischen Buddhismus assoziiert. Diese Pagoden tauchten in China erstmals unter mongolischer Herrschaft (Yuan-Dynastie) auf. Das berühmteste dieser Bauwerke ist wohl die Weiße Pagode, eine *dagoba* aus weißen Ziegeln, die im Klosterkomplex von Miaoying in Beijing steht. Sie wurde 1279 unter dem Einfluss von Anige, dem nepalesischen Berater der Kaisers Khubilai Khan, dem Begründer der Yuan-Dynastie, errichtet. Die Weiße Pagode erhebt sich auf einer hohen Plattform. Sie hat einen quadratischen Sockel und einen hohen, knollenförmigen Aufsatz mit 13 kleiner werdenden Ringen. Diese Ringe stehen für die 13 Ebenen, die ein Gläubiger durchschreiten muss, bevor er Buddha wird. Den Turm ziert ein Metallschirm mit Spitze.

Beinahe 400 Jahre später, 1651, ließen die mandschurischen Herrscher über China (die Qing-Dynastie) im heutigen Beihai Park in Beijing eine ähnliche Pagode errichten.

Die Weiße Pagode in Beijing. Der Grundriss entspricht einem mandala, *einem buddhistischen kosmischen Diagramm mit einem Kreis im Quadrat.*

gewachsenen Felsen gehauen. Jedes Geschoss wird von einer zentralen Steinsäule gestützt und hat eine dekorative Decke mit in den Stein gemeißelten Sparren, Traufen und Gebälkkonsolen.

Viele der Pagoden stammen aus der Tang-Zeit. Sie waren meist viereckig und aus Stein, Ziegeln oder Holz gebaut. Kleinere Bauwerke wie Begräbnispagoden entstanden in Klosterkomplexen in ganz China zum Gedenken an verstorbene einflussreiche Mönche. Sie hatten runden, hexagonalen, oktagonalen oder quadratischen Grundriss. Ab dem 10. und bis mindestens zum 12. Jahrhundert stand in jedem chinesischen buddhistischen Kloster mindestens eine Pagode. Von den über hundert Pagoden aus jener Zeit, die in China und entlang seiner Grenzen bis heute bestehen, haben die meisten oktagonalen Grundriss. Ab der Südlichen Song-Zeit verschwanden die Pagoden langsam aus den Klöstern. Grund dafür war die steigende Verbreitung des Chan-(Zen-)Buddhismus (siehe S. 113), bei dem Pagoden als Kultbauten keine Rolle spielten.

Die Steinpagode aus dem 10. Jahrhundert aus dem Tempelkomplex Kaiyun, Provinz Fujian.

BAUEN FÜR DAS JENSEITS

Einer der Hauptaspekte der chinesischen Kultur ist das respektvolle Begräbnis der Toten. Kaum eine andere Vorstellung vom frühen China hat so viel Interesse geweckt wie die ausgegrabenen Königsgräber der Shang-Dynastie in Anyang und die Grabanlage des Ersten Kaisers, Qin Shihuangdi (regierte 221–210 v. Chr.), bei Xi'an in Shaanxi, mit den nahe gelegenen Gruben, in denen Tausende lebensgroße Terrakottakrieger gefunden wurden (siehe S. 54 und 187).

Vor Aufkommen des Buddhismus im 1. Jahrtausend n. Chr. kannten die Chinesen das Konzept der Wiedergeburt nicht. Vielmehr wissen wir aus alten Texten, dass die Chinesen sorgfältige Vorbereitungen trafen (oft schon lange vor dem Tod), um den Leichnam zu konservieren (siehe S. 164) und ihm Komfort im Jenseits zu bieten.

Während über der Erde vor allem Holzskelettbauten dominierten, wurden die Grabkammern unter der Erde, die den Wohnhäusern glichen, vor allem aus Erde, Ziegeln und Stein gebaut. Die Materialien der Gräber waren beständiger als diejenigen, die für Paläste und Klöster verwendet wurden. In die Grabarchitektur fanden oft Innovationen Eingang: Das erste Gewölbe wurde in China unter der Erde in den letzten Jahrhunderten v. Chr. gebaut.

Einige chinesische Dynastien bauten Nekropolen, andere zogen Einzelgräber für jeden Herrscher vor. Der Leichnam wurde unter einem Hügel begraben. Dieser Brauch entstand gegen Ende des 1. Jahrtausends v. Chr.

Wie die Paläste waren auch die oberirdischen Teile eines Kaisergrabs von Mauern umschlossen und meist nach den Haupthimmelsrichtungen ausgerichtet. Menschen, die dem Herrscher nahe standen (etwa Söhne, Töchter, andere Verwandte oder hohe Beamte) wurden in der Nähe in kleineren Gräbern bestattet.

Der Zutritt zum Grab begann am Ende des Wegs der Seelen (siehe Kasten

Das Steintor führt in die innere Kammer des Grabes von Li Shou, einem Prinzen der Tang-Dynastie, der 631 n. Chr. bestattet wurde.

WEG DER SEELEN

Der Zugang zu einem kaiserlichen Grab war theatralisch. In den ersten Jahrhunderten nach der Zeitenwende war er kenntlich gemacht durch ein Eingangstor in den Umfassungsmauern, freistehende Tortürme und Steinstelen, die an die Taten des Verstorbenen erinnerten. Später entstand der *shen dao* („Weg der Seelen"). Er konnte von lebensgroßen Statuen von Beamten, Tieren, exotischen Wesen, Fremden oder kaiserlichen Wächtern gesäumt sein. Man nimmt an, dass diese Figuren das Grab bewachen oder einen ständigen Leichenzug aus Stein darstellen sollten. Jedes kaiserliche Einzelgrab hatte einen eigenen Weg der Seelen. Bei Gruppengräbern wie den Nekropolen der Ming und Qing diente ein Weg der Seelen für alle Gräber.

Steinelefanten – sie symbolisieren die südlichen Gebiete des Reichs – begrenzen den Weg der Seelen zu den Gräbern der frühen Ming-Herrscher in Nanjing.

oben). Eine Rampe führte zu den Holz- oder Steintoren der Grabkammer, hinter denen ein reich verzierter Gang in das Grab selbst hinab führte. Die Kaisergräber waren „unterirdische Paläste", die auf jede mögliche Weise den Gebäuden entsprechen sollten, die dem Verstorbenen im Leben sein Zuhause gewesen waren.

Wohlhabende Bürger wurden in kleineren Gräbern bestattet, doch fand man auch hier alle Annehmlichkeiten des irdischen Lebens. 1971 wurde eines der größten nicht-kaiserlichen Gräber aus der Han-Zeit in Helinge'er etwa 20 Kilometer nördlich der chinesischen Grenze in der Inneren Mongolei ausgegraben. Es ist 20 Meter lang und gehörte einem chinesischen Militärbeamten, der hier im 2. Jahrhundert n. Chr. stationiert war. Das Grab umfasst drei Hauptkammern, jede mit gewölbter Decke, und drei Nebenkammern.

Im unterirdischen Grab erzählen Wandmalereien und manchmal Wandreliefs das Leben des Toten. Es gibt Darstellungen von Banketten oder Festen. Die Diener des Verstorbenen sind ebenfalls fast immer auf den Grabwänden zu sehen. Auf der Decke wurden vor allem Himmelskörper wie Sonne, Mond und Mondhäuser (die chinesische Entsprechung der Konstellationen), manchmal auch Planeten oder Tierkreiszeichen dargestellt.

PLANEN FÜR DAS LEBEN

Dieses Tonmodell eines von einer Mauer umgebenen Hauses aus der Han-Zeit wurde in einem Grab aus dem 2. Jahrhundert v. Chr. in der Region Huaiyang, Provinz Henan, gefunden. Es hat nur einen Eingang und ist um zwei Höfe herum gebaut. Den Lebensraum um den hinteren (nördlichen) Hof erreichte man durch einen zweigeschossigen Torüberbau. Gegenüber liegt eine mehrstöckige herrschaftliche Halle. Der abgeschlossene Bereich links im Modell ist ein Gemüsegarten.

In der Kaiserzeit baute jeder Chinese, der es sich leisten konnte, ein Haus. Deshalb ist der Wohnbau wohl die älteste durchgehende Architekturform in China. Diese chinesischen Häuser zeigen vielleicht deutlicher als alle anderen Bauwerke, welche architektonischen Elemente tatsächlich chinesisch sind. Zwar sind die traditionellen Häuser heute aus den Städten fast verschwunden, doch findet man sie noch auf dem Land, wo sie auch noch immer gebaut werden.

Traditionelle chinesische Häuser findet man heute noch in der Region Putian in der Provinz Fujian in Südostchina. Zwar sind bei diesen südlichen Familienhäusern die Dachtraufen oft tief hinunter gezogen, doch gleichen sie sonst unabhängig von den verwendeten Materialien den ländlichen Häusern in ganz China. Jedes Haus ist um einen vorderen Hof gebaut, den man durch ein Tor betritt (wenn nicht genug Platz ist, ersetzt ein Luftschacht den Hof). Der vordere Hauptraum kann sich zum Hof hin öffnen oder hinter einer Tür verborgen sein. Hier isst man und empfängt Gäste. Die anderen Räume sind symmetrisch an diesen Hauptraum angeschlossen.

Das robuste, doch einfache *chuandou*-Rahmenwerk (ein Holzskelett mit Säulen und Streben), Dachpfetten (die die Sparren tragen) direkt auf den Streben und nicht-tragende Wände – diese Charakteristika der chinesischen Holzbauten können leicht an familiäre Veränderungen angepasst werden. Wenn eine chinesische Familie nicht so viel Land besitzt, dass sie nach außen erweitern kann, können Kammern um den inneren Hof hinzugefügt werden. Auch zweigeschossige Gebäude mit Schlafzimmern im ersten Stock gibt es, wahrscheinlich bereits seit der frühen Kaiserzeit.

Die chinesischen Hofhäuser passten in die Dörfer ebenso wie in die Städte. Vor dem 20. Jahrhundert hatte zum Beispiel in Beijing jedes Haus seinen eigenen Hof, doch standen die Häuser Seite an Seite und blickten auf dieselbe Straße hin.

Im alten China nahmen die Menschen jede Stufe des Bauprozesses sehr genau. Auch heute wählt die Familie erst den Platz für das Haus nach den Regeln von *feng shui*. Damit soll garantiert werden, dass der Ort möglichst günstig ist und Wind, Regen und andere Naturphänomene am besten ausnützt. Auch die Zeiteinteilung ist von großer Bedeutung: Die Tage und Stunden, an denen einzelne Baustufen durchgeführt werden, können nach Meinung der Chinesen Glück oder Unglück bringen.

HÄUSER AUF DEM LAND

Viele Häuser in den Dörfern der chinesischen Provinz sind im typischen Stil der Region oder der lokalen ethnischen Minderheit gebaut. Einige der ältesten bestehenden Wohnhäuser gibt es in der Provinz Anhui, sie stammen aus der Ming-Zeit. Die meisten sind zweigeschossig und haben selten mehr als drei Fensterachsen. Sie sind vollständig von weißgekalkten Mauern umgeben, die eher um einen Lichthof als einen größeren Hof errichtet sind.

Die großen Gemeinschaftshäuser der Hakka (Keija), die in der Provinz Fujian und in Hongkong leben und heute von den Chinesen als ethnische Minderheit anerkannt sind, haben meist drei oder vier Geschosse und einen rechtecki-gen oder runden Grundriss. In diesen Häusern, die als ein Gebäude um einen offenen zentralen Hof herum gebaut sind, wohnen viele Familien.

Andere ethnische Minderheiten in China haben ihren eigenen Baustil. Die Dong, Zhuang und Miao in Südchina bauen zum Beispiel Häuser, die vollständig oder zum Teil auf Pfählen stehen. Die Mongolen, die noch heute als Nomaden leben, bauen Jurten. Diese runden Zelte haben ein Stangenskelett, das mit Filz oder Tierhäuten bedeckt ist.

Die Wohnhäuser am Wasser in diesem Dorf in der Provinz Anhui stammen aus der Ming-Zeit.

GÄRTEN ZUR ERBAUUNG

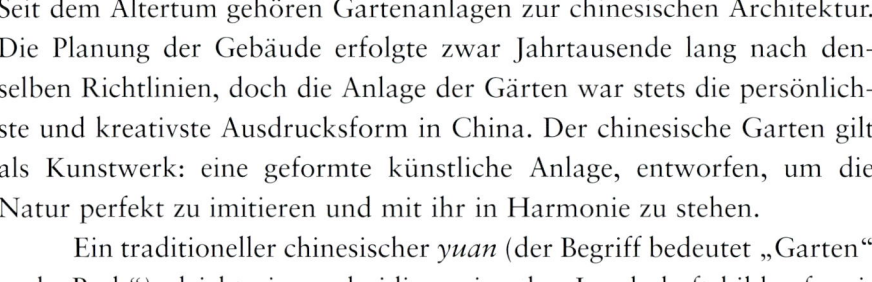

DER SOMMERPALAST

Die Qing-Herrscher verwandelten die Region im Nordwesten von Beijing in eine Vielzahl von Lustgärten und Parks, die oft als die „drei Hügel und fünf Parks" bezeichnet werden. Einer davon, der gemeinhin als Sommerpalast bezeichnet wird, wurde vom Kaiser Qianlong zwischen 1751 und 1764 neu aufgebaut und Yiheyuan („Garten der Harmonischen Einheit") getauft. Die riesigen Wasserflächen machen drei Viertel der Gesamtfläche (290 Hektar) des Parks aus. Sie wurden im 13. Jahrhundert über Kanäle vom Norden der Hauptstadt her versorgt. Die 728 Meter lange „Galerie" hat auf jedem Balken eine eigenständige Bemalung und vier achteckige Pavillons mit doppeltem Dach. Yiheyuan war vor allem für die Extravaganzen der Kaiserinwitwe Cixi (siehe S. 59) bekannt, darunter ein Pavillon am Seeufer in Schiffsform – errichtet mit Geldern der kaiserlichen Marine.

Viele chinesische Gärten haben Pavillons und Brücken – wie diese in den Gärten des Sommerpalasts – als Plätze der Beschaulichkeit.

Seit dem Altertum gehören Gartenanlagen zur chinesischen Architektur. Die Planung der Gebäude erfolgte zwar Jahrtausende lang nach denselben Richtlinien, doch die Anlage der Gärten war stets die persönlichste und kreativste Ausdrucksform in China. Der chinesische Garten gilt als Kunstwerk: eine geformte künstliche Anlage, entworfen, um die Natur perfekt zu imitieren und mit ihr in Harmonie zu stehen.

Ein traditioneller chinesischer *yuan* (der Begriff bedeutet „Garten" und „Park") gleicht einem dreidimensionalen Landschaftsbild, oft mit ungewöhnlich geformten Felsen durchsetzt und mit Blumen und blühenden Bäumen bepflanzt. Viele traditionelle chinesische Gärten enthielten symbolische Landschaftselemente wie Hügel in der Form des chinesischen Schriftzeichens für Berg (ein hoher Gipfel in der Mitte umrahmt von zwei niedrigeren) und Inseln in Seen, nachgebildet den Inseln der Unsterblichen (siehe S. 95). Man glaubt, dass kleine Details wie die Form einer Öffnung oder der Blick, der sich hinter einer Kurve bietet, das Panorama so verändern kann, dass sich die Stimmung des Betrachters ändert oder neue Assoziationen entstehen.

Eine der ältesten chinesischen Gartenanlagen, über die Aufzeichnungen bestehen, ist Shanglinyuan, die der Erste Kaiser, Qin Shihuangdi, außerhalb seiner Hauptstadt Xianyang (später Chang'an, heute Xi'an) errichten ließ. Shanglinyuan soll einen Umfang von 150 Kilometern gehabt und ein Wildreservat sowie einen 300 Hektar großen künstlichen See umfasst haben, der zur Ausbildung der kaiserlichen Marine und als Reservoir diente. Man nimmt an, dass Shanglinyuan das Reich in verkleinerter Form darstellen sollte. Experten glauben, dass dieser Park die Normen für die Gärten der restlichen Kaiserzeit schuf.

Schon in der Han-Zeit begann man, die Namen privater Gärten und Gartenarchitekten festzuhalten. Prinz Liangxiao soll in der Westlichen Han-Zeit seinen eigenen Garten, den Hasengarten, gebaut haben. In der schönen Stadt Suzhou in der Provinz Jiangsu legte der Beamte Shi Zhengzhi in der Song-Zeit Wangshiyuan (Garten des Meisters der Fischernetze) an. Der Name erinnert an einen Beamten des Staates Chu, der Qu Yuan (ca. 340–ca. 278 v. Chr.) hieß und von den Worten eines Fischers inspiriert wurde. Poetische Bezüge zur Vergangenheit, Metaphern für gutes Regieren und Worte, die die Stimmung beeinflussen,

findet man in China in den Namen der meisten Gartenbauten. Im Garten des Meisters der Fischernetze gibt es etwa den Pavillon des Erblickens der Kiefer und des Genießens der Bilder, den Pavillon des Spätfrühlings, das Haus des Friedenserhalts und die Lautenkammer.

Viele der berühmtesten chinesischen Gärten entstanden in der Qing-Zeit in Beijing (siehe Randtext links). Wie die früheren Dynastien hatten auch die Qing Sommerpaläste und Residenzen abseits der Hauptstadt, die vor allem aus riesigen Parks bestanden. Der berühmteste war Bishushanzhuang (Hügelresidenz zum Fliehen vor der Hitze), den 1703 der Kaiser Kangxi (regierte 1661–1722) anlegen ließ. Dieser Park war nur einer von 19 solcher Orte, die sich zwischen Beijing und den Jagdgründen der Mandschu sowie dem Militärgelände Mulan etwa 400 Kilometer nordöstlich der Hauptstadt erstreckten.

Dieses Bild aus dem 19. Jahrhundert zeigt einen Teil der kaiserlichen Lustgärten, die die Qing-Kaiser nordwestliche von Beijing anlegen ließen.

● NACHWORT *Edward L. Shaughnessy*

DAS VERMÄCHTNIS VON 4.000 JAHREN

Das Gedicht *Gebet* (rechts) wurde von einem der bemerkenswertesten Intellektuellen des nachkaiserlichen China im 20. Jahrhundert verfasst. Wen Yiduo, geboren am 24. November 1899, platzte in seinen frühen Zwanzigern in die literarische Szene Chinas, kurz nachdem die Sprachreformen zwischen 1915 und 1923 den literarischen Ausdruck aus dem traditionellen Würgegriff der klassischen Sprache befreit hatten. Wen war der Erste, der den Rhythmus der gesprochenen Sprache an die Versform anpasste und so die Brücke zwischen Tradition und Moderne schlug. Er war ein vielseitig begabter Mann, der auch für seine Malerei berühmt war (siehe S. 232). Als seine wachsende Familie ein fixeres Einkommen verlangte, als Poesie und Kunst bieten konnten, wurde er Literaturprofessor. Erneut zeigte sich sein kreatives Genie, und er wurde zum innovativsten Klassizisten seines Jahrhunderts, in vielen Bereichen immer noch der Zeit voraus.

Wen lebte in einer unruhigen Zeit, doch konnte er die Krise als Chance nutzen. Als die Japaner 1937 China besetzten und die Universitäten von der Ostküste in die entlegenen Provinzen im Westen verlegt werden mussten, lehnte Wen die den Professoren angebotene Busfahrt ab und ging mit den Studenten zu Fuß. Der zweimonatige Marsch über 1.600 Kilometer von Wuhan nach Kunming wurde zu einer Studienreise, da Professor und Studenten die ländlichen Gebiete, durch die sie zogen, erlebten und kommentierten. Zudem sammelten sie Volkslieder auf ihrem Weg und legten so den Grundstein für eine Sammlung von unschätzbarem Wert, der sich Ethnografen und Literaturkritiker bis heute bedienen. Mit dem Ende des „Kriegs gegen Japan" 1945 rasierte Wen Yiduo den Bart des Gelehrten ab und wandte sich der Politik zu. Auch hier erregte er bald Aufmerksamkeit, doch leider die der damaligen Regierung. Am 15. Juli 1946 wurde er ermordet.

Durch seinen Märtyrertod eroberte Wen Yiduo sofort einen Platz im Pantheon der chinesischen Kulturhelden, den er durch die große Zahl seiner Leistungen auf alle Fälle erhalten hätte, die Kanonisierung erfolgte nur besonders schnell. Das soll nicht heißen, dass die Zeit in China langsamer vergeht, sondern dass die kollektive Erinnerung sehr weit zurückreicht. Wie die Gestalten, auf die sich Wen Yiduo in seinem Gedicht

GEBET

Sage mir, wer sind die Chinesen?
Lehre mich die Erinnerung zu pflegen.
Erzähle mir von der Größe dieses Volkes.
Erzähl' es mir leise, schrei' es nicht hinaus.

Sage mir, wer sind die Chinesen?
In wessen Herzen schlagen die Herzen von
   Yao und Shun;
Wessen Blut ist das Blut von Jing Ke und
   Nie Zheng;
Wer sind die Kinder von Shennong und
   Huangdi?

Du sagst, die Weisheit ging seltsame Wege,
Du sagst, dass ein Flusspferd sie als
   Geschenk uns bot,
Du sagst sogar, dass dieses Liedes Rhythmus
Einst von einem neunfarbigen Phönix uns
   geschenkt.

Wer erzählt mir von der Stille der Gobi,
und von der Majestät der fünf Berge?
   Und wer sagt mir,
dass die Steine von Berg Tai noch immer
   geduldig fallen,
und dass Yangzi und Gelber Fluss noch
   immer ruhig strömen?

Sag mir, welche reine Träne war es,
die Konfuzius aus Trauer für das tote
   Einhorn vergoss?
Welcher Narr wird mir treulich berichten,
wie Zhuang Zhou, Chunyu Kun und
   Dongfang Shuo lachten?

Sage mir, wer sind die Chinesen?
Lehre mich die Erinnerung zu pflegen.
Erzähle mir von der Größe dieses Volkes.
Erzähl' es mir leise, schrei' es nicht hinaus.

   Wen Yiduo, 1927

Eine Szene, die sich in Jahrhunderten wenig geändert hat: Kormoranfischer bei Guilin, Region Guangxi.

beziecht, erlangten die meisten Mitglieder des kulturellen Pantheons ihren Platz schon vor langer Zeit: Yao und Shun waren bereits 2.000 Jahre vor der Zeitenwende Kulturhelden (siehe S. 80–81). Jing Ke und Zhuang Zhou lebten im 3. Jahrhundert v. Chr., das ebenfalls sehr turbulent war und aus dem der Name „China" stammt (von den Qin, der ersten Kaiserdynastie). Wenn Chinesen versuchen, sich selbst zu definieren, wenden sie sich fast immer der Vergangenheit zu.

Überall in China fühlt man die Spannung zwischen Vergangenheit und Gegenwart. Wen Yiduos Gedicht *Gebet* stammt aus einer Zeit, in der die chinesischen Intellektuellen stark an sich zweifelten. Das Reich der Qing-Herrscher war erst vor 15 Jahren zusammengebrochen. Die Qing waren zwar Ausländer (Mandschu), doch hatten sie sich kulturell so stark assimiliert, dass die meisten Chinesen sie als heimische Dynastie akzeptierten. Das chinesische Reich war unter verschiedenen Warlords aufgeteilt, und der Bürgerkrieg war erst seit einem Jahr vorüber. Zudem kontrollierten westliche Mächte und Japan praktisch alle wichtigen Häfen an der Ostküste. Das verursachte bei den chinesischen Intellektuellen tiefe nationale Scham, und viele fragten sich, ob nicht das chinesische Weltbild selbst Mängel aufwies, dass es China gegenüber dem Westen so geschwächt hatte. Einige wie Zhang Binglin (1868–1936) und Hu Shi (1891–1962) meinten sogar, dass Chinas Problem im Fehlen einer transzendentalen Erlöserfigur gleich Jesus liege. Sie schlugen vor, um Konfuzius einen ähnlichen Kult aufzubauen. Der traditionelle Status des Konfuzianismus hielt diesem Angriff ebenso stand wie den Attacken des Ersten Kaisers, Qin Shihuangdi (regierte 221–210 v. Chr.), und später denen von Mao Zedong.

Andere Intellektuelle, die lose durch einen gemeinsamen Ikonoklasmus („Zweifel an der Antike" auf Chinesisch) verbunden waren, veröffentlichten zwischen 1926 und 1937 gemeinsam verschiedene Bücher mit dem Titel *Debatten über Alte Geschichte (Gu shi bian)*. Der Herausgeber war Gu Jiegang (1893–1980), der führende Historiker seiner Zeit, der versuchte, die „Stratigraphie" hinter der literarischen Tradition Chinas zu erforschen. Bei der Mythologie ging er etwa von der Annahme aus, dass die ältesten Mythen die einfachsten sein sollten. Im Lauf der Zeit würden die Legenden immer komplizierter. Mit den Daten, die den mythischen Figuren zugeschrieben werden, verhielt es sich seiner Meinung nach ähnlich. Je älter das Datum, desto später war es zugeordnet worden. Nach dieser Theorie stammten Yao und Shun, die Ende des 3. Jahrtausends v. Chr. gelebt haben sollen, tatsächlich aus dem 3. Jahrhundert n. Chr., in dem es in China ebenfalls eine hitzige intellektuelle Debatte gab. Als Gu und seine Anhänger diese Theorie auf alle literarischen Genres ausweiteten, verwarfen sie schließlich das gesamte frühe literarische Erbe und auch die konfuzianischen Klassiker.

Vor dem Spiegel (1927). Dieses Aquarell von Wen Yiduo zierte den Einband des Romans Feng Xiaoqing *von seinem Freund Fan Guangdan. Wen war dafür bekannt, alte Sujets mit neuen Medien oder wie in diesem Fall neue Sujets mit alten Medien zu verbinden. Der Spiegel selbst ist ein altes Motiv; seit dem Altertum gilt er in China als Metapher für die Geschichte.*

Rückblickend scheint es klar, dass die Schlüsse, die die Autoren der *Debatten über Alte Geschichte* zogen, ein Spiegelbild ihrer eigenen Zeit waren. In den 1920cr und 1930er Jahren war China politisch geschwächt und kulturell verunsichert. Wie aber bereits in der Einleitung zu diesem Buch steht, besagt einer der Grundsätze der chinesischen Denkweise, dass alles, was unten ist, (wieder) aufsteigen wird. Wie als Beweis für diesen Ansatz konnte China als Nation nicht lange unterdrückt werden. Nach dem Sieg über Japan 1945 und vier weiteren Bürgerkriegsjahren wurde die Volksrepublik China gegründet.

Obwohl dieses Regime für viele Menschen in China und außerhalb sehr Unterschiedliches bedeutet hat, ist nicht zu leugnen, dass die Chinesen in den 50 Jahren kommunistischer Herrschaft einen neuen

Mao Zedong. Offensichtlich identifizierte sich Mao mit dem Ersten Kaiser, als er während der Kulturrevolution die Konfuzianer „wieder begraben" wollte. Einer seiner Hetzrufe war „Kritisiert Konfuzius und Lin Biao!" Maos Verteidigungsminister Lin wurde 1971 getötet (vermutlich ermordet).

Nationalstolz entwickelt haben. Manchmal bezog sich dieser Stolz auf moderne Leistungen, manchmal war er Ausdruck einer tief verwurzelten Xenophobie (wie in der modernen anti-westlichen Polemik *Das China, das Nein sagen kann*). Öfter kam er von der neuen Erkenntnis, dass der chinesischen Kultur ein einzigartiger Platz in der Weltgeschichte zukommt.

Diese Erkenntnis rührte zu einem großen Teil aus den erstaunlichen archäologischen Funden, die seit Entstehen der Volksrepublik in China gemacht wurden. Zwar hat die Regierung selbst eine eher ambivalente Einstellung zur traditionellen Kultur, doch schützte Mao Zedongs Ruf „die Vergangenheit möge der Gegenwart dienen" die Archäologie vielleicht mehr als alle anderen Geistes- und Sozialwissenschaften. Sogar während der Kulturrevolution, als oberirdische kulturelle Schätze vieler Jahrhunderte entweiht und zerstört wurden, durften die Archäologen ihre unterirdischen Forschungen fortsetzen. Tatsächlich gelangen ihnen während der Kulturrevolution einige der beeindruckendsten Entdeckungen wie die Terrakotta-Armee, die in der Nähe des Grabes des Ersten Kaisers, Qin Shihuangdi, außerhalb der Stadt Xi'an 1974 gefunden wurde. Noch wichtiger für das Verständnis der frühen chinesischen Kultur sind jedoch die drei Gräber von

Verkaufsstände und (großteils chinesische) Touristen beim Grab des Ersten Kaisers. Den Hunderten Millionen Chinesen, die in den 1950er und 1960er Jahren geboren wurden, sind historische Figuren wie Qin Shihuangdi vage in Erinnerung. Dem Ersten Kaiser wird traditionellerweise angelastet, „die Bücher verbrannt und die Konfuzianer begraben" zu haben (siehe S. 84). Deshalb wurde er während der „Großen Proletarischen Kulturrevolution" der späten 1960er und frühen 1970er Jahre von Mao zum großen Kulturhelden ausgerufen.

Mawangdui, die zwischen 1971 und 1973 mitten in Changsha, der Hauptstadt der Provinz Hunan, gefunden wurden und in diesem Buch immer wieder erwähnt werden. Grab 1 gehörte der Marquise von Dai, die wohl die Gattin von Li Cang war, des Premierministers des Han-Staates Changsha 193–186 v. Chr. und in Grab 2 bestattet. Dais Leichnam war fast so sensationell wie die Terrakotta-Armee, da er unversehrt war, und sogar die Haut noch elastisch. Die größte Bedeutung für die chinesische Geschichte hat Mawangdui aber wegen Grab 3, das den Leichnam ihres 168 v. Chr. gestorbenen Sohnes enthielt. Darin fand man über 20 Texte auf Seide, darunter die ältesten bekannten Fassungen des *Yi Jing (Buch der Wandlungen)* und des *Dao De Jing*, zwei der wichtigsten Werke der chinesischen Kulturgeschichte.

Die Entdeckung von Manuskripten alter Texte und andere Funde, die in den letzten 25 Jahren in ganz China gemacht wurden, haben chinesische Historiker dazu geführt, die ikonoklastischen Theorien der 1920er und 1930er Jahre neu zu überdenken. Heute sprechen die chinesischen Historiker vom „Glauben an die Antike“. Wie der Name bereits besagt, gilt die alte chinesische Geschichte einschließlich der Daten, die berühmten Menschen und Texten zugeschrieben werden, im Großen und Ganzen als vertrauenswürdig. Diese neue Theorie ist ebenso umstritten wie die alte Bewegung, die die Antike anzweifelte. Es besteht kein Zweifel, dass auch diese Theorie durch neue Erkenntnisse umgestoßen werden wird.

Nicht nur auf die alte Geschichte greifen die Menschen seit etwa 50 Jahren zurück, sondern auch auf andere Bereiche der traditionellen chinesischen Kultur. Einige wie die chinesische Medizin und die Kampfkünste entwickelten sich zu internationalen Kulturphänomena. Wie im Kapitel „Heilung und Medizin“ zu lesen ist, hat die traditionelle chinesische Medizin eine lange Geschichte. Seit Gründung der Volksrepublik China wurden mehrere Forschungsinstitute gegründet, die eine moderne, wissenschaftliche Basis für die traditionelle Medizin finden sollen. Heute kann man in den meisten chinesischen Krankenhäusern zwischen traditioneller und westlicher Behandlung wählen.

Trotzdem die traditionelle chinesische Medizin heute oft wissenschaftlich diskutiert wird, vertritt sie noch immer denselben ganzheitlichen Ansatz wie zur Han-Zeit – dieselbe Weltsicht, die sich auch im Daoismus, der ursprünglichen chinesischen Religion, findet. Auch der Daoismus erlebte in den letzten Jahren einen unglaublichen Aufschwung. Obwohl die Freiheit der Religion unter der Verfassung der Volksrepublik China gewährleistet ist, betrachtet die Regierung jede Religion als

Dieser konfuzianische Schrein ist einem Gott namens Himmelsbeamter geweiht. Der Konfuzianismus hat die Angriffe von verschiedenen Regierungen wie auch des Kommunismus überlebt. Die Heftigkeit von Maos Anti-Konfuzius-Kampagne zeigt, dass der Konfuzianismus und vor allem Konfuzius selbst auch heute noch sehr lebendig sind. Es überrascht daher nicht, dass die Tigerstaaten Ostasiens (Hongkong, Singapur, Taiwan und Südkorea) ihren wirtschaftlichen Erfolg der 1980er und frühen 1990er Jahre ihrem konfuzianischen Erbe zuschreiben.

Ein Standfoto aus dem Film Lebe wohl meine Konkubine *von Chen Kaige. Dieser Film erzählt die Geschichte eines Stars der Beijingoper, der in Chinas Turbulenzen im 20. Jahrhundert gerät. Viele moderne chinesische Autoren, Künstler und Filmemacher lassen sich noch heute von der jüngeren und alten Geschichte Chinas inspirieren.*

GEGENÜBER: *Eine Parade vor dem Tor des Himmlischen Friedens (Tiananmen) zum 50. Geburtstag der Volksrepublik China im Jahr 1999. Zwar haben sich Stil und Form der offiziellen kommunistischen Symbole in dem halben Jahrhundert wenig geändert, doch ist das Regime radikal anders geworden – heute tragen viele Maßnahmen deutlich kapitalistische Züge.*

eine Art Aberglauben. In den ersten vier Jahrzehnten versuchte das Regime daher meist mit Erfolg, die Religionsausübung zu unterdrücken. Durch eine ungewöhnliche Verbindung von Nationalstolz und einer „offenen" Wirtschaftspolitik gelangte jedoch Geld aus den chinesischen Gemeinschaften von Hongkong, Taiwan, Singapur und anderen Regionen nach China. Damit wurden der Daoismus und sogar der Buddhismus und andere chinesische Religionen wiederbelebt.

Die offene Wirtschaftspolitik, die seit den 1980er Jahren betrieben wird, führte auch zu einer massiven Stadterneuerung. Die meisten Stadtmauern sind schon seit langem verschwunden, um dem steigenden Verkehr mehr Raum zu bieten, und jetzt werden sogar die traditionellen *hutong*-Alleen im Zentrum Beijings geschliffen und durch Bürokomplexe ersetzt, die bald – gesichtslos im internationalen Stil – die angrenzende Verbotene Stadt überragen werden. Kaum deutlicher als dieses könnte ein Symbol für die Spannungen zwischen Vergangenheit und Gegenwart, Tradition und Moderne ausfallen.

Durch die neuen Stadtviertel werden die chinesischen Städte immer mehr überfüllt und verschmutzt. Viele Bewohner glauben, dass sie einen enormen Preis an körperlicher Gesundheit und geistigem Wohlbefinden für den wirtschaftlichen Fortschritt gezahlt haben. Daher überrascht es nicht, dass sich viele wieder der traditionellen Medizin und Religion zuwenden, um Hilfe zu finden. Klar ist auch, dass die Regierung diese Hinwendung zur Tradition als Kritik an ihrer Wirtschaftspolitik auffasst. Zur Zeit schätzt die Regierung – wie alle ihre Vorgänger – Stabilität am höchsten.

Und so bleiben die Spannungen zwischen Tradition und Moderne erhalten, die Wen Yiduo in *Gebet* so treffend beschreibt:

Sage mir, wer sind die Chinesen?
Lehre mich die Erinnerung zu pflegen.
Erzähle mir von der Größe dieses Volkes.
Erzähl' es mir leise, schrei' es nicht hinaus.

Vielleicht können wir heute keine bessere Antwort geben als Wen damals. Doch sollten wir wie er die Frage an die Kulturhelden der Vergangenheit richten. Wenn wir verstehen wollen, „wer die Chinesen sind", wenn wir etwas von der „Größe dieses Volkes" verstehen wollen, müssen wir erst verstehen, wer die Chinesen *waren. China* pflegt die Erinnerung und erzählt davon nicht laut, sondern sanft – in hundert verschiedenen Facetten.

SPRACHE UND AUSSPRACHE

Etwa 94 Prozent der Bewohner der Volksrepublik China und vieler chinesischer Gemeinschaften in anderen Ländern sprechen Chinesisch als Muttersprache. Allerdings hat sich das klassische Chinesisch, das vor rund 3.000 Jahren in der Nordchinesischen Tiefebene gesprochen wurde, zu zehn Hauptdialekten (und zahllosen Unterdialekten) entwickelt, die so unterschiedlich sind, dass sie als eigene Sprachen gelten. Vier davon heißen Mandarin oder Nordchinesisch und werden im Norden, Nordosten und Südwesten sowie in den angrenzenden Autonomen Regionen (siehe Karte S. 21) gesprochen.

Die Mandarin-Dialekte unterscheiden sich von einander weniger als von den chinesischen Dialekten des Südens und Südostens wie Wu (Ostchina einschließlich Shanghai) und Kantonesisch (Provinz Guangdong, Hongkong und viele ausländische Gemeinschaften). Für alle Dialekte ist ihr Tonfall charakteristisch, wobei die Tongebung einer Silbe ihre Bedeutung beeinflusst. Der Beijing-Dialekt kennt vier Töne (normal, aufsteigend, abfallend und dann aufsteigend, stark fallend), andere mehr. Die Unterschiede zwischen den Dialekten zeigen die folgenden Beispiele (diese Umschrift berücksichtigt die Töne nicht):

DEUTSCH	MANDARIN	KANTONESISCH
eins	yi	yat
zwei	er	yi
drei	san	sam
Mutter	mu-qin	mou-ts'an
Vater	fu-qin	fu-ts'an
Hand	shou	sau
Fuß	jiao	kiok
gut	hao	hou
schlecht	huai	wai
Prosit Neujahr!	gongxi fa cai![1]	kung hei fat choy!

[1] Wörtlich: „Ich wünsche voller Respekt, dass es ihnen gut gehen möge!"

Der Begriff Mandarin bezeichnet auch, wie hier, die moderne chinesische Hochsprache. Sie hat ihren Ursprung in einer Auswahl von Beijing-Dialekten, die von hohen Beamten im gesamten Reich als Amtssprache gesprochen wurden. Zu Beginn des 20. Jahrhunderts bildete diese „Beamtensprache" (daher „Mandarin") die Grundlage der Bemühungen um eine nationale Standardsprache, die alle Bürger unabhängig von ihrer Muttersprache lernen sollten. Die Versuche, diese Sprache in der Republik einzuführen, scheiterten aufgrund politischer Differenzen, ausländischer Invasionen und Kriege. Nach 1949 startete die Volksrepublik einen erneuten Versuch, um die nationale Einheit zu stärken, der recht erfolgreich war. Heute wird Mandarin oder Putonghua („Hochsprache") in Regierung, Schulen und Universitäten und den offiziellen Medien gesprochen. So kann ein Uigure mit einem Bewohner von Shanghai sprechen, und auch Ausländer lernen meist diese Sprache.

Zumindest für die gebildeten Chinesen war die sprachliche Vielfalt immer von geringer Bedeutung, da die Schrift in jedem Dialekt gelesen werden kann. Grund dafür ist, dass alle Dialekte aus demselben Grundstock an Silben bestehen, die teilweise eigene Wörter sind, zum Teil in Verbindungen verwendet werden. Die Aussprache der Silben kann sich stark unterscheiden, doch werden sie immer mit denselben Schriftzeichen dargestellt. Chinesisch ist die älteste noch verwendete Schrift (über 3.000 Jahre alt). Sie hat sich kaum verändert, seit *kai shu*, die „Normalschrift" im 3. Jahrhundert n. Chr. (siehe S. 190) entwickelt wurde. Viele der etwa 6.000 Schriftzeichen, die für den täglichen Gebrauch benötigt werden, sind sehr kompliziert. Deshalb förderte die Volksrepublik in ihrer Alphabetisierungskampagne in den 1950er Jahren das Lehren von etwa 2.000 vereinfachten Schriftzeichen. Einige dieser Zeichen waren neu, doch gab es viele bereits seit Jahrhunderten als Alternativform.

Die Volksrepublik China führte auch eine neue, phonetische Umschrift des Chinesischen in lateinischer Schrift ein. Dieses Umschriftsystem, „chinesische Rechtschreibung" (Hanyu Pinyin oder abgekürzt „Pinyin") genannt, hat heute alle anderen weitgehend abgelöst, in China selbst und außerhalb, bis auf einige überseeische Gemeinschaften (Taiwan übernahm Pinyin im Jahr 1999).

Pinyin ist einfacher als die Wade-Giles-(WG-) Umschrift aus dem 19. Jahrhundert, die davor verbreitet war. So wurde aus Ch'ing, *ch'i-kung* und *t'ai ch'i ch'üan* in Pinyin Qing, *qigong* und *taijiquan*. Generell haben die Buchstaben in Pinyin ähnliche Lautwerte

wie in Englisch. Besonders zu beachten sind folgende Fälle; zusätzlich ist die WG-Umschrift angegeben.

PINYIN	ENGLISCHE ENTSPRECHUNG	WG
c	ts wie in tsar	tz'
z	dz wie in adze	tz
j	j wie in jib	ch
zh	j wie in job	ch
q	ch wie in chin	ch'
x	zwischen s und sh	hs
ui	wie way	ui, wei

TABELLE DER DYNASTIEN

VORKAISERLICHE ZEIT

SHANG-DYNASTIE	ca. 1500–1045 v. Chr.
ZHOU-DYNASTIE	ca. 1045–256 v. Chr.
Westliche Zhou	ca. 1045–771 v. Chr.
Östliche Zhou:	ca. 770–256 v. Chr.
Frühlings- und Herbstannalen	722–481 v. Chr.
Streitende Reiche	480–222 v. Chr.

KAISERZEIT

QIN-DYNASTIE	221–207 v. Chr.
HAN-DYNASTIE	206 v. Chr.–220 n. Chr.
Westliche Han	206 v. Chr.– 23 n. Chr.
Ab hier sind alle Jahresangaben n. Chr.	
Reich der Wang Mang	
(„Xin-Dynastie")	9– 23
Östliche Han	25–220
DIE DREI KÖNIGREICHE	220–264
Wei-Königreich	220–264
Wu-Königreich	222–280
Shu Han-Königreich	221–263

ZEIT DES ZERFALLS	
Westliche Jin-Dynastie	265– 316
Östliche Jin-Dynastie	317– 419
Liu Song-Dynastie	420– 479
Qi-Dynastie	479– 501
Liang-Dynastie	502– 556
Chen-Dynastie	557– 618
SUI-DYNASTIE	581– 618
TANG-DYNASTIE	618– 907
DIE FÜNF DYNASTIEN	907– 960
Spätere Liang	907– 923
Spätere Tang	923– 935
Spätere Jin	936– 947
Spätere Han	947– 951
Spätere Zhou	951– 960
SONG-DYNASTIE	960–1279
Nördliche Song	960–1126
Südliche Song	1127–1279
YUAN-DYNASTIE	1279–1368
MING-DYNASTIE	1368–1644
QING-DYNASTIE	1644–1912

BIBLIOGRAFIE

Allgemeine Bibliografie

Blunden, Caroline and Elvin, Mark. *Cultural Atlas of China*. Oxford: Phaidon Press, 1983; New York: Facts on File, 1983.

Chan, Wing-tsit. *A Sourcebook in Chinese Philosophy*. Princeton: Princeton University Press, 1963.

de Bary, William T., Wing-tsit Chan, and Burton Watson, comps. *Sources of Chinese Tradition*, Volume 1. New York: Columbia University Press, 1960.

Elvin, Mark. *The Pattern of the Chinese Past*. Stanford: Stanford University Press, 1973.

Overmyer, Daniel L.; Alvin P. Cohen; N.J. Girardot; and Wing-tsit Chan. "Chinese Religions" in the *Encyclopedia of Religion* (ed. Mircea Eliade), vol 3, pp. 257–323. New York: Macmillan, 1987.

Overmyer, Daniel L. *Religions of China: The World as a Living System*. San Francisco: Harper and Row, 1986.

Thompson, Laurence G. *Chinese Religion: An Introduction*, fifth edition. Belmont, Calif.: Wadsworth, 1998.

Kapitel 1: „Alles unter dem Himmel"
Richard von Glahn

Buchanan, Keith M. *The Transformation of the Chinese Earth: Aspects of the Evaluation of the Chinese Earth from Earliest Times to Mao Tse-tung*. London: Bell, 1970.

Harrell, Stevan, ed. *Cultural Encounters on China's Ethnic Frontiers*. Seattle: University of Washington Press, 1994.

Leeming, Frank. *The Changing Geography of China*. Oxford and Cambridge, Mass.: Blackwell, 1993.

Mackerras, Colin. *China's Minority Cultures: Identities and Integration Since 1912*. New York: St. Martin's Press, 1995.

Marks, Robert B. *Tigers, Rice, Silk, and Silt: Environment and Economy in Late Imperial South China*. Cambridge and New York: Cambridge University Press, 1997.

Smil, Vaclav. *The Bad Earth: Environmental Degradation in China*. Armonk, N.Y.: M.E. Sharpe, 1984; London: Zed Press, 1984.

Stein, Aurel. *On Ancient Central-Asian Tracks*. Chicago: University of Chicago Press, 1964.

Strassberg, Richard E., ed. *Inscribed Landscapes: Travel Writing from Imperial China*. Berkeley and Los Angeles: University of California Press, 1994.

Thomson, John. *Thomson's China: Travels and Adventures of a Nineteenth-Century Photographer*. Oxford and New York: Oxford University Press, 1993.

Tuan Yi-fu. *China*. Chicago: Aldine, 1969.

Xu Guohua and L.J. Peel, eds. *The Agriculture of China*. Oxford and New York: Oxford University Press, 1991.

Kapitel 2: Beständigkeit und Veränderung
Mark Edward Lewis

Chang Kwang-chih. *Shang Civilization*. New Haven: Yale University Press, 1986.

Ch'ü T'ung-tsu. *Han Social Structure*. Seattle: University of Washington Press, 1972.

Gernet, Jacques. *A History of Chinese Civilization*. Cambridge: Cambridge University Press, 1989.

Ebrey, Patricia. *Cambridge Illustrated History of China*. Cambridge: Cambridge University Press, 1989.

Gernet, Jacques. *Daily Life in China on the Eve of the Mongol Invasion, 1250–1276*. Stanford: Stanford University Press, 1962.

Holcombe, Charles. *In the Shadow of the Han*. Honolulu: University of Hawaii Press, 1994.

Hsu Cho-yun. *Ancient China in Transition*. Stanford: Stanford University Press, 1965.

Hsu Cho-yun and Katheryn Linduff, *Western Chou Civilization*. New Haven: Yale University Press, 1988.

Huang, Ray. *1597: A Year of No Significance; the Ming Dynasty in Decline*. New Haven: Yale University Press, 1981.

Langlois, John D., ed. *China Under Mongol Rule*. Princeton: Princeton University Press, 1981.

Lewis, Mark Edward. *Sanctioned Violence in Early China*. Albany: State University of California Press, 1990.

Lewis, Mark Edward. *Writing and Authority in Early China*. Albany: State University of California Press, 1999.

Naquin, Susan, and Evelyn Rawski. *Chinese Society in the Eighteenth Century*. New Haven: Yale University Press, 1987.

Paludan, Ann. *Chronicle of the Chinese Emperors*. London: Thames and Hudson, 1998.

Pulleyblank, Edwin G. *The Background of the Rebellion of An Lu-shan*. Oxford: Oxford University Press, 1955.

Spence, Jonathan. *The Search for Modern China*. New York: Norton, 1990.

Twitchett, D. and J. F. Fairbank. *The Cambridge History of China*. 10 vols. Cambridge: Cambridge University Press, 1979– .

Kapitel 3: Die Rolle des Staates
John Chinnery

Anderson, Mary M. *Hidden Power: The Palace Eunuchs of Imperial China*. Prometheus, 1990.

Geguin, Gilles and Dominique Morel. *The Forbidden City, Heart of Imperial China*. London: Thames and Hudson, 1997.

Lo, Winston W. *An Introduction to the Civil Service of Sung China*. Honolulu: University of Hawaii Press, 1987.

McMullen, David. *State and Scholars in T'ang China*. Cambridge: Cambridge University Press, 1988.

Schram, S. R., ed. *Foundations and Limits of State Power in China*. London: School of Oriental and African Studies; Hong Kong: Chinese University Press, 1987.

Spence, Jonathon D. *Emperor of China: Self-Portrait of Kang-hsi*. New York: Knopf, 1974.

Kapitel 4: Familie und Gesellschaft
John Chinnery

Chu T'ung-tsu. *Local Government in China Under the Ch'ing*. Cambridge, Mass.: Harvard University Press, 1962.

Fei, Hsiao-Tung. *Peasant Life in China*. London: Kegan Paul, Trench, Trubner (first printing), 1939.

Fitzgerald, C. P. *The Empress Wu*. London: Cresset Press, 1968.

McKnight, Brian E. *Law and Order in Sung China*. Cambridge: Cambridge University Press, 1992.

Skinner, William G., ed. *The City in Late Imperial China*. Stanford: Stanford University Press, 1977.

Wolf, Margery, and Roxana Witke, eds. *Women in Chinese Society*. Stanford: Stanford University Press, 1975.

Yang, C. K. *Religion in Chinese Society*. Berkeley: University of California Press, 1967.

Kapitel 5: Schaffen von Wohlstand
Richard von Glahn

Bray, Francesca. *Technology and Gender: Fabrics of Power in Late Imperial China*. Berkeley and Los Angeles: University of California Press, 1997.

Brook, Timothy. *The Confusions of Pleasure: Commerce and Culture in Ming China*. Berkeley and Los Angeles: University of California Press, 1998.

Chao, Kang. *Man and Land in Chinese History*. Stanford: Stanford University Press, 1986.

Eastman, Lloyd E. *Family, Field, and Ancestors: Constancy and Change in China's Social and Economic History, 1550–1949*. New York and Oxford: Oxford University Press, 1988.

Huang, Philip C.C. *The Peasant Economy and Social Change in North China*. Stanford: Stanford University Press, 1985.

Li Bozhong. *Agricultural Development in Jiangnan, 1620–1850*. Houndmills, England: Macmillan, 1997.

Li, Lillian M. *China's Silk Trade: Traditional Industry in the Modern World, 1842–1937*. Cambridge, Mass.: Harvard University Press, 1981.

Perdue, Peter C. *Exhausting the Earth: State and Peasant in Hunan, 1500–1850*. Cambridge, Mass.: Harvard University Council on East Asian Studies, 1987.

Pomeranz, Kenneth. *Great Divergence: China, Europe, and the Making of the Modern World Economy*. Princeton: Princeton University Press, 2000.

Richardson, Philip. *Economic Change in China, c. 1800–1950*. Cambridge: Cambridge University Press, 1999.

von Glahn, Richard. *Fountain of Fortune: Money and Monetary Policy in China, 1000–1700*. Berkeley and Los Angeles: University of California Press, 1996.

Kapitel 6: Konfuzianismus: Ordnung und Tugend
Jennifer Oldstone-Moore

Birrell, Anne. *Chinese Mythology: An Introduction*. Baltimore: John Hopkins University Press, 1993.

Confucius; Lau, D.C., trans. *The Analects*. Harmondsworth, England, and New York: Penguin Books, 1979.

Fingarette, Herbert. *Confucianism: The Secular as Sacred*. New York: Harper and Row, 1972.

Mencius; Lau, D.C., trans. *The Mencius*. New York: Penguin Books, 1970.

Tu Wei-ming . *Confucianism Thought: Selfhood as Creative Transformation*. New York: State University of New York, 1985.

Kapitel 7: Leben nach dem Dao
Jennifer Oldstone-Moore

Chuang-tzu; Graham, A.C., trans. *The Chuang-tzu*. London: Unwin Paperbacks, 1986.

Lao-tzu; Lau, D.C., trans. *The Tao Te Ching*. Trans. D.C. Lau. Harmondsworth, England: Penguin Books, 1963.

Translated by Wilhelm, Richard and from German to English by Cary F. Baynes. *The I Ching*. 3rd edition. Princeton: Princeton University Press, 1967.

Saso, Michael. *Taoism and the Rite of Cosmic Renewal*. Pullman, WA: Washington State University Press, 1990.

Schipper, Kristofer. *The Taoist Body*. Berkeley: University of California Press, 1993.

Stepanchuk, Carol, and Charles Wong. *Mooncakes and Hungry Ghosts*. San Francisco: China Books, 1991.

Welch, Holmes. *Taoism: The Parting of the Way*. Boston: Beacon Press, 1966.

Kapitel 8: Der Weg Buddhas
Jennifer Oldstone-Moore

Chen, Kenneth. *Buddhism in China: A Historical Survey*. Princeton: Princeton University Press, 1964.

Johnson, Willard L., Sandra A. Wawryko, and Geoffrey De Graff. *The Buddhist Religion: A Historical Introduction*. 4th Edition. Belmont, Calif.: Wadsworth Publishing, 1996.

Yampolsky, Philip B. trans. *The Platform Sutra of the Sixth Patriarch*. New York: Columbia University Press, 1978.

**Kapitel 9: Harmonie von
Himmel und Erde *und*
Kapitel 10: Das Reich der Geister
und Seelen**
Edward L. Shaughnessy

Allan, Sarah. *The Shape of the Turtle:
Myth, Art, and Cosmos in Early China*.
Albany: State University of New York
Press, 1991.

Bilsky, Lester. *The State Religion of
Ancient China*. 2 vols. Taipei, Taiwan:
Chinese Association for Folklore, 1975.

Bodde, Derk. *China's First Unifier*.
Leiden: Brill, 1938; rpt., Hong Kong:
Hong Kong University Press, 1967.

Chang Kwang-chih. *Early Chinese
Civilization: Anthropological
Perspectives*. Cambridge, Mass.: Harvard
University Press, 1976.

Creel, Herrlee Glessner. *The Birth of
China: A Study of the Formative Period
of Chinese Civilization*. New York:
Reynal & Hitchcock, 1937; 6th printing,
New York: Ungar, 1967.

Falkenhausen, Lothar von. *Suspended
Music: Chime-Bells in the Culture of
Bronze Age China*. Berkeley: University
of California Press, 1993.

Fung Yulan; Bodde, Derk, trans. *A
History of Chinese Philosophy*, vol. 1:
The Period of the Philosophers; vol. 2,
The Period of Classical Learning.
Princeton, N.J.: Princeton University
Press, 1953.

Graham, A. C. *Disputers of the Tao:
Philosophical Argument in Ancient
China*. La Salle, Ill.: Open Court, 1989.

Graham, A. C. *Yin-Yang and the Nature
of Correlative Thinking*. Singapore:
Institute of East Asian Philosophies,
1986.

Granet, Marcel. *La pensée chinoise*.
1934; rpt. Paris: Albin Michel, 1968.

Granet, Marcel; Freedman, Maurice,
trans. *The Religion of the Chinese
People*. Oxford: Basil Blackwell, 1975.

Harley, J. B., and David Woodward, eds.
The History of Cartography, vol. 2, book
2: *Cartography in Traditional East and
Southeast Asian Societies*. Chicago:
University of Chicago Press, 1994.

Harper, Donald. *Resurrection in Warring
States Popular Religion* in *Taoist
Resources* 5.2, 1994.

Hung Wu. *Monumentality in Early
Chinese Art and Architecture*. Stanford:
Stanford University Press, 1995.

Kalinowski, Marc. *Cosmologie et
divination dans la Chine ancienne*. Paris:
École française d'Extrême-Orient, 1991.

Kalinowski, Marc. "Les instruments
astro-calendériques des Han et la
méthode de Liu ren" in *Bulletin de
l'École française d'Extrême-Orient* 72:
pp.309–419, 1983.

Keightley, David N. "Archaeology and
Mentality: The Making of China" in
Representations 18: pp. 91–128, 1987.

Keightley, David N. *Sources of Shang
History: The Oracle-Bone Inscriptions of
Bronze Age China*. Berkeley: University
of California Press, 1978. (2nd printing,
with minor revisions, 1985.)

Legge, James. *The Chinese Classics*. 5
vols. London, 1865–72, Oxford 1893–4;
rpt. Hong Kong: Hong Kong University
Press, 1960.

Legge, James. trans. *Li Chi, Book of
Rites*. 2 vols. New York: University
Books, 1967.

Li, Xueqin; Chang, K.C., trans. *Eastern
Zhou and Qin Civilizations*. New Haven,
Conn.: Yale University Press, 1985.

Loewe, Michael. *Divination, Mythology
and Monarchy in Han China*. Cambridge
University Press, 1994.

Loewe, Michael. *Ways to Paradise: The
Chinese Quest for Immortality*. London:
Allen & Unwin, 1979; rpt. Taipei:
Southern Materials Center, 1994.

Loewe, Michael, and Edward L.
Shaughnessy, eds. *The Cambridge
History of Ancient China: From the
Origins of Civilization to 221 B.C.* New
York: Cambridge University Press, 1999.

Major, John. *Heaven and Earth in Early
Han Thought: Chapters Three, Four, and
Five of the* Huainanzi. Albany: State
University of New York Press, 1993.

Maspero, Henri. "Le Ming T'ang et la
crise religieuse chinoise avant les Han" in
Mélanges chinois et bouddhiques 9: pp.
1–171, 1951.

Mathieu, Rémi. *Etudes sur la mythologie
et l'ethnologie de la Chine ancienne;
Traduction annotée du* Shanhai jing. 2
vols. Paris: Collège de France, 1983.

Munro, Donald J. *The Concept of Man
in Early China*. Stanford: Stanford
University Press, 1969.

Ngo, Van Xuyet. *Divination, magie, et
politique dans la Chine ancienne*. Paris:
Presses Universitaires de France, 1976.

Poo, Mu-chou. *In Search of Personal
Welfare: A View of Ancient Chinese
Religion*. Albany: State University of
New York Press, 1998.

Rawson, Jessica. *Western Zhou Ritual
Bronzes from the Arthur M. Sackler
Collections*. Cambridge, Mass.: Harvard
University Press, 1990.

Rickett, Allyn. *Guanzi: Political,
Economic, and Philosophical Essays from
Early China*, vol. 1. Princeton: Princeton
University Press, 1985.

Riegel, Jeffrey, trans. "Do Not Serve the
Dead as You Serve the Living: The *Lüshi
chunqiu* Treatises on Moderation in
Burial" in *Early China* 20, 1995.

Rutt, Richard. Zhouyi: *The Book of
Changes*. Durham, England: Curzon
Press, 1996.

Schafer, Edward H. *Pacing the Void:
T'ang Approaches to the Stars*. Berkeley:
University of California Press, 1977.

Schwartz, Benjamin I. *The World of
Thought in Ancient China*. Cambridge,
Mass.: Harvard University Press, 1985.

Seidel, Anna. "Buying One's Way to
Heaven: The Celestial Treasury in
Chinese Religions" in *History of
Religions* 17, pp.419–31, 1978.

Shaughnessy, Edward L. *Before
Confucius: Studies in the Creation of
the Chinese Classics*. Albany: State
University of New York Press, 1997.

Shaughnessy, Edward L. *The Composition
of the Zhouyi*. Ph.D. dissertation,
Stanford University, 1983. University
Microfilms International, no. 8320774.

Soothill, William E. *The Hall of Light: A Study of Early Kingship*. London: Lutterworth, 1951.

Thorp, Robert L. "The Sui Xian Tomb: Re-thinking the Fifth Century" in *Artibus Asiae* 43, 5: pp.67–92, 1981.

Thote, Alain. "The Double Coffin of Leigudun Tomb no. 1: Iconographic Sources and Related Problems" in *New Perspectives on Chu Culture During the Eastern Zhou Period*, ed. Thomas Lawton. Washington, D.C.: Authur M. Sackler Gallery, pp. 23–46, 1991.

Tsien, T.H. *Written on Bamboo and Silk: The Beginnings of Chinese Books and Inscriptions*. Chicago: University of Chicago Press, 1962.

Watson, Burton, trans. *The Complete Works of Chuang Tzu*. New York: Columbia University Press, 1968.

Watson, Burton, trans. *Han Fei Tzu: Basic Writings*. New York: Columbia University Press, 1964.

Watson, Burton, trans. *Hsun Tzu: Basic Writings*. New York: Columbia University Press, 1963.

Watson, Burton, trans. *Mo Tzu: Basic Writings*. New York: Columbia University Press, 1963.

Watson, Burton, trans. *Records of the Grand Historian*. 3 vols. New York: Columbia University Press, 1961, 1993.

Whitfield, Roderick, ed. "The Problem of Meaning in Early Chinese Ritual Bronzes. Colloquies on Art and Archaeology" in *Asia* 15. Percival David Foundation of Chinese Art. London: School of Oriental and African Studies, 1993.

Yates, Robin. *Five Lost Classics: Tao, Huanglao, and Yin-Yang in Han China*. New York: Ballantine Books, 1997.

Kapitel 11: Heilung und Medizin
Vivienne Lo

Allan, Sarah. *The Way of Water and Sprouts of Virtue*. Albany: State University of New York Press, 1997.

Brashier, K.E. "Han Thanatology and the Division of 'Souls'" in *Early China* 21, pp.125–158, 1996.

Cullen, Christopher. "Patients and Healers in Late Imperial China: Evidence from the *Jinpingmei*" in *History of Science*, vol. 31, 1993.

Feher, Michel, ed. *Fragments for a History of the Human Body*. New York: Zone, 1989.

Harper, Donald. "Early Chinese Medical Literature: The Mawangdui Medical Manuscripts" in *Sir Henry Wellcome Asian Series*, vol. 2. London and New York: Kegan Paul International, 1998.

He Zhiguo and Vivienne Lo. "The Channels: A Preliminary Examination of a Lacquered Figurine from the Western Han Period" in *Early China* 21, pp.81–124, 1996.

Kohn, Livia, ed. *Taoist Meditation and Longevity Techniques*. Ann Arbor Center for Chinese Studies, Mich.: University of Michigan Press, 1989.

McKnight, Brian E. *The Washing Away of Wrongs—Song Ji*. Ann Arbor Center for Chinese Studies, Mich.: University of Michigan Press, 1989.

Sivin, Nathan. *Traditional Medicine in Contemporary China*. Ann Arbor Center for Chinese Studies, Mich.: University of Michigan Press, 1989.

Unschuld, Paul. *Medicine in China: A History of Pharmaceutics*. Berkeley: University of California Press, 1986.

Wile, Douglas. *The Art of the Bedchamber: The Chinese Sexual Yoga Classics Including Women's Solo Meditation Techniques*. Albany: State University of New York Press, 1992.

Yamada, Keiji. *The Origins of Acupuncture, Moxibustion, and Decoction*. Kyoto: International Research Centre for Japanese Studies, 1998.

Kapitel 12: Technik und Wissenschaft
Peter J. Golas

Bodde, Derk. *Chinese Thought, Society, and Science: the Intellectual and Social Background of Science and Technology in Pre-modern China*. Honolulu: University of Hawaii Press, 1991.

Bray, Francesca. *Technology and Gender; Fabrics of Power in Late Imperial China*. Berkeley: Univ. of California Press, 1997.

Hommel, Rudolf P. *China at Work*. New York: John Day, 1937. Repr. Cambridge, Mass.: M.I.T. Press, 1969.

Institute of the History of Natural Science, Chinese Academy of Sciences. *Ancient China's Technology and Science*. Beijing: Foreign Languages Press, 1983.

Needham, Joseph et al. *Science and Civilisation in China*. 7 vols. Cambridge: Cambridge University Press, 1956– .

Ronan, Colin A., ed. *The Shorter Science and Civilisation in China* (vols. 1–5). Cambridge: Cambridge University Press, 1976–1995.

Sung Ying-hsing, E-tu Zen Sun, and Shiou-Chuan Sun, trs. *T'ien-kung k'ai-wu: Chinese Technology in the Seventeenth Century*. University Park, Penn.: Pennsylvania State University Press, 1966.

Temple, Robert. *The Genius of China*. New York: Simon and Schuster, 1986, and London: Prion Books, 1998.

Williams, Trevor I. *The History of Invention: From Stone Axes to Silicon Chips*. New York: Facts on File, 1987.

Wagner, Donald B. *The Traditional Chinese Iron Industry and its Modern Fate*. Richmond, Va.: Curzon Press, 1997.

Vogel, Hans Ulrich. "The Great Well of China" in *Scientific American* 268 no. 6, pp.116–121, 1993.

Kapitel 13: Schöne und bildende Künste
Ni Yibin

Barnhart, Richard M., James Cahill, and Wu Hung. *Three Thousand Years of Chinese Painting*. New Haven: Yale University Press, 1997.

Bickford, Maggie. *Ink plum: the making of a Chinese scholar-painting genre*. Cambridge: Cambridge University Press, 1996.

Chu-tsing Li and James C. Y. Watt, eds. *The Chinese scholar's studio: artistic life in the late Ming period: an exhibition from the Shanghai Museum*. New York: Thames and Hudson, in association with the Asia Society Galleries, 1987.

Clunas, Craig. *Art in China*. Oxford: Oxford University Press, 1997.

Fong, Wen C., and James C.Y. Watt. *Possessing the Past: Treasures from the National Palace Museum, Taipei*. New York: The Metropolitan Museum; Taipei: National Palace Museum, 1996.

Harrist, Jr. Robert E., and Wen C. Fong. *The Embodied Image: Chinese Calligraphy from the John B. Elliott Collection*. Princeton: The Art Museum, Princeton University Press, 1999.

Krahl, Regina. *Chinese Ceramics from the Meiyintang Collection*. London: Azimuth Editions, 1994.

Ledderose, Lothar. *Ten Thousand Things: module and mass production in Chinese art*. Princeton: Princeton University Press, 2000.

Lee, Sherman. *China: 5,000 Years: Innovation and Transformation in the Arts*. New York: Guggenheim Museum, 1998.

Michaelson, Carol. *Gilded Dragons: Buried Treasures from China's Golden Ages*. London: British Museum Press, 1999.

Mowry, Robert D. *Worlds within worlds: the Richard Rosenblum collection of Chinese scholars' rocks*. Cambridge, Mass.: Harvard University Art Museums, 1996.

Rawson, Jessica. *Chinese bronzes: art and ritual*. London: Published for the Trustees of the British Museum in association with the Sainsbury Centre for Visual Arts, University of East Anglia, 1987.

Rawson, Jessica. *Chinese Jade: from the Neolithic to the Qing*. London: British Museum Press, 1995.

Rawson, Jessica, ed. *Mysteries of Ancient China: New Discoveries from the Early Dynasties*. London: British Museum Press, 1996.

Weidner, Marsha, ed. *Latter days of the law: images of Chinese Buddhism, 850–1850*. Lawrence, K.S.: Spencer Museum of Art, University of Kansas; Honolulu, Hawaii: University of Hawaii Press, 1994.

Kapitel 14: Darstellende Kunst
Ni Yibin

Chung-wen Shih. *The Golden Age of Chinese Drama*, Yuan Tsa-Chu. Princeton, N.J.: Princeton University Press, 1976.

DeWoskin, Kenneth J. *A song for one or two: music and the concept of art in early China*. Ann Arbor Center for Chinese Studies, Mich.: University of Michigan Press, 1982.

Lai, T. C., and Robert Mok. *Jade flute: the story of Chinese music*. Hong Kong: Hong Kong Book Centre, 1981.

Mackerras, Colin, ed. *Chinese Theatre from its Origins to the Present Day*. Honolulu: University of Hawaii Press, 1983.

Mackerras, Colin. *Peking Opera*. New York: Oxford University Press, 1997.

Yang Mu. *Chinese musical instruments: an introduction*. Canberra: Coralie Rockwell Foundation, Australian National University, 1993.

Kapitel 15: Architektur und Planung
Nancy R. S. Steinhardt

Boyd, Andrew. *Chinese Architecture and Town Planning*. London: Tiranti Press, 1962.

Chinese Academy of Architecture. *Ancient Chinese Architecture*. Beijing and Hong Kong: China Building Industry and Joint Publishing Company, 1982.

Keswick, Maggie. *The Chinese Garden*. New York: Rizzoli, 1978.

Knapp, Ronald. *China's Traditional Rural Architecture*. Honolulu: University of Hawaii Press, 1986.

Luo, Zewen, et al. *The Great Wall*. New York: McGraw; Hill, 1981.

Paludan, Ann. *The Chinese Spirit Road*. New Haven: Yale University Press, 1991.

Pirazzoli-T'Serstevens, Michele. *Living Architecture: Chinese*. New York: Grosset and Dunlop, 1971.

Sickman, Laurence and Alexander Soper. *The Art and Architecture of China*. Harmondsworth: Penguin Books, 1968.

Ssu-ch'eng Liang. *A Pictorial History of Chinese Architecture*. Cambridge, M.A.: M.I.T. Press, 1984.

Steinhardt, Nancy R. S. *Chinese Imperial City Planning*. Honolulu: University of Hawaii Press, 1990.

Steinhardt, Nancy R. S. *Chinese Traditional Architecture*. New York: China Institute, 1984.

REGISTER

U

V

W

BILDNACHWEIS

Der Verlag dankt den folgenden Personen, Museen und Institutionen für ihre freundliche Erlaubnis, die folgenden Fotos in diesem Buch abzudrucken. Es wurde alles unternommen, die Urheberrechte hier vollständig anzuführen. Wir entschuldigen uns für mögliche Auslassungen und nehmen Korrekturvorschläge gerne entgegen. Unser besonderer Dank gilt Lynn Pan.

Abkürzungen:
o oben; M Mitte; u unten; l links; r rechts

AKG	Archiv für Kunst und Geschichte, London
BAL	Bridgeman Art Library, London/New York
BL	British Library
BM	British Museum, London
Christie's	Christie's Images, London
DBP	Duncan Baird Publishers
Images	Images Colour Library, London
Mainstream	Mainstream Photography/Ray Main
RHPL	Robert Harding Picture Library
SOAS	School of Oriental and Africa Studies, University of London
Stone	gettyone Stone
V&A	Victoria & Albert Museum, London
WFA	Werner Forman Archive, London

Umschlag Charles Walker Collection/Images; **Seite 1** Art Archive; **2** Stone/ Robert Everts; **3** Mainstream/Institute of Archaeology & Cultural Relics Bureau, Henan Prov., China; **6** Christie's; **7** Corbis/ Wolfgang Kaehler; **8** Corbis/Georgia Lowell; **9** Art Archive/Freer Gallery of Art, Washington D.C.; **10** Stone/Keren Su; **11** Art Archive/ Freer Gallery of Art; **13** BPK/Staatsbibliothek zu Berlin, Berlin; **14** RHPL/Gina Corrigan; **16l** BM (OA1941.7-12.04); **16r** Stone/Keren Su; **18** Stone/Yann Layma; **19** AKG; **20** CWB; **22** Art Archive/Bibliothèque Nationale de France, Paris; **23** Stone/Herb Schmitz; **24** Mainstream/ Institute of Archaeology, Beijing; **25** Mainstream/Institute of Archaeology & Cultural Relics, Sichuan Prov., China; **26** Corbis/Asian Art & Archaeology Inc.; **29** AKG/National Museum of Beijing; **30** RHPL; **31** Axiom/Guy Marks; **32** Art Archive/National Palace Museum, Taiwan; **34** Art Archive/National Palace Museum, Taiwan; **35** Stone/Glen Alison; **37** BAL/V&A; **38** Christie's; **40** BAL/V&A; **41** Art Archive/SOAS; **42–3** Stone/Mike McQueen; **44** DBP; **45** Stone/Jean-Marc Truchet; **46** CWB; **47** BAL; **48** Art Archive; **49** BL (Add.16358); **50** Corbis/Eugene Fuller Memorial Collection, Seattle; **51** Stone/D.E. Cox; **52** Art Archive/BM; **53** AKG; **54** AKG; **55** BAL/BL; **56** RHPL; **57** Art Archive/National Palace Museum, Taiwan; **58** Art Archive; **59** AKG; **60** *Taohuawau Woodblock New Year Prints*, Jiangsu Ancient Book Publishing House, Suzhou; **61** Art Archive/V&A; **62** Stone/Yann Layma; **64** Art Archive; **65** AKG; **66** BAL/V&A; **67** Christie's; **68** Art Archive; **69** *Taohuawau Woodblock New Year Prints*, Jiangsu Ancient Book Publishing House, Suzhou; **70** Art Archive/Freer Gallery of Art; **71** Axiom/Gordon Clements; **72** Popperfoto; **73** Art Archive/V&A; **74** BM ; **75** RHPL; **76** Axiom/Guy Marks; **77** Magnum/Fred Mayer; **78** CWB; **79** DBP; **80** BM (OA Add. 226.1942-11-13.023) ; **81** BAL/National Museum of India; **83** BAL/BL; **84** BAL/Bibliothèque Nationale de France, Paris; **85** CWB; **86** Council for World Churches/SOAS; **87** BAL/Oriental Museum, University of Durham, England; **88** Corbis/Pierre Colombell; **89** WFA; **90** Christie's; **91** BAL; **92** BAL/National Palace Museum, Taiwan; **93** AKG/Bibliothèque Nationale de France, Paris; **94** Art Archive/BL; **95** Christie's; **96** Art Archive; **97** BM; **98** Christie's; **99** Corbis/Peter Harholdt; **100** Magnum/Fred Mayer; **101** BAL/ Oriental Museum, University of Durham; **103** Magnum/Fred Mayer; **104** Art Archive; **105** Corbis/Bettman Archive; **106–7** Stone/Keren Su;

108 Stone/Paul Grebliunas; **109** Axiom/Gordon Clements; **110** Christie's; **111** Art Archive/BM; **112** Kyoto National Museum, Japan; **113** BM; **114** BM (Or8210/S.6983); **115** Christie's; **116** Corbis/ Royal Ontario Museum; **117** CWB; **118** Christie's; **119** Stone/Simone Huber; **120** Corbis/Asian Art & Archaeology Inc.; **121** China Pictorial Press; **123** Panos/Jeremy Horner; **124** BL (Stein 3326); **125** Axiom/ Gordon Clements; **126o** Art Archive, National Palace Museum, Taiwan; **126u** Hunan Publishing House, Changsha; **127** Charles Walker Collection/Images; **128** Hunan Publishing House, Changsha; **129** Corbis/Dean Conger; **130** Charles Walker Collection/Images; **131** Charles Walker Collection/Images; **132** Corbis/Royal Ontario Museum; **133o** Charles Walker Collection/Images; **133u** Corbis/Nik Wheeler; **134** Michael Holford, London; **135** Charles Walker Collection/Images; **136** Charles Walker Collection/Images; **137o** BM (1963.12-14-03); **137u** Hunan Publishing House, Changsha; **138** BAL/BM; **139** Hunan Publishing House, Changsha; **140** Christie's; **141** Hunan Publishing House, Changsha; **143o** Charles Walker Collection/Images; **143** Mainstream/Hubei Provincial Museum, Wuhan; **144** Art Archive/BL; **145** Christie's; **146** Corbis/Nik Wheeler; **147** Science and Society Picture Library; **148** Science and Society Picture Library; **149** Corbis/Owen Franklin; **150** Science and Society Picture Library; **151** The Wellcome Trust; **153** Stone/Keren Su; **154** Science and Society Picture Library; **155** The Wellcome Trust; **156** The Wellcome Trust; **157** Art Archive; **158** The Joseph Needham Research Institute, Cambridge; **159** RHPL; **160** RHPL/Gavin Heller; **161** Corbis; **162** Corbis/Roger Tidman; **163** Ancient Art and Architecture; **164** Mainstream/Hebei Provincial Museum; **165** Christie's; **166** BAL/ SOAS; **167** BAL/Oriental Museum, University of Durham; **168** Art Archive/Musée Guimet; **169** Art Archive/Freer Gallery of Art; **170** Christie's; **171** WFA/Kunstgewerbe Museum, Berlin; **172** Mainstream/Henan Provincial Museum, Zhengzhou; **173** Cecil Beaton Collection/Imperial War Museum; **174** Christie's; **175** RHPL/ Nigel Cameron; **176** Michael Holford/Musée Guimet; **177** Mainstream; **178** Mainstream/Jingzhou Museum, Hubei Province; **179** Science and Society Picture Library; **180** Stone/Michael Townsend; **181** Science and Society Picture Library; **182** Sam Fogg Rare Books, London; **183** Art Archive/BL; **184** BAL/Freud Museum, London; **185** Mainstream/ Institute of Archaeology & Cultural Relics Bureau, Sichuan Province; **186** RHPL; **187** Superstock, London; **188** Corbis/Asian Art & Archaeology Inc.; **189** Christie's; **190o** Christie's; **190u** Christie's; **191** all Christie's; **192** National Palace Museum, Beijing; **193** Superstock/Christie's; **194** Corbis/Bettman Archive; **195** Christie's; **196** BAL/Freer Gallery of Art; **197** BAL; **198** Michael Holford; **199** Mainstream/Henan Provincial Museum, Zhengzhou; **200** Christie's; **201** Christie's; **202** Christie's; **203** Superstock/Lowe Art Museum, University of Miami; **204** AKG/National Museum, Beijing; **205** Stone/Sylvain Grandadam; **206** Mainstream/Historical Museum, Beijing; **207** Corbis/Pierre Colombell; **208** RHPL; **209** Mainstream/M2 Leigudun Sui county, Hubei Province, China; **210** Mainstream/Cultural Relics Bureau, Xindu county, Sichuan Province; **211o** Corbis/Asian Art & Archaeology Inc.; **211u** *Taohuawau Woodblock New Year Prints*, Jiangsu Ancient Book Publishing House, Suzhou; **212** CWB; **213** Axiom/Gordon Clements; **214** RHPL/Gina Corrigan; **215** Axiom/ Gordon Clements; **216** BAL/BL; **217** AKG; **218–9** Axiom/Guy Marks; **220** CWB; **221** AKG; **222** Axiom/Gordon Clements; **223** RHPL/Rolf Richardson; **224** AKG; **225** Superstock; **226** Mainstream/Henan Provincial Museum, Zhengzhou; **227** Corbis/Keren Su; **228** CWB; **229** Art Archive/Bibliothèque Nationale de France, Paris; **230** Stone/ James Nelson; **232** *Facing the Mirror*, painting by Wen Yiduo from *Poet, Scholar, Patriotic Warrior: Wen Yiduo*, first published 1927. Beijing: Zhongguo sheying chubanshe [China Movie Publishing House], 1996; **233** BAL/Private Collection; **234** Corbis/The Purcell Team; **235** Corbis/Derek M. Allan/Travel Ink; **236** Ronald Grant Archive;